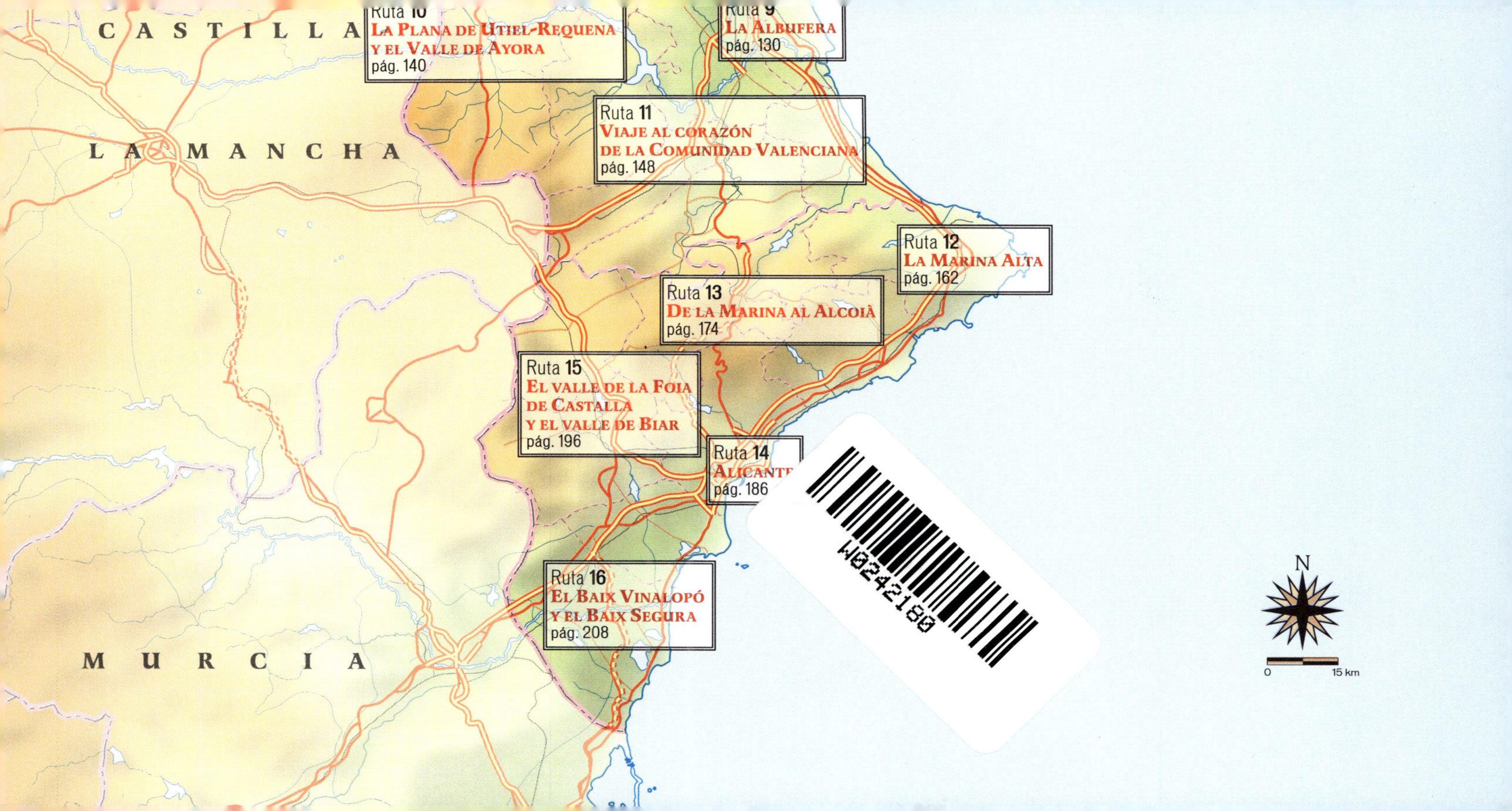
CASTILLA
LA MANCHA
MURCIA
Ruta 10
La Plana de Utiel-Requena
y el Valle de Ayora
pág. 140
Ruta 9
La Albufera
pág. 130
Ruta 11
Viaje al corazón
de la Comunidad Valenciana
pág. 148
Ruta 12
La Marina Alta
pág. 162
Ruta 13
De la Marina al Alcoià
pág. 174
Ruta 15
El valle de la Foia
de Castalla
y el valle de Biar
pág. 196
Ruta 14
Alicant
pág. 186
Ruta 16
El Baix Vinalopó
y el Baix Segura
pág. 208
N
0
15 km

La guía RACC de la Comunidad Valenciana

Las 16 mejores rutas
para recorrer toda la Comunidad Valenciana
en automóvil

RACC CLUB Península
Barcelona

La guía RACC de la

Comunidad Valenciana

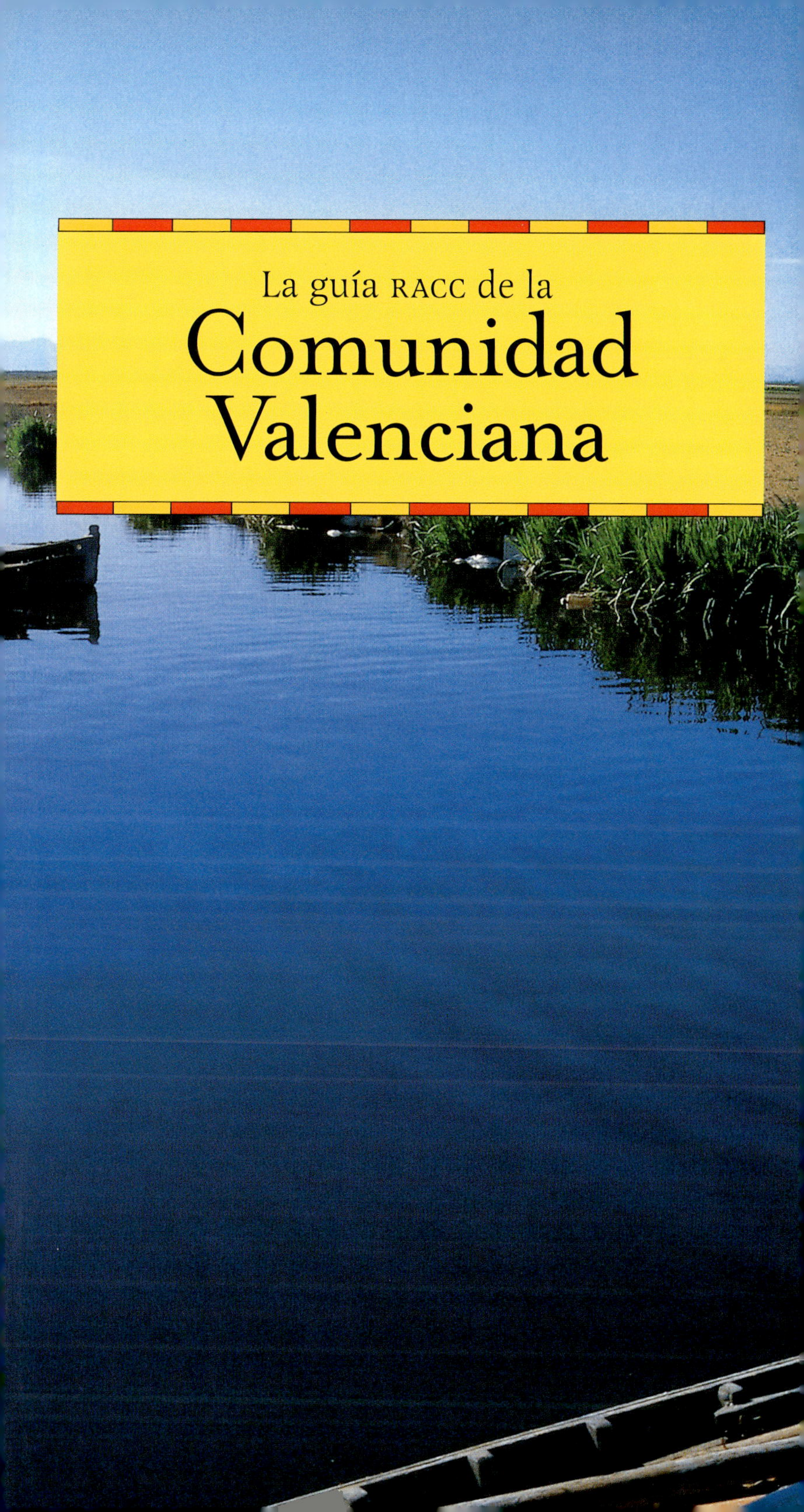

Consejo editorial: Josep Mateu, Joan Capdevila, Antoni Gil, Pere Sureda, Josep M. Miret y Joaquim Palau
Dirección editorial: Albert Perelló

Primera edición: enero de 2001

Editora de redacción: Kira Riera
Redacción: Mónica García Zambrana
Índice de lugares: Robert Juan Francès

Fotografías complementarias: © de las fotografías de la Ciudad de las Artes y las Ciencias de Valencia, Javier Yaya Tur - CACSA. © de las fotografías de Terra Mítica, Terra Mítica. © de las fotografías de Cofrentes, Ayuntamiento de Cofrentes. © de las fotografías de Vinaròs, Tourist Info Vinaròs. © de la fotografía de Alcossebre, Patronato de Turismo de Alcossebre. © de las fotografías de la Vall d'Uixó, Ayuntamiento de la Vall d'Uixó y Río Subterráneo. © de las fotografías de Teulada, Oropesa, Montanejos, Petrel, Onil, Ontinyent, Sierra de Mariola, Bocairent, Alpuente, Tuéjar, Villajoyosa, Alcalà de Xivert, Agost, Benagéber, Banyeres de Mariola, Altura y Nules, Agència Valenciana de Turisme.

Agradecimientos: Agència Valenciana de Turisme, Ayuntamiento de Gandia, Ayuntamiento de Sagunto, Patronato de Turismo de Alcossebre, Ayuntamiento de Sant Mateu, Ayuntamiento de Alicante, Terra Mítica, Ayuntamiento de Teulada, Tourist Info Castellón de la Plana, Tourist Info Valencia, Ayuntamiento de Valencia, Ciudad de las Artes y las Ciencias, S. A., Ayuntamiento de Benidorm, Tourist Info Montanejos, Ayuntamiento de Burriana, Ayuntamiento de Benicasim, Ayuntamiento de Benicarló, Tourist Info Vinaròs, Ayuntamiento de Gata de Gorgos, Ayuntamiento de la Vall d'Uixó.

Diseño y maquetación: Gerardo Medina

Fotomecánica: Tresmar S. L.

Cartografía y Planos: GradualMap

© de esta edición: RACC – 62, S. L.
Peu de la Creu, 4
08001 Barcelona
correu@racc62.com

Impreso en: Gramagraf, S.C.C.L.

Depósito legal: B-50.636-2000

ISBN: 84-95571-04-8

Presentación

La Comunidad Valenciana, emplazada entre el mar y la montaña, cuenta con numerosos rincones desconocidos para mucha gente. Parajes recónditos de gran belleza, una arquitectura rica y variada, un legado histórico y artístico que contempla todas las épocas desde la prehistoria, y fiestas populares de un reconocido interés cultural. Todo ello conforma un atractivo indudable para el visitante que se acerca a estas tierras. La guía RACC de la Comunidad Valenciana está pensada para viajar en automóvil, el mejor medio para recorrer el territorio con una movilidad y libertad casi absolutas. Se proponen dieciséis itinerarios por toda la geografía valenciana, trece rutas y un itinerario urbano por cada una de las tres capitales de provincia: Castellón de la Plana, Valencia y Alicante. Paso a paso, con toda la información que el visitante pueda necesitar, estas excursiones pensadas para ser hechas en uno o dos días recorren desde los lugares más conocidos hasta los menos frecuentados por el turismo y que a menudo conservan sus alicientes de forma intacta. Ponerla en práctica, disfrutando de las sensaciones que los lugares despiertan en quien los visita, es la mejor recomendación que podemos hacer.

LOS EDITORES

Sumario

Cómo utilizar esta guía

Esta guía se puede utilizar de dos maneras: siguiendo los puntos del itinerario según el orden propuesto en cada ruta o buscando el sitio deseado (pueblo, monumento, espacio geográfico, etc.) en el índice de lugares del final de la guía. Los itinerarios están pensados para que el viajero tenga toda la información que necesite en sus páginas. Bajo estas líneas se indican los distintos elementos de que está compuesto cada itinerario.

Mapa: En el mapa se sitúan los diferentes lugares a visitar, el sentido del itinerario mediante flechas y las carreteras por donde pasar. Aparece también el nombre de las principales poblaciones, vías de comunicación y accidentes geográficos de la zona.

Recuadros: Los recuadros son artículos breves sobre las tradiciones, las leyendas, los personajes, la gastronomía o sobre algún aspecto puntual de la zona que el visitante recorre.

El nombre de la ruta: El nombre de la ruta hace referencia a la zona geográfica que el visitante recorrerá siguiendo los diferentes puntos.

Mapa de situación: Ubica la ruta dentro del mapa de la Comunidad Valenciana.

Rosa de los vientos: Indica la orientación cardinal del mapa.

El rutómetro: Indica los diferentes puntos que conforman la ruta, la distancia kilométrica entre un lugar y el siguiente, así como el total de kilómetros que se recorren. Se indica también los días recomendados para visitar los diferentes pueblos, monumentos o lugares propuestos.

Introducción: Describe las principales características de la zona a recorrer y los atractivos que ofrece al visitante.

Calificación del punto: Por medio de tres (imprescindible), dos (muy interesante), una (interesante) o ninguna (vale la pena visitarlo si se tiene tiempo) estrellas (☼), se indica el interés turístico con que se ha calificado cada lugar a visitar.

Cómo llegar:
Entre punto y punto del itinerario se indica cuántos kilómetros se han de recorrer y qué carretera o camino se debe tomar.

Número de ruta:
Las rutas están ordenadas geográficamente de norte a sur. El número permite localizar la ruta a través del sumario y situarla en el mapa general en el interior de la cubierta de la guía.

Restaurantes:
Se indican restaurantes situados en las poblaciones donde el visitante pasa cuando hace el itinerario, o bien aquellos cercanos que por sus cualidades se deben destacar. Se indica la dirección, el teléfono, los días de cierre, y el precio aproximado de una comida a la carta según la siguiente clave ◆ (hasta 2.500 ptas.), ◆◆ (entre 2.500 y 5.000 ptas.) y ◆◆◆ (más de 5.000 ptas.).

Guía práctica:
La guía práctica es una ficha situada al final de cada ruta, donde se indican establecimientos de restauración y alojamiento.

Informaciones prácticas:
Por medio de pictogramas (ver la leyenda en las guardas posteriores de la guía) se indican las informaciones prácticas y de utilidad de cada uno de los puntos del itinerario. Estas informaciones son: dirección y teléfono de la oficina de información turística más cercana; los transportes públicos para llegar; las fiestas más importantes que se celebran, los museos o monumentos para visitar con la dirección, el número de teléfono, los horarios, el precio de entrada y si se hacen visitas guiadas, y los horarios de misa en caso que los monumentos sean edificios religiosos donde se celebren actos de culto.

Plano de ciudad:
En los itinerarios en los cuales se visitan ciudades, hay un plano del núcleo histórico para facilitar la ubicación de los lugares de interés.

Alojamiento:
Se consignan tres clases de alojamiento: hoteles y hostales, casas de turismo rural y campings. Se indica también la población donde están situados, su calificación, la dirección y el teléfono.

Una aproximación a la

Comunidad Valenciana

Una aproximación a la Comunidad Valenciana

GEOGRAFÍA

SITUACIÓN

La Comunidad Valenciana está situada en la zona oriental de la Península Ibérica. Limita al norte con Cataluña y Aragón, al oeste con Murcia y Castilla la Mancha y al sur con el mar Mediterráneo y Murcia. Por el este la bañan las aguas del mar Mediterráneo. Está situada entre los paralelos 40° 45' y 37° 52' de latitud norte y 0° 30' E y 1° 33' N de longitud. Ocupa 23.505 kilómetros cuadrados que configuran un territorio alargado cuya mayor distancia en línea recta es de 317 kilómetros. Sus límites son la desembocadura del río Sénia, en su extremo norte oriental, el meandro del río Cabriel en Valdecañas, en el occidental, y el Mojón de la Horadada, en el sur.

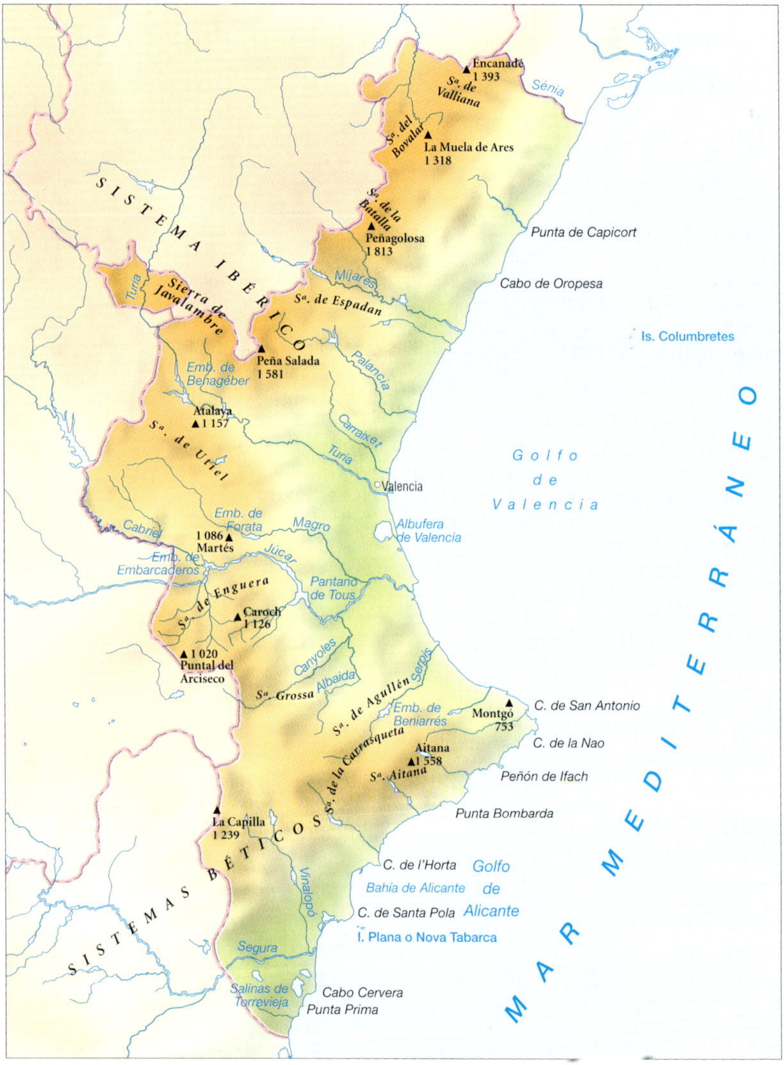

Mapa físico de la Comunidad Valenciana

CARACTERÍSTICAS FÍSICAS

El territorio se caracteriza por una cierta uniformidad mediterránea. Los aspectos geográficos valencianos están decisivamente marcados por una línea costera que de forma escalonada asciende hasta las zonas montañosas del sistema Ibérico al norte y centro y del sistema Bético al sur. Entre ambas se encuentra el altiplano de Requena-Utiel.

RELIEVE

El relieve destaca por sus dos grandes unidades: el sistema Ibérico con una orientación NO-SE y el sistema Bético por su parte más externa, el Subbético, con una orientación SO-NE.

Sistema Ibérico, la serranía del Maestrazgo, en el centro y norte de la provincia de Castellón, cuenta con la muela de Ares (1.318 m) o el pico Peñagolosa (1.813 m). El centro, la fosa de Siete Aguas, es un altiplano que llega hasta el río Cabriel y que forma una gran garganta en la plataforma calcárea del Caroig.

Sistema Bético, llamado "falla sudvalenciana" es una zona de alta sismicidad. Se suceden, de norte a sur, los dominios prebético (el Marquesado, la Marina y el Montgó), subbético (peñón de Ifach y sierra de Aitana) y penibético (las sierras de Orihuela y Callosa).

RÍOS

La modesta red fluvial está condicionada por un regimen pluvial típicamente mediterráneo muy irregular con largos veranos y grandes crecidas en otoño. Los ríos que atraviesan la Comunidad Valenciana se pueden dividir según su origen en ríos "ibéricos" (Mijares, Palancia, Carraixet, Turia, Cabriel, Júcar y Magro) y ríos "béticos" (Canyoles, Albaida, Serpis, Vinalopó y Segura). Entre los espacios húmedos (unos 415 km^2) destacan, de norte a sur, el Prat de Cabanes, la Albufera de Valencia (225 km^2), el Estanque de Cullera, el Marjal de Pego-Oliva, la Albufera de Elche, el Hondo de Elche y Crevillente y las salinas de la Mata y Torrevieja. Y entre los embalses, hay que destacar los de Ulldecona, Benagéber, Buseo, Loriguilla y Tous, cuyo objetivo es regar los cultivos.

EL MAR

Playas de arena, de cantos rodados, costas bajas y altas conforman los 466 km de costa de la Comunidad Valenciana. Cabe destacar los cabos de Oropesa, Cullera, de la Nao y el de Santa Pola. El peñón de Ifach es un promontorio que entra en el mar a la altura de Calpe.

CLIMA

El clima valenciano deriva de su ubicación en el Mediterráneo occidental con matices según la altitud, latitud y influencia marítima. En verano predominan las altas presiones de las Azores y la falta de precipitaciones conlleva la sequía. La temperatura media en la costa oscila entre los 24° y los 26° y en el interior entre 21° y 23°. El invierno térmico es prácticamente inexistente (la temperatura media anual es de 18°) y predomina la situación anticiclónica. El máximo período de lluvias va de octubre a noviembre. En este período pueden producirse riadas, las de 1957, 1982 y 1987 se recuerdan como algunas de las más devastadoras.

La costa es uno de los principales atractivos turísticos de la Comunidad Valenciana.

CUANDO VISITAR LA COMUNIDAD VALENCIANA

El excelente clima hace que la Comunidad Valenciana sea un lugar agradable para visitar durante todo el año, sus 2.730 horas de sol anuales así lo atestiguan. Sólo las altas temperaturas en verano y el riesgo de lluvias torrenciales puntuales en otoño pueden aconsejar la consulta del parte meteorológico antes de visitar la Comunidad.

FAUNA Y FLORA

Se distinguen dos zonas: las marismas o marjales (costa) y la zona seca (interior). En los marjales hay peces y anfibios: tortugas, anguilas, carpas, tencas y el *fartet* y el *samaruc* especies autóctonas, cohabitan con diferentes especies de aves: patos, pollas de agua, *fochas*, patilargos, gaviotas, etc., así como con roedores, insectívoros y murciélagos. En el interior destacan los halcónidos y otras aves como los mosquiteros, petirojos, ruiseñores, zorzales, herrerillos, verderones, jilgueros, gorriones, córbidos, etc. Y en cuanto a los mamíferos: liebres, conejos, zorros, tejones, hurones y jabalíes.

Entre las principales especies vegetales se encuentran: el carrasco, la encina, el roble, el pino blanco, el pino rojo, el alcornoque, el acebuche, el boj, el algarrobo arbustivo, el lentisco, el margallón, la sabina turífera y la sabina de montaña. La adelfa es común en los fondos de valle, y en las zonas más áridas, el espinar, el tomillo y el esparto.

Pescadores en el parque natural de la Albufera.

PARQUES NATURALES

Hay doce espacios naturales protegidos: en Castellón, los parques naturales de la sierra de Espadán y del Prat de Cabanes-Torreblanca, el paraje natural del Desierto de las Palmas y la reserva natural de las Islas Columbretes; en Valencia, el parque natural de la Albufera; en la frontera entre Valencia y Alicante, el parque natural del Marjal Pego-Oliva, y en Alicante, los parques naturales del Montgó (Denia), la Font Roja (Alcoy), el peñón de Ifach (Calpe), las salinas de Santa Pola, las lagunas de la Mata-Torrevieja y el Hondo Elche-Crevillente.

HISTORIA

PREHISTORIA

Paleolítico Medio y Superior: Asentamientos humanos en las cuevas de Parpalló y de las Maravillas (Gandia), de los Murciélagos (Rótova), de las Malladetes (Barx), del Volcán del Faro (Cullera), etc. Estos primeros pobladores desarrollaron un importante arte rupestre (véase apartado de arte).

Neolítico: Empieza antes del 5000 a.C. con la ganadería y el cultivo del trigo y la cebada. De esta época se han encontrado interesantes restos de cerámica. Dos cuevas han ofrecido restos excepcionales: la de la Sarsa (Bocairent) y del Oro (Beniarrés). Hay que destacar la ausencia de monumentos megalíticos en la zona.

ÍBEROS

Siglo v a.C.: A partir del siglo v el territorio valenciano entra a formar parte de la civilización ibérica. Los íberos desarrollan un alto dominio de las artes plásticas. Existen contactos con fenicios y griegos.

ROMANIZACIÓN

Siglo III a.C.: La actual Comunidad Valenciana fue el área limítrofe entre las zonas de influencia romana y cartaginesa. Aníbal en su expedición contra Roma cruza el territorio valenciano destruyendo Sagunto en la llamada segunda guerra Púnica.

138 a.C.: El cónsul romano Juni Brut funda la ciudad de *Valentia* (Valencia). La cultura ibérica convivirá con la romana. Los poblados íberos se convertirán en ciudades romanizadas. Ciudades importantes de época romana fueron *Saguntum* (Sagunto), *Lucentum* (Alicante), *Dianium* (Denia) y *Ilici* (Elche). En esta época se introduce el riego canalizado de los cultivos.

ISLAM

718: Llega el Islam a Valencia. Los musulmanes toleraron la cultura cristiana existente. Gran auge agrícola, cultural y técnico. Con la desintegración del califato de Córdoba en el 1015 se crean los reinos de taifas.

1093: Rodrigo Díaz de Vivar, el Cid, entra en Valencia.

1102: Los almorávides invaden el territorio valenciano. Empieza un período de intransigencia religiosa.

1172: Los almohades sustituyen a los almorávides. Período de gran fecundidad cultural.

LA CONQUISTA POR PARTE DE CATALUÑA-ARAGÓN, EL REINO DE VALENCIA

Siglo XIII: Los musulmanes no pueden frenar el impulso de los estados cristianos del norte.

1238: Jaime I rey de Cataluña-Aragón entra en Valencia el día 9 de octubre (actualmente se celebra el día de la Comunidad Valenciana) y crea el Reino de Valencia confederado con el de Cataluña y Aragón. La expansión sigue hacia el sur hasta el límite pactado con Castilla en el tratado de Almirra (1244). La población nativa no es expulsada y en la mayoría de casos continúa siendo musulmana. Asentamien-

Retrato del rey Jaime I.

tos catalanes en la costa y aragoneses en algunas zonas del interior, parecen deducirse por la lengua que se instaura.

1276: Muere en Valencia el rey Jaime I.

Siglo xv: Siglo de Oro valenciano: apoteosis de la cultura y del arte gótico civil.

1519-1523: Revuelta popular de las Germanías (municipalidades y gremios) contra los estamentos privilegiados. La revuelta que se extendió posteriormente al campo fue finalmente sofocada.

1609: Expulsión de los moriscos en tiempos de Felipe II. Consolidación del feudalismo.

SIGLO XVIII

1707: Felipe V gana la guerra de Sucesión en la batalla de Almansa (25 de abril). La instauración de los Decretos de Nueva Planta (29 de junio) suprime las instituciones valencianas, que tomaron partido por el otro candidato al trono, el archiduque Carlos de Austria. Durante el siglo XVIII a pesar de la represión borbónica hay una expansión de la población, de la agricultura y del comercio. El puerto de Alicante, salida natural de Castilla al mar, experimenta un importante crecimiento en su actividad.

DE LAS GUERRAS NAPOLEÓNICAS A LA GUERRA CIVIL

Siglo XIX: En las postrimerías del siglo XIX se entrevé un tímido renacimiento cultural.

1808-1813: Las guerras contra los franceses mantienen el carácter de luchas antiseñoriales. Vencido el ejército invasor, Fernando VII anula desde Valencia las Cortes de Cádiz e instaura el absolutismo.

Siglo xx: Vicente Blasco Ibánez populariza su republicanismo en sus novelas y columnas periodísticas.

1936-1937: Durante la guerra Civil Valencia es un bastión republicano. Entre noviembre del 36 y octubre del 37, Valencia fue sede del gobierno de la República.

DE 1939 A LA ACTUALIDAD

1939: Con la victoria del ejército franquista son prohibidos todos los partidos y sindicatos a excepción de los del régimen.

1957: Desbordamiento del río Turia y riada trágica en Valencia.

1960: Boom del turismo de playa y generalización de las exportaciones agrícolas, principalmente citrícolas.

1982: Estatuto de autonomía. Rotura de la presa de Tous y riada del Júcar.

1983: El socialista (PSPV-PSOE) Joan Lerma es elegido presidente de la Generalitat Valenciana despues de las elecciones autonómicas. Posteriormente, en 1987 y 1991, será reelegido en el mismo cargo.

1995: El conservador (PP) Eduardo Zaplana es elegido presidente de la Generalitat. En 1999, es reelegido en el mismo cargo.

ORGANIZACIÓN POLÍTICA DE LA COMUNIDAD VALENCIANA

El territorio valenciano goza de Estatuto de Autonomía desde el 1 de julio de 1982, que en su artículo primero señala: "El pueblo valenciano, organizado como Reino de Valencia, se constituye en Comunidad Autónoma, dentro de la indisoluble unidad de la nación española, como expresión de su identidad histórica y en el ejercicio del derecho al autogobierno que la Constitución reconoce a cada nacionalidad, con la denominación de Comunidad Valenciana".

La Generalitat Valenciana es el máximo órgano de gobierno de la Comunidad y está constituido por las Cortes valencianas, el Presidente y el Consell o Gobierno valenciano.

ECONOMÍA

A pesar de la riqueza agraria de la comunidad, hoy este sector tiene una importancia secundaria. La industria, especializada en bienes de consumo y el turismo, casi exclusivamente de sol y playa, son los sectores más dinámicos.

SERVICIOS

La Comunidad Valenciana cuenta con el clima como principal recurso para atraer al turismo de masas. Ciudades como Benidorm son actualmente grandes centros europeos de vacaciones. A las comarcas alicantinas hay que añadir otras zonas costeras de gran importancia como Gandia, Benicasim o Cullera. La Comunidad Valenciana cuenta con 84.458 plazas hoteleras, 68.984 plazas de cámping y 135 establecimientos de turismo rural. Sus más de 8.000 restaurantes, 20 campos de golf y 38 puertos deportivos completan una oferta lúdica de primera magnitud.

La Ciudad de las Ciencias y las Artes en Valencia.

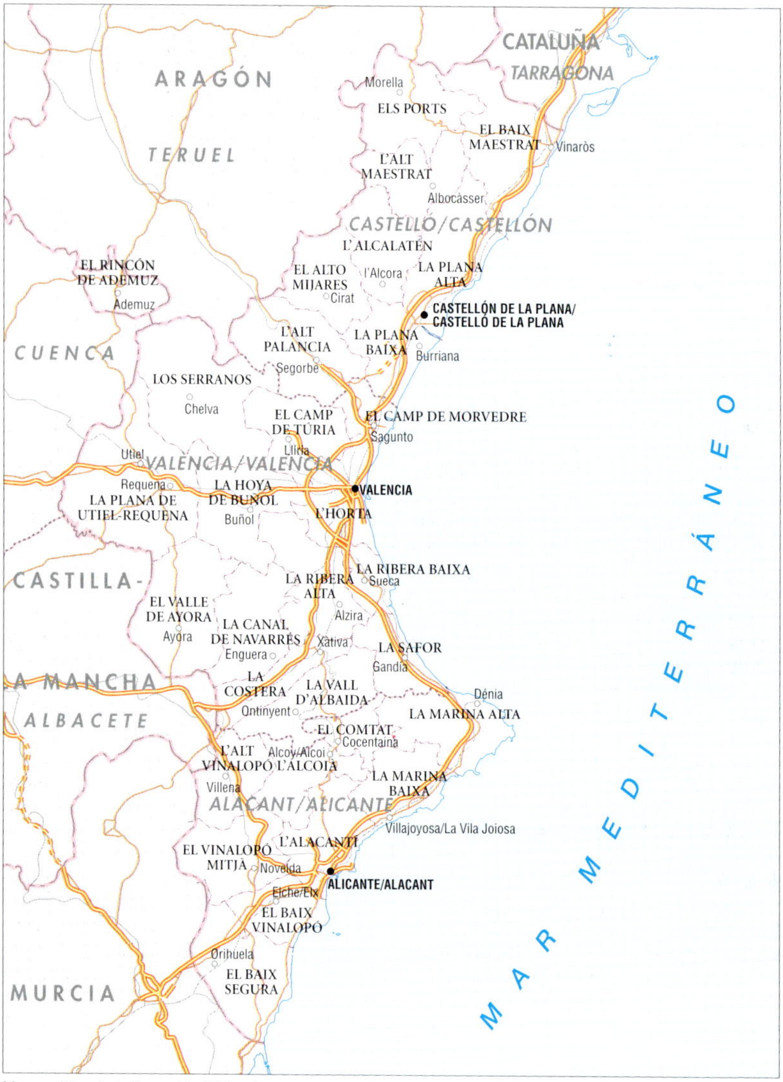

Mapa político de la Comunidad Valenciana.

INDUSTRIA

El sector industrial se caracteriza por el predominio de las empresas pequeñas y medianas con una gran concentración en el territorio. La especialización en la producción de bienes de consumo y la orientación exportadora son las otras dos características más importantes de la industria. Existe una gran empresa, Ford (en Almussafes), que es la principal exportadora de la Comunidad Valenciana en millones de euros. Le siguen sectores como el calzado, la industria cerámica, los equipos informáticos, los materiales de construcción, el mueble, el textil, el de juguetes, y el de cuero y pieles. Hay tres grandes núcleos industriales: la comarca de L'Horta (transformados metálicos, de madera y muebles), L'Alacantí-Camp d'Elx (alimentación y calzado) y la Plana de Castellón (pavimento cerámico).

AGRICULTURA, GANADERÍA Y PESCA

Hay dos grandes zonas agrarias: la de regadío y

la de secano. La agricultura de regadío (un tercio de la tierra cultivada) se caracteriza por una propiedad muy fragmentada y una producción destinada a la comercialización. Destaca la preeminencia en el cultivo de cítricos para exportación a la Unión Europea principalmente. Las zonas citrícolas de mayor importancia son las comarcas de la Plana, el Baix Segura, el Baix Vinalopó, las dos Riberas, L'Horta de Valencia y la Safor.

Otros importantes cultivos de regadío son las hortalizas alimentarias y los árboles frutales; preferentemente manzanos, perales, melocotoneros, albaricoqueros, nísperos y ciruelos. El arroz, producido en las comarcas de L'Horta Sud y la Ribera Baixa, ha perdido peso, pero su producción continúa superando a la del resto de países productores del Mediterráneo.

La mayor parte de las tierras de secano se han dedicado a la viña, con objeto de producir uva de mesa y uva para vino. Hay cuatro grandes zonas vitivinícolas: Requena-Utiel, los piedemontes del Turia, la Vall d'Albaida y el valle del Vinalopó. El almendro y el olivo ocupan el segundo y tercer lugar en extensión cultivada respectivamente, dentro del secano valenciano.

El porcino y el avícola son dos sectores muy especializados y con un importante proceso de industrialización.

La pesca tiene una importancia muy reducida en el contexto del sector primario valenciano, con pocos puertos especializados: el Grao de Castellón, Peñíscola, Santa Pola y Alicante, entre los principales.

LENGUA Y LITERATURA

ÁMBITO

Los dos idiomas oficiales de la Comunidad Valenciana son el valenciano y el castellano. El valenciano es una modalidad del catalán meridional hablado en la mayor parte del territorio. El valenciano se habla, a grandes rasgos, en las siguientes comarcas: Els Ports de Morella, el Maestrat, la Plana de Castellón, el Alcalatén, el Camp de Morvedre, el Camp de Turia, L'Horta de Valencia, la Ribera del Júcar, La Costera, la Vall d'Albaida, la Safor, el Comtat, la Marina, L'Alcoià, les Valls del Vinalopó, L'Alacantí y el Bajo Vinalopó. Las otras tierras integradas dentro del antiguo Reino de Valencia, por haber estado repobladas por aragoneses, fueron incorporadas al dominio castellano-hablante desde el siglo XIII.

LITERATURA

Literatura hispanoárabe. Entre los poetas hispanoárabes de principios del siglo XII destacaron Ibn Al-Zaqqaq e Ibn Jafaya, naturales de Alzira.

Primera edición del *Tirant lo Blanc.*

Siglos XIV-XV. Ya bajo la cristiandad, se encuentra el médico y escritor Arnau de Vilanova, nacido en Valencia poco después de la conquista de Jaime I. Fue médico del Papa Clemente y entre sus obras destacan *Confessió de Barcelona* (1305) y *Raonament d'Avinyó* (1310). El poeta y caballero de Gandia, Ausiàs March, es autor de 138 bellísimas composiciones poéticas sobre la dicotomía entre el amor pasional y la razón y entre las que cabe citar el *Cant Espiritual*. Murió en 1459. Su cuñado, Joanot Martorell (1413-1468), también de Gandia, es el autor del *Tirant lo Blanc*, escrita entre 1460 y 1470. La historia del valeroso caballero Tirant –que Cervantes elogia y salva de la quema de libros en *El Quijote*– se puede calificar como una de las mejores novelas de todos los tiempos. El siglo de oro valenciano se completa con las figuras de Jordi de Sant Jordi; el escritor y médico Jaume Roig y el poeta y prosista Joan Roís de Corella.

Siglo XVI. Juan Luis Vives (1492-1540) es el máximo representante del Renacimiento valenciano y una figura humanista universal. Mantuvo amistad con Erasmo y Tomás Moro. Se hizo cargo de la educación de la princesa María, hija de Enrique VIII de Inglaterra. Las comedias del escritor y dramaturgo Joan de Timoneda (1518-1583) fueron célebres y asimismo elogiadas por Cervantes. Por su parte, el dramaturgo Guillem de Castro (1569-1631) representa la escuela valenciana en lengua castellana.

Siglos XVII y XVIII. En cuanto a la Ilustración valenciana, cabe citar la figura de Gregorio Mayans i Siscar (1699-1781), quien fuera bibliotecario de palacio en Madrid.

Siglo XIX. *La Renaixença* –Renacimiento– valenciana inició un período de efervescencia de la cultura autóctona tras la llamada "decadencia". Tres escritores y periodistas son sus máximos exponentes: Constantí Llombart (1848-1895), Teodoro Llorente (1836-1911) y Vicente Querol (1836-1889). Posteriormente, Carles Salvador (1893-1955) difundió la normativa lingüística del catalán, obra de Pompeu Fabra, en Valencia. A caballo entre los siglos XIX y XX, destaca el popular escritor y político Vicente Blasco Ibáñez (1867-1928), autor de novelas tan conocidas como *Cañas y barro*, *La barraca* o *Los cuatro jinetes del apocalipsis*.

Siglo XX. Juan Gil Albert (1906-1994) destaca como poeta en lengua castellana. Su obra refleja las influencias de la generación del 27. El escritor y ensayista Joan Fuster (1922-1992) publica en 1962 *Nosaltres els valencians*, un polémico análisis histórico sobre el carácter diferenciado del territorio valenciano. Manuel Sanchis Guarner (1911-1981) es una figura capital en la normalización del valenciano. Destaca también el poeta Vicent Andrés Estellés (1924-1993), con una obra poética que enlaza con la tradición clásica de Ausiàs March. Otra figura destacable es Enric Valor (1911-2000), con una importante labor de recuperación de las tradiciones orales populares, publicada bajo el título *Rondalles Valencianes*.

ARTE

PREHISTORIA

El llamado arte rupestre levantino es la expresión artística de una sociedad de cazadores que se desarrolla desde el octavo milenio a.C. hasta la Edad del Bronce. Se caracteriza por dibujos geométricos, figuras humanas muy estilizadas y abundancia de animales. Su distribución geográfica va desde el Delta del Ebro hasta el valle del Segura. Las mejores muestras se encuentran en las comarcas de Els Ports y del Maestrazgo (Cova Remigia, en el barranco de la Gasulla, de Ares) y del barranco de la Valltorta (Tírig) y zonas adyacentes (cuevas del Civil, de los Caballos y del Mas d'en Josep) y en Gandia (cueva de Parpalló).

ARTE IBÉRICO

De la transición de la Edad del Bronce a la del Hierro destaca el tesoro de Villena (en su mayoría piezas de oro y plata), prueba de la riqueza de la civilización en esa época. La muestra de arte ibérico que ha trascendido es notable y de Alicante a Castellón las muestras escultóricas, arquitectónicas y pictóricas son muchas. No obs-

Escultura ibérica llamada la Dama de Elche.

tante cabe destacar la admiradísima Dama de Elche, obra culminante del arte ibérico que se puede contemplar en el Museo Arqueológico Nacional de Madrid, el Toro de Sagunto o el guerrero a caballo de Moixent, entre otras. Cronológicamente cabe datar el arte ibérico entre los siglos V y III a.C.

ARTE ROMANO

Los primeros vestigios de arte romano en la Comunidad Valenciana datan del paso del siglo III al II a.C. Del arte romano autóctono cabe destacar los monumentos arquitectónicos: las murallas y el teatro de Sagunto, el acueducto de Chelva, el arco de Cabanes, las ruinas de las ciudades de Alcudia, Elche y del Tossal de Manises en Alicante y la torre de Villajoyosa. Cabe citar también algunas esculturas: el Apolo de Pinedo, el Baco de Torrent o el Neptuno de Denia. De pintura han quedado muy pocos restos.

ARTE MUSULMÁN (SIGLOS VIII- XIII)

El legado artístico del dominio islámico, de más de cinco siglos, fue muy rico a juzgar por las referencias literarias de la época y por los restos que aún se conservan. Hasta mediados del siglo VIII no se puede hablar de una presencia árabe importante en los territorios valencianos. Algunas muestras arquitectónicas destacables pueden observarse en los baños del Almirante de Valencia o la mezquita de la Xara (hoy ermita de Santa Ana) en la población de Simat de Valldigna. En el Museo de Cerámica de Valencia y en el de Paterna se encuentran obras de importante valor. Una larga tradición, la de la cerámica que arranca de la época íbera, alcanzará cotas de alto valor artístico con las cerámicas de Paterna y Manises.

ARTE ROMÁNICO (SIGLO XIII)

Tras la conquista catalano-aragonesa de principios del siglo acontecerá un cambio radical en los modelos estético-artísticos. La llegada de maestros de obras de los territorios cristianos borrará la presencia del arte islámico.

El arte románico es escaso, se encuentra en las portadas de iglesias, entre las que cabría destacar: la Puerta del Palacio, en la Catedral de Valencia; San Juan del Hospital (Valencia); Santa Maria (El Puig) y San Salvador (*Sagunto*).

ARTE GÓTICO (SIGLOS XIV-XV)

Los siglos XIV y XV significan la edad de oro del gótico valenciano inspirado en los modelos catalano-occitanos. En arquitectura se impone la desnudez estructural y la claridad compositiva. La arquitectura civil presenta su obra cumbre en la Lonja de Valencia (de idéntica factura a la de Palma de Mallorca), aunque cabría destacar otras como las Atarazanas, el Almudín, el palacio de la Generalitat y las torres de Quart y Serranos en la ciudad de Valencia. Los grandes patios de tradición catalana caracterizan algunas de las construcciones civiles de la época. Fuera de la ciudad de Valencia, se encuentran edificaciones como los palacios de Cocentaina, Albaida, Gandia, Morella o las puertas de acceso en las murallas de Morella. El gótico valenciano religioso tiene unas características propias, que lo diferencian del resto: la horizontalidad de las construcciones, con predominio del muro (sin huecos ni vidrieras en las paredes), de cubiertas planas y de un espacio único. Hay dos tipos de iglesias: las de una sola nave: iglesia de la Sangre (Llíria), la de San Felipe (Xàtiva), la de las Santas Justa y Rufina (Orihuela), la de la Asunción (Ayora), la de San Juan del Hospital y la de San Nicolás (Valencia); y las que distribuyen su espacio interior en tres naves: la Catedral de Valencia, la Catedral de Orihuela y la iglesia de Santa María (Morella).

Escalera del coro de la basílica de Sta. María, en Morella.

En escultura se acusa la influencia del gótico del norte de Europa pasada por el tamiz del gótico catalán. Hay que destacar la portada de los Apóstoles de la Catedral de Valencia y la homónima de la arciprestal de Morella, en esta misma construcción requieren atención especial los relieves de la escalera del coro.

La pintura gótica valenciana asimila la influencia del estilo gótico internacional. Un gusto exquisito y de refinado naturalismo. La obra del maestro anónimo del Retablo de Bonifacio Ferrer hoy en el museo de Valencia es un claro ejemplo de este refinamiento. A partir de 1440 penetrará con fuerza la nueva corriente hispano-flamenca con maestros pintores tan destacados como Lluís Dalmau, Jacomart o Bartolomé Bermejo. La obra de Roderic de Osona (retablo del Calvario, en la iglesia de San Nicolás en Valencia) será el puente entre el arte gótico y el renacentista. En cerámica continuará el apogeo de los talleres de Manises y Paterna.

ARTE RENACENTISTA (SIGLO XVI)

Valencia es la puerta de entrada en la Península del estilo renacentista. Las mejores muestras de este estilo que se inspira en las formas clásicas se encuentran en el sur de la Comunidad Valenciana: convento de Santo Domingo y portada de la Asunción (Orihuela); colegio del Corpus Christi, Hospital del Reino (Valencia), fachada del Hospital (Xàtiva), claustro de la Cartuja de Porta-Coeli (Valencia), etc. Una excepción en el norte: la iglesia de la Asunción, en Vistabella del Maestrazgo. La escultura tiene una precoz influencia italianizante en los relieves del trascoro de la Catedral de Valencia. No obstante será con la figura de Damià Forment que la escultura renacentista llegará a su máxima expresión. Son obra suya la mutilada portada de los Apóstoles de la colegiata de Gandia y con su padre y su hermana como colaboradores realizó el retablo del convento de la Puridad. El Renacimiento valenciano también destaca en la pintura, en 1472 desembarcan en la ciudad un grupo de pintores italianos. Con el nuevo estilo destacarán Vicente Masip, influenciado por el pintor italiano Rafael Sanzio, y Juan de Joanes, un claro ejemplo de pintor que asume los planteamientos de la Contrarreforma. Este último contó con una larga lista de imitadores.

ARTE BARROCO (SIGLOS XVII Y XVIII)

El barroco valenciano se desarrolla en el marco de una importante crisis social y económica propiciada por la expulsión de los moriscos en el año 1609. El barroco como movimiento artístico opuesto al Renacimiento buscará la fuerza expresiva en el uso de los efectos lumínicos y un recargamiento generalizado de las líneas que buscan expresar el movimiento. Como estilo de la Contrarreforma, arraigará en los países católicos. Las muestras arquitectónicas más significativas de este estilo en la Comunidad Valenciana son la Catedral de San Nicolás y el Ayuntamiento de Alicante; la puerta principal de la catedral, la basílica de la Virgen de los Desamparados, el colegio San Pío V, la iglesia de los Santos Juanes y el campanario de Santa Catalina (Valencia). En la segunda mitad del siglo XVIII, el barroco se transforma en el rococó, cuya expresión máxima es el palacio del Marqués de Dos Aguas, en Valencia. La obra realizada por Hipólito Rovira en lo que a arquitectura se refiere y por Ignacio Vergara en la faceta escultórica es una feliz conjunción de ambas disciplinas. Su suntuosidad y estilo recargado hacen de este edificio, hoy sede del Museo de Cerámica de la Ciudad, una obra singular. En escultura destaca la producción de los artistas Juan Bautista Munyos, Nicola de Bussi y la familia de los Esteve y Vergara. La pintura barroca cuenta con dos importantes figuras: Francisco Ribalta y José de Ribera; el primero practicó un tenebrismo naturalista. José de Ribera llamado *el Españoleto* residió numerosos años en Italia, allí recibió la influencia de la escuela de Caravaggio siendo uno de los introductores de la escuela tenebrista en España. Su obra cubre diversos registros que van del picaresco al religioso pasando por la pintura de escenas mitológicas.

San Sebastián, de José de Ribera.

ARTE DE LOS SIGLOS XIX Y XX

En oposición al barroquismo durante el siglo XIX se desarrolla en la Comunidad Valenciana una arquitectura de corte neoclásico que a menudo deriva en muestras de un cierto eclecticismo arquitectónico. Como ejemplos a destacar están el Ayuntamiento de Gandia, el Teatro Principal, la plaza de toros o el Palacio de Justicia, en Valencia. La arquitectura modernista valenciana se inicia con cierto retraso, pero convertirá la Comunidad Valenciana, después de Cataluña, en un importante centro tanto por la cantidad como por la calidad de sus obras. En los albores del s. XX y asociada a una burguesía emergente, sus principales testimonios, se encuentran en Valencia. La Estación del Norte, obra de Demetrio Ribes, y los mercados Central y de Colón; en Valencia, la Casa del Pavo y las fábricas de la plaza Mossén J. Gisbert en Alcoy, y el edificio de Correos y Telégrafos de Castellón son los principales exponentes del modernismo valenciano. En el panorama arquitectónico actual destacan el Palau de la Música obra de J. M. García Paredes en Valencia y la importante contribución del arquitecto e ingeniero Santiago Calatrava en su ciudad natal, Valencia, con el proyecto de la ciudad de las artes y las ciencias.

En lo referente a la escultura valenciana del siglo XIX hay que destacar su adhesión al estilo académico. Cabe citar a escultores como Josep Piquer, Modest Pastor y Josep Aixa, sin olvidar la obra de carácter naturalista del escultor Mariano Benlliure. Sus series sobre la tauromaquia fueron especialmente celebradas tanto en Valencia como en su posterior ciudad de residencia, Madrid. A partir de la posguerra empezará un tímido florecer de la escultura abstracta con las obras de A. Sacramento, Eusebio Sempere y Andreu Alfaro. La trayectoria de este último merece mención aparte. Su obra es la más importante de la segunda mitad del siglo XX en la Comunidad Valenciana. Algunas de sus esculturas, abstractas siempre, forman parte del espacio urbano, pues son muchas las ciudades que las exhiben. Alfaro ha experimentado con los más diversos materiales como las varillas metálicas, la piedra o el mármol.

El siglo XIX valenciano estuvo marcado en pintura por las figuras de Vicente López, autor de obras caracterizadas por su realismo preciosista, Antoni Gisbert, Ignacio Pinazo y Antonio Muñoz Degrain, los dos últimos influenciados por las corrientes impresionistas provenientes de Francia. La figura de Joaquín Sorolla destaca con fuerza del resto de artistas de su época. So-

Pescadoras valencianas, de Joaquín Sorolla.

rolla practicó una pintura que conjugaba a la perfección un casticismo amable en lo referente a sus temas con una materialización próxima a los postulados del impresionismo. El gran efectismo de sus grandes formatos con acusados contrastes cromáticos le granjearon un éxito duradero. Exhibió su obra con gran éxito en Estados Unidos. En el panorama pictórico contemporáneo destacan las obras de Josep Renau, M. H. Mompó, Eusebio Sempere, Equipo Crónica, Equipo Realidad y más recientemente la obra de Carmen Calvo y Jordi Teixidor.

ARQUITECTURA POPULAR

En lo que a arquitectura popular se refiere destacan diferentes tipos de construcciones. La *barraca* es la construcción popular más conocida. La barraca es una casa rústica, de planta rectangular y construcción sencilla, con la cubierta a dos aguas formando un ángulo muy agudo y cubierta de cañas y paja. Se encuentra en las planas costeras de regadío de la Comunidad Valenciana, especialmente en la Huerta. Su interior presenta una división muy simple: por una lado las habitaciones, y la otra mitad del espacio, con su origen desde la puerta principal, hace a su vez de entrada, paso y cocina.

El *riurau* es de planta baja, rectangular, con muros enlucidos en blanco, cubierto de teja curva, en una o dos vertientes, con una galería porticada en la fachada que mira al sur que permite ampliamente la ventilación, destinada a resguardar los cañizos de las pasas puestas a secar. Es característico de la Marina Alta (Benissa, Jávea, Calpe...).

Barraca en el Palmar.

La *alquería* (de la palabra árabe *qarya*), es una edificación normalmente grande, de tipo agrícola. Su planta es variada, generalmente de dos pisos, y opcionalmente con un patio inferior cerrado. El edificio principal está destinado sólo a vivienda y los edificios adyacentes están destinados a la explotación agrícola. Está muy extendida en las zonas costeras de regadío.

MÚSICA

La importante tradición musical de la Comunidad Valenciana se puede remontar a las representaciones de danzantes y músicos en algunos vasos íberos. No obstante será en la Edad Media cuando la música valenciana relacionada con la liturgia empieza a manifestarse en toda su riqueza. *Les epístoles farcides*, *El Cant de la Sibil·la*, *el Misteri d'Elx* o *els Goigs* son algunas muestras relevantes. Vinculadas a las capillas de catedrales y colegiatas la música valenciana adquiere en los siglos XVI y XVII personalidad propia. J. Ginés Pérez, J. Azín y N. Mariner son los músicos más destacados de la época. En la segunda mitad del siglo XVIII destaca V. Martín Soler, compositor de óperas en Italia, Viena y San Petersburgo. A partir de 1819 empiezan a aparecer gran número de bandas musicales con un rechazo del italianismo musical y una búsqueda en las raíces musicales populares. El músico F. Tárrega recuperó la guitarra como instrumento musical solista. Ya en el siglo XX la proliferación de bandas, orquestas y sociedades filarmónicas ha hecho de la Comunidad Valenciana un territorio en el que la música es una realidad cotidiana. Entre los compositores valencianos del siglo XX cabe destacar los nombres de M. Palau y Joaquín Rodrigo, mundialmente famoso por su obra principal el *Concierto de Aranjuez*.

FESTIVIDADES POPULARES

ENERO

22: **San Vicente Mártir**. Se celebra en Valencia.

FEBRERO

Carnaval. Reciente pero destacada celebración en Vinaròs.

MARZO

Del 15 al 19 de marzo: Las **Fallas de Valencia**. Fiesta declarada de interés turístico nacional. Durante quince días se suceden la Exposición del Ninot, la Plantada, la Ofrenda de flores a la

"Ninots" de la Fallas de Valencia.

Virgen, las *mascletadas* y los castillos de fuegos artificiales que invaden la ciudad y multitud de localidades.

Tercer domingo de Cuaresma: Se celebra la **Fiesta de La Magdalena y Romería de las Cañas**. Los castellonenses van a la ermita de la Magdalena portando una caña con una cinta verde para conmemorar el origen de la población. De vuelta, se pasa por la basílica de la Virgen de Lledó (Castellón).

Segundo jueves después de Pascua: Se celebra la **Romería de la Santa Faz**. Multitudinaria romería conocida como la Peregrina de la Santa Faz en Alicante.

Sábado Santo: Se da en Orihuela la **Procesión del Santo Entierro de Cristo**. Desfila el paso conocido como La Diablesa, obra de Fray Nicolás de Bussi.

Domingo de Ramos: Se celebra el **Mercadillo de la Palma Blanca** en Elche.

ABRIL

Del 21 al 23 de abril: Se suceden las **desfiladas de Moros y Cristianos** en Alcoy. A lo largo del año se celebran en otros muchos lugares como por ejemplo Ontinyent, Bocairent, Alicante, Crevillent, Elda, etc.

Último viernes de abril: Se celebra la festividad de **los Peregrinos de las Useras**. Antigua romería en la que trece vecinos de Useras, que representan a Jesucristo y los doce apóstoles, peregrinan hasta el santuario de San Juan de Peñagolosa, a treinta kilómetros, en estricto silencio.

5: **Romería de San Vicente Ferrer** en Llíria. Lugar donde la tradición dice que éste obró uno de sus milagros.

MAYO

Primera semana: **Romería a la ermita de las Santas**, en Cabanes.

Segundo domingo: **Virgen de los Desamparados**, en Valencia.

JUNIO

Del 20 al 29: **Hogueras de San Juan**. La fiesta alicantina por antonomasia.

Principios de junio: **Festival de Cine de Comedia de Peñíscola**.

Segundo o tercer domingo: En Valencia, **Corpus Christi**, con una procesión repleta de elementos etnográficos.

JULIO

En el marco de la valenciana **Feria de Julio**: **Certamen Internacional de Bandas de Música**.

Primera quincena: ***Bous a la mar*** (toros al mar). Espectacular fiesta con vaquillas en el puerto de Denia.

16: **Procesión marinera de la Virgen del Carmen** en Santa Pola.

25: **Nuestra Señora del Buen Suceso** en Sagunto.

AGOSTO

4: **El Cristo de la Salud**. Emotiva procesión en barca por la Albufera, encabezada por un Cristo crucificado en el Palmar.

14 -15: ***El Misteri***. Drama sacro-lírico representado desde 1265 por 150 actores en la basílica de Santa María de Elche.

En la mayoría de pueblos valencianos se celebran las fiestas de agosto, la semana del 15: la Virgen de Agosto y San Roque (día 16).

Del tercer al cuarto domingo: **Sexenio de Morella**. Desde 1673 y cada seis años (2000, 2006...), en Morella se celebra esta fiesta, una de las más espectaculares de la Comunidad Valenciana, declarada de interés turístico nacional. El año anterior a cada Sexenio, se celebra el Anuncio, también de gran interés.

Durante el mes de agosto: ***Festival Sagunt a Escena*** en el Teatro Romano de Sagunto.

Última semana: **la Tomatina**. Miles de personas participan en una batalla en la que se dedican a lanzarse tomates maduros en Buñol.

Del 15 al 20: ***Fira de Xàtiva*** se celebra ininterrumpidamente desde 1250.

A lo largo del mes de agosto: Se celebra el **Certamen Internacional de Habaneras** en Torrevieja.

La última semana: la **Fiesta de la Vendimia** de Requena. Se inició en 1948 y es la más antigua de la Península junto a la de Jerez; ha sido declarada fiesta de interés turístico.

21 y 22: **Danzas Guerreras** en Todolella.

SEPTIEMBRE

Del 1 al15: **Entrada de Toros y Caballos** en Segorbe. Fiesta de interés turístico nacional.

OCTUBRE

8: **Festival Internacional de Pirotecnia** en Valencia.

9: **Día de la Comunidad Valenciana**, se celebra la conquista de la ciudad por el rey Jaime I.

12: **Feria apícola** en Ayora.

NOVIEMBRE

1: **Todos los Santos**, tradicionalmente éste es el día dedicado a recordar a los muertos de la familia.

DICIEMBRE

25: **Navidad**. Esta fiesta ancestral, de celebración del solsticio de invierno, se convirtió con el cristianismo, en una festividad religiosa.

GASTRONOMÍA

La cocina popular valenciana es el reflejo de una tierra en la que conviven de manera muy cercana las tierras de secano en el interior con una imponente huerta que transcurre paralela al mar. Las hortalizas, las verduras y los cereales, en primer lugar, y el pescado y marisco, en segundo, se imponen a las carnes. No hay que olvidar que la repostería juega también un papel protagonista en la cocina valenciana.

Paella valenciana. Pollo, conejo, aceite de oliva, tomate, judías tiernas, garrofó (judía plana), arroz, agua, azafrán y sal: sin duda, el plato valenciano más universal. En ocasiones se le añaden caracoles y pato. En invierno la verdura predominante es la alcachofa.

Arroz a banda. "A banda" significa "aparte", porque el arroz se guisa solo (o con gambas o cigalas) en un caldo obtenido de la cocción de varias especies de pescado, que si se pide también se sirve para comerlo antes del arroz.

Fideuà. Nació en Gandia fruto del azar: unos amigos olvidaron el arroz para la paella y recurrieron a los fideos. Actualmente suele prepararse con cigalas, gambas y caldo de pescado, y sin verduras. Se sirve con ajoaceite.

Arroz al horno. Los restos del cocido se aprovechan en este arroz de recurso. Garbanzos, patatas, morcilla, tomates y una cabeza de ajos, en una cazuela llana de barro. El ajoaceite también acompaña este arroz.

La paella, el plato valenciano más conocido.

La horchata, refrescante bebida elaborada con chufa.

Allipebre. Plato muy típico de la Albufera. Debe el nombre a la técnica de su elaboración (*all*, ajo, y *pebre*, pimentón), pero el principal ingrediente es la anguila.

Gazpacho manchego. Plato de cazadores de influencia manchega. Conejo, liebre o perdiz con torta ázima, setas y pebrella (variedad del tomillo) y servido en una gran torta.

Olla churra. Plato típico del interior de la provincia de Valencia, a base de judías blancas, embutido, oreja de cerdo, carne de cordero, patatas y pencas de cardo.

Gamba rayada, langostino y quisquilla. Tres productos exquisitos del litoral valenciano: las gambas rayadas (Denia), los langostinos (Vinaròs y Guardamar) y las quisquillas (Santa Pola). Se preparan a la plancha.

Flaó. Empanadilla rellena de requesón, almendra molida, huevo y canela, el flaó es un dulce típico de Morella y de todo el Maestrazgo. Uno de los pocos elaborado con un derivado lácteo.

Arnadí. De calabaza o boniato, corteza de limón, almendra y piñones; este postre se debe degustar en Xàtiva en Semana Santa, aunque se elabora todo el año.

Horchata y *Fartons*. En Alboraya (Valencia), es obligado complementar esta emulsión de chufa y azúcar con algunos *fartons*, unos cilindros de masa cubiertos de azúcar que se mojan en la horchata.

VINOS

Las áreas vitivinícolas valencianas se adscriben a tres denominaciones de origen: Utiel-Requena, Alicante y Valencia. Las variedades de uva son diversas, destacan la bobal (negra) en Utiel-Requena, la merseguera y la moscatell (blancas) en Valencia, y la monastrel (negra) en Alicante.

16 rutas para recorrer la

Comunidad Valenciana

en automóvil

Las comarcas del Alt y el Baix Maestrat y Els Ports

La ruta transcurre por el Baix y el Alt Maestrat y Els Ports. Es el territorio que alcanzaba la autoridad del Maestre (de ahí su nombre) de la poderosa orden militar de Santa María de Montesa. Algunas de las plazas fuertes y religiosas más importantes de estas tierras desde el siglo XIII *tienen en Peñíscola y Morella sus principales ejemplos. El itinerario recorre desde el castillo del Papa Luna, sobre el mar, hasta la amurallada Morella, a más de 1.000 metros de altitud, pasando por el monasterio de Benifassà.*

ITINERARIO
2 DÍAS / 137 KM

PEÑÍSCOLA → Benicarló y Vinaròs	**8 km**
Vinaròs → Càlig	**11 km**
Càlig → Traiguera	**10 km**
Traiguera → Monasterio de Benifassà	**33 km**
Monasterio de Benifassà → Morella	**45 km**
Morella → Forcall	**12 km**
Forcall → Todolella	**3 km**
Todolella → Santuario de la Balma	**15 km**

Vista de Peñíscola desde la playa.

1

Peñíscola

Paseo Marítimo, s/n. ☎ 964 48 93 92. La Virgen de la Ermitana (del 7 al 16 de septiembre). Castillo del Papa Luna: c. Castillo, s/n. ☎ 964 48 00 21. Del Domingo de Ramos (abril) al 14 de junio: de lu a do, de 9 h. a 20.30 h.; del 15 de junio al 15 de septiembre: de lu a do, de 9.30 h. a 14.30 h. y de 16.30 h. a 21.30 h.; del 16 de septiembre al 15 de octubre: de lu a do, de 9 h. a 20.30 h.; del 16 de octubre al Domingo de Ramos: de lu a do, de 9.30 h. a 13 h. y de 15.15 h. a 18 h.; cierra los días 1 y 6 de enero, el viernes más cercano a Santa Rita (22 de mayo), 9 de septiembre, 9 de octubre o 25 de diciembre. $ 200 ptas. Del 15 de junio al 15 de septiembre. Museo del Mar: c. Príncipe, s/n. ☎ 964 48 16 03. De ma a do, de 10 h. a 14 h. y de 16 h. a 18 h. (de octubre a marzo), de 16 h. a 20 h. (de abril a junio) y de 17 h. a 21 h. (de julio a septiembre); cierra los lu (excepto entre Semana Santa y octubre). Iglesia del Perpetuo Socorro: c. Fulladosa, 1. ☎ 964 48 00 11. † Invierno: de lu a vi, a las 9.30 h.; sa, a las 19 h., y do y festivos, a las 8.30 h. y a las 11 h.; verano: de lu a vi, a las 9.30 h.; sa, a las 20 h., y do y festivos, a las 8.30 h., 11 h. y 20 h.

Peñíscola es uno de los puntos con más **personalidad histórica** de la Comunidad Valenciana, y sin duda, el más significativo de la Costa de Azahar. Sobre un promontorio rocoso unido a tierra por un pequeño istmo y apiñada alrededor del castillo, la villa atrajo a lo largo de la historia a numerosos pueblos colonizadores del Mediterráneo. En ella se establecieron los griegos, los romanos, y entre el siglo VIII y el primer tercio del siglo XIII, los árabes, con los cuales la villa –denominada *Banískula* entonces– vivió una etapa de esplendor y de poder sobre los territorios cercanos. El visitante puede observar en Peñíscola y sus cercanías vestigios de este legado árabe, como la **torre Abadum**, situada a unos 6 km de la población, que en el siglo XV gozó de un papel importante en la defensa de la costa de los ataques piratas. En 1233 los árabes entregaron la ciudad a Jaime I sin oponer resistencia.

Casas blancas de Peñíscola con el puerto en el fondo.

'EL CID'

En 1961, el director de cine Anthony Mann escogió Peñíscola para rodar algunas escenas de El Cid, protagonizada por Charlton Heston y Sofía Loren. Las murallas más altas del actual castillo fueron construidas para la película, en la que representaban la ciudad de Valencia. En 1953, Luis García Berlanga ya había escogido Peñíscola para rodar otra película famosa: Calabuch. Esta relación con el cine continúa con el Festival de Cine que cada año acoge Peñíscola.

En 1250 obtuvo su carta puebla. Y a finales de siglo, Jaime II cedió Peñíscola a la orden del Temple, bajo el mandado de la cual se construyó **el castillo** en la cima del promontorio, sobre una antigua fortificación árabe. Dicha fortaleza, remodelada posteriormente cuando la ciudad perteneció a la orden de Montesa y por el mismo **Papa Luna**, que la utilizó de residencia, es el elemento responsable de la gran proyección internacional de la villa, que tuvo su esplendor en el siglo XV. Y es que entre los años 1415 y 1423 Peñíscola fue la capital del Cisma de Occidente, protagonizado por Benedicto XIII (el Papa Luna) y que supuso la división de la Iglesia Católica tras su ruptura con Roma.

El **casco histórico** de Peñíscola fue declarado conjunto histórico artístico en 1972. En las faldas del castillo y protegido por las macizas murallas que rodean el promontorio rocoso, el trazado urbano de Peñíscola ofrece una pintoresca imagen al visitante. Sus casitas de pescadores, de un blanco deslumbrante, conforman un conjunto de calles empedradas de gran belleza. Tres puertas dan acceso al recinto. La más antigua es la puerta de San Pedro o del Papa Luna (por ser éste quien la mandó construir). Se halla junto al puerto de pescadores donde aún se desarrolla una gran actividad pesquera y de venta de pescado, en los puestos cercanos a la lonja. La puerta de Felipe II, también llamada Portal Fosch, fue alzada en 1596. Y la más temprana, la puerta de Santa María, levantada en 1754 bajo el reinado de Fernando II se encuentra junto al Balcón de Pilatos.

La visita al castillo es uno de los principales alicientes para el visitante que se acerca a Peñíscola, por su importancia tanto histórica como artística. En el recorrido por su interior se pueden conocer estancias como el aljibe, las estancias pontificias que sirvieron de residencia a Benedicto XIII (Papa Luna) y a su sucesor Clemente VIII, las mazmorras, el salón del Cónclave, el salón del Comendador, la iglesia de una sola nave rectangular, y el bello salón Gótico, donde a menudo se celebran conciertos.

Castillo de Peñíscola.

Resulta interesante también la visita a la **iglesia parroquial del Perpetuo Socorro**, de origen medieval y con una nave de estilo gótico cubierta por cuatro tramos de arcos ojivales y bóvedas de crucería. En el siglo XVIII se le añadieron la capilla y el presbiterio con elementos propios del estilo barroco.

Otro atractivo de la villa es el llamado **Bufador** (Soplador), un gran agujero natural abierto en la roca, desde donde se escucha el permanente ronroneo del mar, y por el que en los días que el viento sopla con fuerza salen sus aguas agitadas, bañando a todos quienes se acercan al enorme orificio.

Además de la pesca, **el turismo** es, desde hace ya muchas décadas, uno de los primeros sectores de actividad de Peñíscola. A ella llegan anualmente miles de visitantes atraídos por la belleza y singularidad de su casco antiguo, así como por las playas de su zona norte, y las calas enmarcadas por rocas que siguen al puerto.

➔ **A BENICARLÓ, 8 KM POR CV-141.**

2 Vinaròs y Benicarló

Paseo Marítimo, s/n. ☎ 964 47 31 80 (Benicarló)

Vista nocturna del paseo marítimo de Vinaròs.

El origen de la ciudad de Vinaròs no está del todo claro. Por lo que se ha podido conocer, su origen podría encontrarse, igual que el de su vecina Benicarló, en el emplazamiento del **poblado ibérico de El Puig**, los restos del cual se pueden visitar. No es hasta 1241 cuando la villa recibe su carta puebla por parte de Jaime I, entonces bajo el nombre de *Bynalaroç*. En el siglo XIV, estando en manos de la orden del Temple, se amuralla la ciudad. Sin embargo, dos siglos más tarde, gracias a la importancia de su puerto y el tránsito naviero y comercial que en él se desarrollaba, la ciudad se enriqueció y creció fuera de los límites de la muralla. Una anécdota histórica da fe de la importancia del puerto de la villa a finales del siglo XVI y principios del XVII: en 1609, se embarcaron en él hacia el exilio más de 15.000 moriscos expulsados del reino. El puerto actual, inaugurado en 1875, fue construido a instancias del arzobispo. José Domingo Borrás, nacido en Vinaròs en 1805, y a quien hoy se recuerda con un monumento situado en el paseo Marítimo.

Las principales fuentes de riqueza de Vinaròs son las plantaciones de naranjos y **el turismo**, que con el boom de los años 60 y 70, propició un importante crecimiento de la ciudad. Uno de los atractivos de la villa, la parte de sus playas, es su destacable **oferta gastronómica**, especializada en la cocina de mariscos y, en especial, de los langostinos.

Entre los edificios de Vinaròs cabe destacar su **Ayuntamiento**, una construcción del siglo XVII, situada en la plaza Parroquial. La **plaza de toros**, levantada en el año 1863, cuenta con la peculiaridad de ser la más cercana al mar, y tiene el ruedo más grande de España (con un diámetro de 44,50 m). El mercado municipal data del año 1928. Es la **iglesia Arciprestal Ntra. Sra. de la Asunción**, es el edificio religioso más importante de la villa. Fue declarado monumento histórico artístico nacional en 1978. Levantado en el siglo XVI, es de estilo gótico-renacentista, su torre-campanario de carácter defensivo, la capilla de la Comunión, adosada a la iglesia por la de-

EL POBLADO IBÉRICO DE *EL PUIG*

Las excavaciones realizadas desde 1974 en El Puig, situado en El Puig de la Nau, indican que los restos ibéricos encontrados se alzaron sobre antiguos emplazamientos de finales de la Edad de Bronce y principios de la Edad del Hierro (s. IX-VIII a.C.). Las cerámicas, esculturas y otros objetos encontrados muestran dos fases de poblamiento: un poblado ibérico antiguo que justo empezaba a incorporar las influencias recibidas de los comerciantes fenicios, y el otro, un establecimiento ya en relación comercial con los griegos establecidos en puntos de la costa mediterránea (en Empúries, Roses...). A unos 400 m, el hallazgo de un campo de urnas de incineración ha puesto a descubierto la Necrópolis de El Puig.

Aún se pueden ver mujeres cosiendo redes en estos pueblos pescadores.

recha y su portada barroca atribuida a los maestros Vinyes, Mir y Guill pertenecen al siglo XVII. Merece la pena detenerse a contemplar la fachada, considerada un interesante ejemplo de fachada-retablo. Consta de dos cuerpos, uno encima de otro, enmarcados por columnas salomónicas y con abundantes decoraciones barrocas. En **la iglesia del convento de San Agustín**, declarada monumento histórico-artístico en 1982, y en la capilla de Santa Victoria (junto a la primera), ambas cerradas al culto, se emplazan el Auditorio Municipal y el Museo Municipal, respectivamente. La **ermita de Ntra. Sra. de la Misericordia**, (s. XVI), situada encima de una colina a unos 6 km de Vinaròs, tal como se puede contemplar hoy, es el resultado de distintas intervenciones y ampliaciones a lo largo de los siglos, como lo son las cuadras porticadas, la hospedería y la casa del ermitaño. En el interior del templo, bellos frescos decoran su bóveda, y pechinas, murales cerámicos sus paredes, y en el pavimento, se conservan mosaicos de azulejería del siglo XVIII. El último domingo de mayo, se celebra la festividad de su patrona, la Virgen de la Misericordia, y el 20 de enero, la de su santo patrón, San Sebastián. Junto a la ermita del mismo nombre se encuentra el poblado ibérico de El Puig.

Benicarló, por su emplazamiento geográfico y su clima, es una villa dedicada a la agricultura (produce alcachofas con denominación de origen), a la pesca y al turismo. Igual que su vecina Vinaròs, esta villa tiene su origen en los emplazamientos ibéricos de las cercanías: el poblado de El Puig de la Nao y el de la Tossa (de los siglos V y VI a.C.). Su situación actual, como su nombre permite intuir, se remonta a la época árabe, en el entonces *Beni-Gazló*. Desde el siglo XIV, también como Vinaròs, Benicarló formó parte de la Comanda, bajo el control de la orden de Montesa.

Para conocer a fondo la historia de la ciudad y sus orígenes es interesante hacer una visita al **Museo Histórico Arqueológico Municipal**, emplazado en la antigua cárcel, donde se exponen objetos encontrados en las excavaciones de El Puig y de La Tossa.

Uno de los edificios más interesantes es la **iglesia de San Bartolomé**, dedicada al patrón de la ciudad. Su principal peculiaridad reside en sus tres fachadas: dos de ellas son de sillería y la otra, dividida en dos cuerpos flanqueados por columnas salomónicas, son un buen ejemplo de portada barroca. El campanario de base octogonal, se levantó en el siglo XVIII en piedra labrada. La estructura interna del templo consta de una gran nave con crucero, cubierta a su vez por una cúpula de grandes dimensiones y diversas capillas encajadas entre los contrafuertes. Se puede contemplar en el interior la rica decoración barroca y una colección de objetos de orfebrería. Otros edificios religiosos de la ciudad son el **convento de San Francisco**, del siglo XVI, reformado en el XVIII, con el interior realizado de mampostería y con una espadaña de piedra de sillería; la **capilla del Cristo de Mar**, conocida como la ermita del Cristo de Mar, que goza de gran devoción en el pueblo, y la cercana **ermita de San Gregorio**, de origen incierto, situada en una zona arbolada en la que se celebra cada año una popular romería. De su interior es interesante destacar su imagen gótica realizada en madera policromada y dedicada a san Gregorio, cuyo origen se sitúa por el siglo XVI.

El principal incentivo de los miles de veraneantes que recibe Benicarló en los períodos vacacionales reside, sin embargo, en sus **bellas y limpias playas**. La playa del Morrongo, una de las tres que hay, ha sido galardonada con la bandera azul europea. En la lonja

Los crustáceos de Vinaròs son excelentes.

puerto de la villa –que mantiene una relevante actividad pesquera–, se celebra cada tarde de los días laborables una **subasta de pescado**.

➡ A CÀLIG, 11 KM POR N-232 Y CV-138.

3

Càlig

(Traiguera). ☎ 964 49 51 25.

El documento más antiguo existente que se refiere a Càlig es la carta puebla que en 1234 le otorgó Hug de Fullalquer, maestre de la orden del Hospital. Sin embargo vestigios encontrados en distintas excavaciones indican la presencia de establecimientos íberos y romanos en la zona. Al parecer, bajo el período islámico el núcleo urbano fue desarrollándose alrededor del castillo de Cervera. Aún hoy en día se pueden observar restos de la muralla adosados a las viviendas más antiguas y alguna muestra de sus torres de vigilancia. Una de ellas es la llamada **torre de Càlig**, en la que se encuentra el **Centro Cultural de la Torre** (después de haber sido usada a lo largo de su existencia como ayuntamiento, cárcel, o almacén). Otros edificios que se pueden visitar en Càlig son el Casal Municipal o Centre Republicà, construido durante la II República; la capilla de la Virgen de los Desamparados, del siglo XVIII; el convento de clausura femenino de la Santísima Trinidad (de principios del siglo XX); la iglesia parroquial renacentista reconstruida y ampliada entre 1622 y 1659 (el templo inicial era del siglo XIV) en la que se observan la austeridad combinada con las líneas clásicas; y la ermita de la Virgen del Socorro, del siglo XVIII, muy querida entre los caligenses y en el interior de la cual se conservan bellos y coloridos frescos de J. Oliet.

➡ A TRAIGUERA, 10 KM POR CTRA. LOCAL Y N-232.

4

Traiguera ☼☼

c. Mayor, 17. ☎ 964 49 51 25. Virgen de la Salud (1 de septiembre). Santuario de la Virgen de la Salud: La Font de la Salut. ☎ 964 49 52 17. De lu a do, de 8 h. a 15 h. y de 16 h. a 19 h.

Traiguera, llamada *Llercavonia* entre los siglos VI-I a.C., cuando era una ciudad íbera, tuvo importancia también durante el período de la romanización, como lo muestra el paso por ella de la Vía Augusta. Una estatua en bronce de Dionisos, restos de cerámica y algunos yacimientos son los vestigios que la villa conserva actualmente de su época clásica. Como la mayoría de los pueblos vecinos, después de los nueve siglos de presencia árabe, tras la reconquista, la villa perteneció primero a la orden de los Hospitalarios y posteriormente a la de Montesa. En la actualidad Traiguera es conocida por dos aspectos, por su **tradición alfarera** (en la ermita de San Blas un museo de cerámica expone la historia y las técnicas de esta arraigada actividad artesanal que todavía podrá contemplar el visitante en las diferentes alfarerías existentes) y por el interesante conjunto del **santuario de la Virgen de la Salud**, muy próximo al núcleo urbano. El templo tiene su origen en el descubrimiento, en 1384, por un pastor mudo llamado Jaume Sorlí, de una imagen de la Virgen en el fondo de la Fuente, lo que le supuso la recuperación del habla. Ese año se construyó una pequeña capilla, pero más adelante (entre los siglos XV y XVIII) al extenderse la fama milagrosa de la virgen y ser cada vez más los romeros que llegaban hasta el lugar, con visitas de personajes como **Felipe II**, **Juan de Austria** y **Miguel de Cervantes**, se llevó a cabo la construcción del conjunto actual con la ermita, la alberguería y el palacio. La ermita consta de dos entradas: una epístola ilustra la que se encuentra a un lado del templo (s. XV); la otra situada en los pies, es del siglo XVIII. Una espadaña de estilo gótico remata el edificio. De su interior cabe destacar las interesantes pinturas al fresco de Vicente Guilló, las yeserías doradas y los restos de un friso de zócalos de Manises del s. XVIII. El primer domingo de septiembre se celebra en el lugar una concurrida romería. El camino del Real Santuario, delimitado por paredes de piedra está jalonado

EL MILAGRO DE SAN VICENTE

En 1414, san Vicente Ferrer obró un milagro en Morella recordado en una placa en la casa, de la calle de la Virgen, donde tuvo lugar.

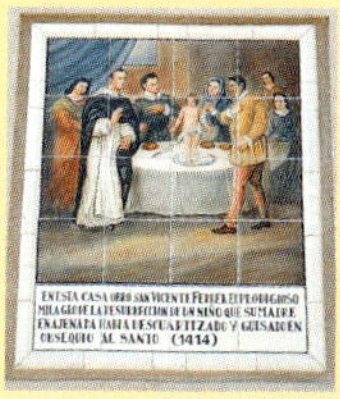

Cuenta la leyenda que una mujer, sin carne que ofrecer al santo, descuartizó a su hijo para cocinarlo. Cuando san Vicente se percató recompuso al niño, al que faltaba el dedo que su madre se había comido para darle el punto de sal adecuado.

por siete cruces de término, en las que se simbolizan los siete dolores de la Virgen. En la iglesia parroquial de Traiguera, con elementos de distintos estilos arquitectónicos, fruto de diversas transformaciones, se aloja el Museo Parroquial, en el que el visitante podrá contemplar interesantes piezas de orfebrería, cruces procesionales, tallas policromas, restos del retablo del Santuario de la Virgen y restos ibéricos y romanos encontrados en estas tierras. Se trata, en definitiva, de un conjunto arquitectónico magnífico en un paraje natural autóctono de austera belleza.

➜ AL MONASTERIO DE BENIFASSÀ, 33 KM POR CV-11, CTRA. LOCAL Y CV-105.

5 Monasterio de Nuestra Señora de Benifassà ☼

c. Mayor, 27 (Pobla de Benifassà). ☎ 977 72 90 51. Virgen de la Asunción (15 de agosto). **Monasterio de Santa María de Benifassà:** ctra. La Sènia-Castell de Cabres. ☎ 977 71 90 11. Sólo los jueves, desde las 13 h. a 15 h. † De lu a sa, a las 9 h., y do a las 9.30 h. (se puede asistir si se solicita por teléfono).

Tras conquistar estas tierras fronterizas con Cataluña, Jaime I mandó construir la **primera fundación cistercense** del antiguo reino de Valencia: el monasterio de Santa María de Benifassà. Ocupado por los monjes del Císter en 1250, fue decisivo para la expansión de la orden en el territorio valenciano, cuyo feudo se extendía por la Tinença de Benifassà (Pobla de Benifassà, Ballestar, Castell de Cabres, Fredes, Boixar, Coratxà y Bel). Actualmente está ocupado por monjas de la orden de San Bruno. Declarado monumento histórico-artístico nacional en 1931, es un recinto amurallado con edificios románicos y góticos (construidos entre los siglos XIII y XVI, de gran valor arquitectónico). Para su realización se tomó como modelo el monasterio de Poblet, aunque con unas dimensiones y ambición menores. Cabe destacar su Puerta Real, con reminiscencias románicas, remodelada en estilo barroco el año 1721; la hospedería, en la que se puede contemplar una puerta adovelada del siglo XIV que conduce al patio del antiguo palacio del abad; el claustro y la sala capitular, ambas de estilo gótico. La iglesia, dedicada a santa María, fue alzada, con una sola nave entre el 1264 y el 1276.

Monasterio de Nuestra Señora de Benifassà.

➜ A MORELLA, 45 KM POR CV-105 Y N-232.

6 Morella ☼☼☼

Plaza de San Miguel, s/n. ☎ 964 16 01 25. Sexenio (cada seis años (2000, 2006...), del tercer al cuarto domingo de agosto). **Castillo:** Plaza de San Francisco, s/n. ☎ 964 17 31 28. Invierno: de lu a do, de 10.30 h. a 18.30 h.; verano: de lu a do, de 10.30 h. a 19.30 h. $ 200 ptas. **Basílica de Santa María:** Plaza de Benedicto XIII, s/n. ☎ 964 16 07 93. Invierno: de lu a do, de 12 h. a 14 h. y de 16 h. a 18 h.; verano:

MANTAS MORELLANAS

A pesar de que la industria textil desapareció hace años en Morella (aunque pervive la confección artesanal de géneros de punto), todavía queda algún taller artesanal en el que se confeccionan y venden las famosas mantas morellanas, muy apreciadas en estas tierras por su llamativo cromatismo (combinan diversos colores sobre fondos preferentemente de color rojo, negro y verde).

El castillo corona la villa de Morella.

de lu a do, de 11 h. a 14 h. y de 16 h. a 19 h. † Invierno: de lu a sa, a las 19.30 h.; verano: de lu a do, a las 20 h.; todo el año: vísperas de festivo, a las 20.15 h., y festivos a las 12 h. y a las 18.30 h. **Museo de la Basílica:** Plaza de Benedicto XV, s/n. ☎ 964 16 07 93. De lu a do, de 12 h. a 14 h. y de 16 h. a 18 h. **$** 150 ptas. **Museo Tiempo de Dinosaurios:** Plaza de San Miguel, s/n. ☎ 964 16 01 25. Invierno: de ma a do, de 11 h. a 14 h. y de 16 h. a 18 h.; cierra los lu; verano: de lu a do, de 11 h. a 14 h. y de 16 h. a 19 h. **$** 300 ptas.

Morella presenta una silueta única e imponente al visitante: la ciudad está completamente circundada por una **muralla** de más de 2.500 metros de longitud y que en algunos puntos sobrepasa los diez metros de altura. Esta fantástica fortificación, cuya actual fisonomía data del siglo XIV (pero que siempre estuvo amurallada), tiene catorce torres y seis puertas de acceso al interior de la ciudad: la de San Miguel y la de San Mateo (las más monumentales), la de la Nevera, la del Forcall, la del Rey y la de los Estudios. La ciudad fue escenario, en 1414, de una reunión entre el papa Benedicto XIII (el Papa Luna), el rey Fernando de Antequera y San Vicente Ferrer con la intención de poner fin al Cisma de Occidente, objetivo que se vio frustrado. Pero fueron sus características geográficas y arquitectónicas lo que la convirtieron en una de las plazas protagonistas en los más importantes episodios bélicos, como la Guerra de Sucesión (sobre todo, desde 1707 hasta 1711), la ocupación francesa (que tuvo lugar entre 1810 y 1813) y los enfrentamientos entre liberales y carlistas, movimiento este último que se hizo resistente en esta zona, donde rebrotó esporádicamente. El general Cabrera, carlista, se encerró en Morella y sólo capituló ante el general Espartero después de sufrir constantes bombardeos. La ciudad, declarada **conjunto histórico-artístico** en 1963, ofrece auténticas joyas arquitectónicas como la **calle Blasco de Alagón** (popularmente conocida como la de los Porches, construidos por autorización de Jaime I para uso artesanal), hoy verdadero corazón comercial de la ciudad. En ella se celebra, desde el siglo XIII ininterrumpidamente un **mercado semanal** los domingos por la mañana.

Otro de los tesoros de la ciudad es la **basílica arciprestal**

Puerta de San Miguel en Morella.

de Santa María de estilo gótico, construida entre 1265 y 1330. Tiene la peculiaridad de contar con dos portadas en su fachada, la de los Apóstoles (siglo XIV) atribuida al arquitecto inglés Fonoyll, y la de las Vírgenes. En su interior el visitante encuentra un coro de características únicas al estar construido sobre una bóveda casi plana y al que se sube por una escalera de caracol adornada con magníficos relieves obra del morellano Antonio Sánchez. En el trascoro se observa el Pórtico de la Gloria, una magnífica representación en bajorrelieves del Juicio Final. El altar mayor, de un barroco recargado, es obra de Vicent Dolç. Sobre los muros, tres rosetones medievales iluminan el interior del templo a través de las vidrieras originales realizadas en el s. XIV por maestros de la escuela valenciana. Y finalmente, para concluir la visita a la basílica, el visitante puede admirar las pinturas y documentos históricos que se exhiben en el Museo y Archivo Arciprestal, y el órgano realizado por Francisco Torull en el siglo XVIII.

En el **convento de San Francisco**, del siglo XIV (declarado monumento nacional), se halla el Museo Etnológico de Morella. Del edificio destacan la sala capitular y un claustro de estilo gótico antiguo, en el cual se encuentra la puerta que da al **castillo de la Mola**. La fortaleza fue un importante enclave templario y conserva restos de todas las épocas, incluidos los macizos murallones que antaño le sirvieron de defensa. Su fortín más elevado está a 1.070 metros de altitud, y desde él es posible contemplar bellas vistas de las tierras colindantes. Entre las construcciones de interés en Morella, además de un elevado número de edificios de interés histórico-artístico, entre los que se cuentan algunos **palacios** y **caserones**, es destacable el **acueducto** del siglo XVI de estilo gótico que abastecía de agua la Font Vella durante la Edad Media.

Morella, que ostenta el título de ciudad desde 1849, celebra desde 1673 una de las fiestas más espectaculares de la Comunidad Valenciana, declarada de interés turístico nacional: **el Sexenio**. El origen de esta fiesta sexenal, en la que la Virgen de Vallivana (de 29 centímetros de altura), patrona de Morella, es llevada en peregrinación a la ciudad desde su santuario a veintidós kilómetros, está en el voto que hicieron sus habitantes una vez finalizada la epidemia de peste en 1672. Esta fiesta de nueve días está precedida, el año anterior a dicha cita, por un preludio conocido como el Anuncio. Una de las actividades artesanales más destacadas de la ciudad durante la Edad Media fue la textil. Actualmente se conservan algunos talleres donde se mantiene esta prácti-

Claustro del convento de San Francisco, en Morella.

Detalle de la fachada de la basílica de Santa María, en Morella.

Escalera del coro de la basílica de Santa María, en Morella.

Campanario de la basílica de Santa María, en Morella.

ca a un nivel artesanal, y es posible adquirir en distintas tiendas de la villa **mantas**, **alforjas** y **telas de gran calidad**.

➡ A FORCALL, 12 KM POR CV-14 Y CTRA. COMARCAL

7

Forcall

Plaza Mayor, 18. ☎ 964 17 10 01. San Antonio Abad (fin de semana más próximo al 17 de enero).

Según se ha descubierto en diversas excavaciones arqueológicas, fueron los hombres y mujeres de la prehistoria los primeros pobladores de la zona. Y por lo que se ha podido encontrar en el yacimiento de La Moleta dels Frares o de Liborio fueron éstas un punto estratégico en las comunicaciones entre el Mediterráneo y el Valle del Ebro, para pueblos íbero-romanos. En la actualidad, Forcall es un **pequeño y encantador pueblo** de 650 habitantes que se asienta en la confluencia de los ríos Calders, Cantavella y Bergantes y de ahí su nombre (*forcall* significa horcajo en valenciano). El visitante que quiera hacer alguna excursión podrá hacerlo hasta alguna de las muchas fuentes que se encuentran en el término. En el centro del pueblo se halla la fuente del Convent. La **plaza Mayor** concentra sus principales atractivos arquitectónicos. Con una superficie de 3.500 m², porticada y con soportales de medio punto de los siglos XVI y XVII, es singular en la Comunidad Valenciana por ser la primera construida con tales características. Dos importantes edificios se alzan en la plaza: el **palacio de los Osset**, del siglo XVI de estilo aragonés rehabilitado como hotel, en el que se pueden observar treinta y seis arcos de piedra en el piso más alto, y el **palacio de las Escaleras**, del siglo XV (hoy sede del Ayuntamiento), antiguo almudín gótico con una torre con reloj. Sus bajos albergan un restaurante. El **templo parroquial dedicado a Nuestra Señora de la Asunción**, es una construcción propia del siglo XVIII, que conserva interesantes elementos de la primitiva iglesia gótica, sobre la cual se alzó la actual. El ábside, algunos ventanales, gárgolas y un rosetón son los vestigios que se conservan de esa primera edificación del siglo XIII. En su interior se conservan unos interesantes frescos de J. F. Cruella, dedicados a la virgen titular. Del exterior cabe destacar el campanario de 55 m de altura.

También en Forcall se encuentra un **horno medieval**, el único de Europa de esta época y en pleno funcionamiento en la actualidad. En los alrededores se encuentra la ermita de la Virgen de la Consolación.

➡ A TODOLELLA, 3 KM POR CTRA. COMARCAL

8

Todolella

Plaza Mayor, s/n. ☎ 964 17 11 78. San Redento y San Bartolomé (21 y 22 de agosto).

La pequeña población de Todolella, vecina de Forcall, es, según algunas fuentes, de origen árabe. Tras ser conquistada a mediados del siglo XIII por Jaime I, no fue hasta finales del siglo XVII cuando devino pueblo, adquiriendo su independencia de Morella. La villa, es conocida porque alberga una de las manifestaciones culturales más particulares de todo el territorio valenciano y cuyo origen se remonta al siglo XIV: las famosas **Danzas Guerreras**. Corona el pueblo un castillo de propiedad privada, bien restaurado, que no se puede visitar al estar habitado y al cual se llega por un entramado de estrechas ca-

Vista general de la población de Todolella.

Castillo de Todolella.

llejuelas ascendentes. La fortaleza, de planta cuadrada, perteneció a los primeros señores feudales de la villa. Cerca del núcleo urbano se encuentra un puente del siglo XV, testimonio en 1710 de una cruenta batalla entre morellanos y migueletes, durante la Guerra de Sucesión.

➜ **AL SANTUARIO DE LA BALMA 15 KM POR CTRA. COMARCAL Y A-225.**

9

Santuario de la Balma

Plaza Mayor, 16. ☎ 964 17 70 70, Virgen de la Balma (7 y 8 de septiembre). Santuario de la Balma: c. Santuario, s/n. ☎ 964 17 70 40. De lu a do, de 9 h. a 20 h. Previa concertación.

El Santuario de la Virgen de la Balma (*balma* significa, en valenciano, hueco abierto en la roca por la erosión del agua) se encuentra en la frontera entre la Comunidad Valenciana y Aragón, en el municipio de **Zorita del Maestrazgo**. Tal y como su nombre indica este templo está en la roca y asomado al río Bergantes, ubicación que la convierte en una construcción singular. Según la leyenda, un pastor manco encontró una imagen de la Virgen en el fondo de la cueva, y ésta, en un acto milagroso, le devolvió el brazo. Desde ese momento cientos de personas empezaron a rendirle culto y se construyó la iglesia en el lugar sacro. El culto religioso en el santuario, con iglesia y alberguería de aire medieval, empezó en el siglo XV. Cada año, durante los días 7, 8 y 9 de septiembre se celebran las fiestas en honor a la Virgen, en esta ermita rupestre.

Cruz cubierta en el Santuario de la Balma.

Santuario de la Balma.

GUÍA PRÁCTICA

RESTAURANTES

Peñíscola

Casa Jaime: avda. del Papa Luna, 5. ☎ 964 48 00 30. *Cierra miércoles en invierno y los domingos tarde.*

Les Doyes: avda. del Papa Luna, 10. ☎ 964 48 07 95. *Cierra del 1 de octubre al 31 de marzo.*

Vinaròs

La Cuina: avda. Blasco Ibáñez, 12. ☎ 964 45 47 36. *Cierra los domingos excepto en verano. Especialidades en paellas, pescados y mariscos.*

El Langostino de Oro: c. San Francisco, 1. ☎ 964 45 12 04. *Cierra los martes. Especializado en las recetas de marisco, en especial y como indica su nombre, de langostinos.*

Casa Pocho: c. San Gregorio, 53. ☎ 964 45 10 95. *Cocina marinera con especialidades en arroces y mariscos.*

Benicarló

El Cortijo: avda. de Méndez Núñez, 85. ☎ 964 47 50 38. *Cierra los lunes. Especialidad en recetas con langostinos y arroces marineros.*

Parador de Benicarló: avda. del Papa Luna, 5. ☎ 964 47 01 00. *No cierra. Restaurante del parador. Excelentes arroces. Especialidad en langostinos con pollo y conejo.*

Morella

Casa Roque: c. Segura Barreda, 8. ☎ 964 16 03 36. *Cierra desde el 12 de octubre hasta Semana Santa.*

Cardenal Ram: c. Cuesta Suñer, 1. ☎ 964 17 30 85.

Mesón del Pastor: c. Cuesta Jovani, 7. ☎ 964 16 02 49. *Cierra miércoles no festivos (excepto en verano).*

Forcall

Mesón de la Vila: Plaza Mayor, 8. ☎ 964 17 11 25. *Cierra lunes noche y del 15 de octubre al 15 de noviembre.*

Zorita del Maestrazgo

La Balma: Santuario de la Balma. ☎ 964 17 70 40.

ALOJAMIENTO

Hoteles

Peñíscola

Acuazul***: avda. del Papa Luna, s/n. ☎ 964 48 94 20.

Benedicto XIII***: avda. Dinamarca, 1. ☎ 964 48 08 01.

Porto Cristo*: avda. del Papa Luna, 2. ☎ 964 48 07 18. *Cierra del 31 de octubre a Semana Santa.*

Vinaròs

Hotel Residencia Roca**: avda. San Roque, km 1049. ☎ 964 40 03 50.

Teruel**: avda. Madrid, 34. ☎ 964 40 04 24. *Cierra durante el mes de septiembre. Ambiente familiar.*

Benicarló

Parador de Benicarló: avda. del Papa Luna, 5.☎ 964 47 01 00. *Establecimiento agradable con todas las comodidades.*

Pobla de Benifassà

Tinença de Benifassà**: c. Mayor, 50. ☎ 977 729 044. *Cierra de lunes a jueves en el mes de mayo y en la primera quincena de junio. Acogedora casona restaurada y situada en un entorno tranquilo.*

Molí de l'Abad**: La Sénia-La Pobla de Benifassà, km 5. *Rodeado de parajes de gran belleza, cerca del embalse de Ulldecona. Actividades varias.*

Morella

Cardenal Ram***: c. Cuesta Suñer, 1. ☎ 964 17 30 85. *Habitaciones de estilo provenzal en una mansión fechada entre los siglos XV y XVI.*

Rey Don Jaime***: c. Juan Giner, 6. ☎ 964 16 09 11.

Hostal El Cid*: Puerta de San Mateo, 3. ☎ 964 16 00 08.

Forcall

Palau dels Osset***: Plaza Mayor, 16. ☎ 964 17 75 24. *Palacio del siglo XVI con capilla y arcos de piedra.*

Campings

Peñíscola

Bellavista (1ª): Partida Llandells, s/n. ☎ 964 48 01 35.

El Cid (2ª): Azagadores de la Cruz, s/n. ☎ 964 48 03 80.

Turismo rural

Morella

Mas de Ferré: ctra. Morella-Villafranca, km 21,6. ☎ 964 173 138. *Cierra en Navidad. Masía tranquila en las afueras de Morella.*

La Pobla de Benifassà

Casa Manolita. ☎ 977 729 047.

El Boixar

Casa-refugio "El Boixar": c. Major, 28. ☎ 977 729 071 / 977 261 014.

Del Baix al Alt Maestrat

El territorio que recorre esta ruta se ve afectado por dos hechos aparentemente contradictorios y distantes entre sí por varios milenios: la remota repoblación de la zona y la actual despoblación de la misma en favor del atractivo litoral castellonense. Catí y Ares del Maestre albergan edificios medievales muy bien conservados. En cuanto a la primitiva población de la zona, hay dos excelentes muestras: los abrigos de los barrancos de la Valltorta (Tírig) y de la Gasulla (Ares), con algunos de los conjuntos de arte rupestre más importantes del Mediterráneo occidental.

ITINERARIO
2 DÍAS / 115 KM

ALCALÀ DE XIVERT → Sant Mateu	**31 km**
Sant Mateu → Tírig	**12 km**
Tírig → Catí	**12 km**
Catí → Albocàsser	**14 km**
Albocàsser → Benasal	**16 km**
Benasal → Ares del Maestre	**15 km**
Ares del Maestre → Villafranca del Cid	**15 km**

Fachada y campanario de la iglesia parroquial de Alcalà de Xivert.

1 Alcalà de Xivert y Alcocéber/Alcossebre

(Alcocéber). San José, s/n. ☎ 964 41 28 80. San Juan (29 de agosto).

Igual como la mayoría de las poblaciones que se visitan en esta ruta, Alcalà de Xivert fue durante muchos siglos un importante núcleo urbano musulmán. La diferencia es que en este caso, los vestigios que se conservan de esa época revisten mayor interés. Del poblamiento árabe de la villa de Xivert, la fortaleza alzada sobre un cerro ya anteriormente había sido asentamiento de diversos poblados prehistóricos, desde la Edad de Bronce (siglos XIV-XIII a.C.) hasta las varias fases de desarrollo urbano de los íberos (entre los siglos VI y IV a.C.). Llegados en el siglo X, los musulmanes permanecieron en la villa hasta 1609, es decir, hasta más de doscientos años después de la Reconquista. El trato de rendición que se les concedió a cambio de reconocer ciertos derechos feudales de la Orden del Temple, les permitió quedarse en el lugar manteniendo su propio sistema jurídico y religioso. En 1609, sin embargo, se decretó la expulsión de los moriscos y la villa y el castillo fueron abandonados.

Actualmente, **el castillo** que una vez en manos de los cristianos sufrió signficativas modificaciones (entre otras cosas la construcción de las torres circulares gemelas y del aljibe de la plaza de armas), pese a estar en ruinas, conserva bastantes elementos de su estructura. Permite hacerse una idea bastante clara de lo que llegó a ser. Se trata de uno de los pocos ejemplos que se conservan de la arquitectura militar del Estado Califal en el Sharq Al-Andalus (actuales Comunidad Valenciana y Murcia).

En la reconquista, la población cristiana que llegó al lugar no se estableció en la villa original crecida alrededor del castillo sino que se emplazó en Alcalà, en la llanura, a unos 3 km del castillo. El monumento más importante de Alcalà es su parroquia de mediados del siglo XVIII, de estilo barroco. De ésta, con una nave central y dos laterales, capillas entre los contrafuertes y crucero con cúpula, destaca especialmente su bella **torre-campanario** de 68 metros de altura. La remata una esfera sobre la cual se erige una escultura de más de dos metros que representa a san Juan Bautista.

En las cercanías, la excursión hasta la ermita de Santa Lucía permite divisar **vistas espectaculares** de la zona.

Alcocéber, por así decirlo, el barrio marítimo de Alcalá, goza del principal **atractivo turístico** de la zona: más de 10 km de playas y calas, galardonadas muchas de ellas con la bandera azul de la Unión Europea.

➔ **A SANT MATEU, 31 KM POR CV-133 Y CV-10**

2 Sant Mateu

Historiador Beti, 6. ☎ 964 41 66 58. Santa Tecla y San Clemente (del 19 al 27 de agosto). San Mateo (21 de septiembre). Mare de Déu dels Àngels (sábado después del Domingo de Resurrección). **Museo Paleontológico:** Arrabal de Barcelona, 25. ☎ 964 41 65 90. De 10 h. a 13.30 h.

Una leyenda liga los orígenes de Sant Mateu con la figura de Jaime I y la reconquista. Sin embargo, estudios realizados recientemente indican que el primer núcleo urbano lo establecieron probablemente los romanos. Y más adelante, y durante siglos, perteneció a los árabes, como se ha podido documentar. Lo cierto es que el auténtico esplendor de la villa no llegó hasta la Edad Media. Después de serle otorgada su carta puebla en 1237, la villa perteneció primero a la orden del Hospital y a continuación, a la orden de Montesa. Fue entonces, y debido al establecimiento de los señores de la Orden en la villa, que Sant Mateu se convirtió en la capital del Maestrazgo y obtuvo un reconocimiento que aún puede percibirse en sus calles. En varias ocasiones, entre 1369 y 1518, se celebraron aquí las Cortes del Reino. Y en agosto de 1429, la iglesia parroquial fue el escenario de un importante acontecimiento: el fin del Cisma de Occi-

Las playas son el principal atractivo de Alcossebre.

dente, en el que Clemente VIII, sucesor del Papa Luna, renunció al papado ante el legado de Martín V.

En la población son muchas las **construcciones medievales** civiles, religiosas y de defensa que el visitante puede observar paseando por las calles. El monumento más importante sea quizás la **iglesia arciprestal**, que, con un aspecto básicamente gótico, conserva elementos de la iglesia de estilo románico de reconquista (la portada o el primer tramo de la nave) sobre la cual se levanta la que hoy se puede contemplar. El segundo tramo de esta nave principal, al igual que la estructura fundamental del templo, es de estilo gótico. En la primera de las capillas laterales (del siglo XVII) se observa una imagen de la virgen titular y patrona de la población, la Virgen de los Ángeles. Desde el exterior, los elementos más interesantes son la torre-campanario de 32 metros de altura y base octogonal y la portada lateral gótica, con bellos capiteles. En el interior del edificio, pidiendo permiso al cura, se puede visitar la magnífica colección de piezas de culto y orfebrería gótica del Museo Arciprestal. La **iglesia de San Pedro** es la más antigua de la villa. Se construyó en el siglo XIII pero fue bastante modificada en estilo barroco siglos más tarde (la decoración interior, la fachada y la torre del campanario). Otros dos edificios religiosos de la villa son por un lado la **iglesia de las Madres Agustianas** (s. XVIII), de planta de cruz latina, capillas laterales y deambulatorio, perteneciente al convento de clausura femenino de la orden citada (formado en 1590); y por el otro, situándose sobre un cerro a 1 km de Sant Mateu, la **ermita de Nuestra Señora de los Ángeles** (s. XVI), de la que merece la pena destacar su portada labrada con relieves de ángeles en las arquivoltas, y la hospedería anexa a ella, construida dos siglos más tarde y de la que tienen interés sus caballerizas y la antigua cocina. La visita a la ermita permite divisar bellas **vistas** del pueblo. Actualmente hay un restaurante.

Por lo que respecta a edificios civiles, se puede observar y en algunos casos visitar, interesantes palacios, testimonios del pasado esplendoroso de la villa. Alzados en el siglo XV están el palacio conocido como **Cort Nova**, donde se reunían las Cortes y hoy sede del **Ayuntamiento**, en el que destaca el Salón de Plenos y su fachada; el **palacio Borrull**, contiguo al primero, que ha sufrido grandes modificaciones como consecuencia de los múltiples usos que se le han dado (fue sede de la Audiencia en el siglo XIX), manteniendo la primitiva composición simétrica de la fachada, y por último, el **palacio de las Cortes de Aragón**, también muy transformado, que se utilizó como sede real durante alguna de las Cortes celebradas en Sant Mateu y como hospedaje de Felipe II en el año 1587. El **palacio Marqués de Villores**, del siglo XVI, conserva aún su original estilo plateresco. En su fachada simétrica pueden admirarse el escudo nobiliario, la garita lateral y las bellas pilastras que flanquean los vanos. Otro singular atractivo de Sant Mateu son sus **antiguas cárceles**, situadas en los sótanos de un edificio de la calle de La Cort. En ellas se conservan recuerdos de los presos que las ocuparon y las inscripciones que hicieron en las paredes. Para su visita hay que contactar con los dueños que viven en el número 32 de la misma calle. En el paseo por las calles de Sant Mateu el visitante que quiera saciar su sed puede hacerlo en cualquiera de las muchas y bellas **fuentes** que hay. Destaca la Fuente de Ángel, originalmente del siglo XIV, reformada en el siglo XVIII, en la cual, por encima de los cuatro caños de

FUENTE DE L'AVELLÀ

A cinco kilómetros de Catí se encuentra la ermita-santuario de la Virgen de la Fuente de l'Avellà, construida entre el 1544 y 1549. Las aguas sulfurosas de la fuente están indicadas para la piel.

la base, se erige la figura de bronce de un ángel. La fuente de Santa María de Montesa, presidida por la imagen de la Virgen con el Niño, aparece ya documentada en el año 1365.

➜ A TÍRIG, 12 KM POR CV-130.

3

Tírig ☼☼

c. San Antonio, 11. ☎ 964 41 86 12. San Jaime (25 de julio). Museo de la Valltorta. Cueva de los Caballos y del Civil: Partida Pla de l'Om. ☎ 964 76 10 25. Invierno: de mi a do, de 10 h. a 14 h. y de 16 h. a 19 h.; verano: de mi a do, de 10 h. a 14 h. y de 17 h. a 20 h.; cierra lu y ma. A las pinturas rupestres: Cueva del Mas d'En Josep: 10 h. Cueva de los Caballos: 12 h. Cueva del Civil: Invierno: 18 h.; verano: 17 h. Visitas guiadas en grupo a las pinturas rupestres previa concertación.

En la pequeña población de Tírig, el principal atractivo turístico es el **Museo de la Valltorta**, cercano a dos importantes abrigos que contienen algunas de las pinturas rupestres más importantes del Arco del Mediterráneo. Situado a 500 metros del Barranco de la Valltorta, el museo es el punto de partida para visitar los principales puntos de interés de los **21 abrigos** con **arte rupestre levantino** que se conservan en este interesante paraje. En las 4 salas de exposición permanente del museo se muestra la evolución del poblamiento prehistórico sobre la extensión ocupada hoy por la Comunidad Valenciana; su desarrollo específico en la Valltorta y el legado encontrado aquí; una reproducción a tamaño real de la impresionante cueva de los Caballos (declarada monumento histórico-artístico en 1924) con una explicación de las principales técnicas utilizadas en la elaboración de sus pinturas rupestres, y un monográfico sobre los problemas de degradación de estas obras. Las escenas humanas y las cacerías de ciervos y cabras montesas, así como los dibujos en ocre y negro de caballos y jabalíes, hablan por sí solas de cómo era la vida en este lugar hace más de 7.000 años. Este conjunto de pinturas fue declarado **patrimonio de la humanidad** por la UNESCO.

En Tírig se pueden admirar también dos bellos templos, una iglesia del siglo XIII con interesantes arcadas góticas y una iglesia Mayor del siglo XVIII, de estilo barroco.

Barranco de la Valltorta, en el término municipal de Tírig.

Escena de una cacería en la cueva de los Caballos de Tírig.

➜ A CATÍ, 12 KM POR CTRA. LOCAL Y CTRA. COMARCAL.

4

Catí ☼

c. Mayor, 1. ☎ 964 40 91 75. Virgen de la Asunción (15 de agosto), Madre de l'Avellà (8 de septiembre) y San Martín (11 de noviembre). Iglesia de la Asunción: Plaza de la Iglesia, 1. ☎ 964 40 90 07. De lu a do, de 10 h. a 18 h. † Invierno: de lu a vi, a las 18.30 h.; sa, a las 21.30 h., y do y festivos, a las 12 h.; verano: de lu a sa, a las 21.30 h., y do y festivos, a las 12 h.

Catí conserva importantes muestras de arquitectura civil medieval, de estilo gótico, que recuerdan el esplendor

Iglesia de la Asunción, en Catí.

Interior de la Casa de la Vila, de prinipios del siglo xv, en Catí.

económico que tuvo en los siglos xv y xvi debido a su floreciente industria textil. Su lana, de excelente calidad, se exportaba a la Toscana italiana y, aún hoy son muy apreciados los derivados lácteos que se producen en la villa (queso, requesón y cuajada).

En el **casco antiguo**, declarado conjunto histórico-artístico, se admiran numerosos **palacios** y **casas señoriales** de los siglos xiv y xv. La casa de los Miralles, la de los Sant Joan con sus ventanales góticos de forma rectangular, la de Joan Espígol, o la casa Abadía, sede del Ayuntamiento, son algunos ejemplos. La portada la **iglesia de la Asunción**, del siglo xiii es del estilo denominado románico de la Reconquista. En el interior, el retablo de la iglesia, del siglo xv, atribuido a Jaume Jacomart, contiene el que se considera el retrato más fiel de san Vicente Ferrer.

En las proximidades de la población son interesantes las excursiones que llevan hasta la **ermita de Nuestra Señora del Pilar**, del siglo xviii, ubicada en medio de una bella pradería; la que conduce hasta la **ermita de San Vicente**, del siglo xvii, y la que se acerca, pasando por un túnel de más de trescientos metros, a la ermita y la fuente de L'Avellà. Con destino a la **iglesia de Sant Pere**, término del vecino pueblo de Castellfort, se celebra cada 30 de abril y 1 de mayo, desde el siglo xiv, una de las romerías más importantes de la provincia. Los romeros catinenses, ataviados con una capa negra y barretina, recorren las numerosas ermitas de la zona, entonando canciones religiosas, hasta reunirse en la ermita de Sant Pere de Castellfort.

Porches de la Casa de la Vila, en Catí.

➜ A ALBOCÀSSER, 14 KM POR CTRA. LOCAL.

5

Albocàsser

pza. Iglesia, 8. ☎ 964 42 80 01. Virgen de la Asunción (del 14 al 24 de agosto). San Vicente Ferrer (lunes siguiente al Lunes de Pascua). Romería del Castell (18 de abril). Sant Antoni (17 y 18 de enero).

Albocàsser, situado en el centro geográfico del Alt Maestrat, es relevante por ser con unos 1.500 habitantes uno de los núcleos urbanos más poblados de la cercanía. Sus monumentos más destacables son la **iglesia de San Juan**, del siglo xiii, con un interesante retablo gótico en su interior, y la de la **Asunción de Nuestra Señora**, que se alzaba en el siglo xviii sobre un templo del mismo siglo que la anterior. En los alrededores del pueblo varias **ermitas** son los escenarios de diversas romerías a lo largo del año.

➜ A BENASAL, 16 KM POR CV-15 Y CTRA. COMARCAL.

6

Benasal

pza. del Ayuntamiento, 1. ☎ 964 42 10 26/964 43 10 02. Fiestas patronales (del 27 de agosto hasta el 4 de septiembre). Sant Antoni Abat (semana posterior al 17 de enero). Museo Arqueológico del Alt Maestrat: Castillo de la Mola. ☎ 964 43 10 26. Sa, de 11 h. a 14 h.

El municipio cuenta con dos núcleos diferenciados, el que se ha desarrollado alrededor de la fuente y el **balneario de la Font d'En Segures**, y el de la propia villa de Benasal. Su nombre, como el de muchos pueblos y lugares en la Comunidad Valenciana, es de origen árabe y significa "el hijo del mielero". Asimismo su evolución en la Edad Media no fue diferente de las villas de su entorno. Tras ser reconquistada a los árabes obtuvo su carta puebla y a partir de ahí estuvo a manos de la orden de Montesa, antes de pertenecer a la corona.

Son múltiples los alicientes

del turista que llega a la población. Por un lado está el **conjunto de la Mola**, del siglo XIII, primitivo núcleo de la villa. En él se conservan algunos lienzos de la antigua muralla, torres como la de La Presó (cárcel), la d'En Garcés o la Rodona, y el portal con elementos de tradición árabe, llamado Arc del Pont. Aquí se encuentra también el **Museo Arqueológico del Alt Maestrat**, donde se exhiben objetos y restos encontrados en las distintas excavaciones arqueológicas de la comarca, permitiendo hacer una reconstrucción bastante cercana de la vida cotidiana en estas etapas no documentadas y remotas de la historia. Junto a la Mola, el casco antiguo de la villa, llamado els *carrerons* y formado por un pintoresco conjunto de calles estrechas que conserva el encanto y el esplendor de su pasado. Varias casonas señoriales (la de Matutano y la de Sánchez Cotanda, ambas con portadas barrocas) son muestra de ello. A no muchos pasos de aquí se alza la iglesia de la Asunción donde se debe admirar su portada barroca y la colección de orfebrería que se conserva intramuros.

El **balneario de la Font d'En Segures**, apartado del núcleo, permite disfrutar de sus ricas y beneficiosas aguas, que también se comercializan, así como de la factura de su construcción, de estilo modernista.

En las cercanías de Benasal el variado paisaje hace de marco a La Nevera, una torre donde se conservaba la nieve hasta el verano; a las pinturas rupestres del Racó de Nando; a una antigua alquería árabe en La Cassaca dels Moros, o, cerca de los acantilados, a antiguos molinos, herrerías y fuentes.

➔ **A ARES DEL MAESTRE, 15 KM POR CTRA. COMARCAL Y CV-15.**

Antigua puerta de entrada en Ares del Maestre.

7

Ares del Maestre

Plaza de la Iglesia, 1. ☎ 964 44 30 64. San Bartolomé y Santa Elena (24 y 25 de agosto). **Iglesia de Nª Sª de la Asunción:** Plaza de la Iglesia, s/n. Hora de culto. ✝ Do, a las 12 h. **Mas de La Montalbana. Cueva Remigia:** La Montalbana, ctra. CV-15 Castellón-Ares, km 46. ☎ 964 76 21 86. A la Cueva Remigia: ma, mi, vi, sa y do, se inician entre las 10.30 h. y las 12.30 h. y entre las 15.30 h. y las 16.30 h. (invierno) o 18.30 h. (verano). Lu y ju no hay visitas. Visitas guiadas en grupo previa concertación.

Ares del Maestre se halla en un emplazamiento espectacular (1.122 metros) con excelentes panorámicas. Sus callejuelas en pendiente conforman un pintoresco conjunto. En su término municipal, en el barranco de la Gasulla, se halla la **cueva Remigia**, uno de los conjuntos de **arte rupestre** más relevantes de la Comunidad Valenciana y declarado monumento nacional

Vista general de Ares del Maestre.

Pintura rupestre en la Cueva Remigia, en Ares del Maestre.

en 1941. En el trayecto de Catí a Ares, a mano derecha y a la altura del km 46 de la carretera CV-15, está perfectamente indicada la masía La Montalbana. Allí, hay un guía que tras un paseo de cuarenta minutos muestra las pinturas de más de **8.000 años de antigüedad**, descubiertas en 1934. Es un conjunto de 600 figuras que escenifican arqueros dando caza a ciervos, toros o cabras, entre otras.

Otro aliciente turístico situado en las proximidades de la villa, también en un barranco, es un conjunto de cinco molinos de agua de los siglos XVII y XVIII.

Detalle de la portada barroca de la iglesia de Nuestra Señora de la Asunción, en Ares del Maestre.

➡ **A VILLAFRANCA DEL CID, 15 KM POR CV-15.**

8

Villafranca del Cid

av. Jusar, 26. ☎ 964 44 14 32. San Roc (15 de agosto). Virgen del Losar (8 de septiembre). Ecomuseo: av. Jusar, 26. ☎ 964 44 14 32. De lu a vi, de 8 h. a 15.30 h; sa, de 10 h a 13 h; do, cerrado.

Villafranca del Cid o Villafranca del Maestrat, *Ribus Truitarum* en la carta puebla recibida el 1239, es una villa de 2.740 habitantes situada en la confluencia de comarca de Els Ports y del Maestrat, justo en el límite con Aragón. Se dice que por el puente que cruzaba este río de truchas, pasó Jaime I para dirigirse hacia Teruel por vez primera. Su historia, como tantas otras villas de la comarca, encuentra sus orígenes en los primeros establecimientos de la Edad de Bronce. Se conoce la presencia de los romanos, pero la creación de la villa como núcleo estable se sitúa en el período de dominio árabe. Después de la reconquista pasó a formar parte, en 1303, del "Termens Generals del Castell de Morella", es decir, a depender jurídicamente de Morella. Fueron muchas y sangrientas las luchas por la independencia. La consiguieron primero por concesión de Pedro IV en 1358, pero se la arrebataron de nuevo hasta conseguirla finalmente en épocas de Felipe IV.

Los principales monumentos de la villa testimonian las distintas etapas de su historia. Sobre el mencionado Riu de Truites, el **puente gótico** de la Pobla de Ballestar, levantado a finales del siglo XIII, se mantiene en pie. En el **casco antiguo** es posible encontrar varias casas señoriales con blasones en sus fachadas o el mismo **Ayuntamiento**, un edificio gótico de finales del siglo XIV, en una de cuyas salas se puede admirar el bello retablo de **Valentí Montoliu**, considerada la mejor pintura valenciana del siglo XV. Asimismo, en la parte vieja de Villafranca vestigios de la **muralla**, alzada en el siglo XIV por orden de Pedro IV, recuerdan la época en que la villa era víctima de ataques y protagonista de numerosas batallas. Es el caso del Portal de Sant Roc. Justo enfrente, hoy como sede de distintas asociaciones, se conserva el edificio del **antiguo hospital**. De más reciente factura es el llamado Moderno, un edificio con elementos propios del Renacimiento, alzado en el primer tercio del siglo XX.

También en Villafranca abundan los edificios religiosos. Su **iglesia parroquial**, de estilo renacentista, obra de Raimón de Pertusa y Pere Maseres, es considerada uno de los templos más interesantes del siglo XVI en la Comunidad Valenciana. Un siglo después se levantaba el santuario de la Virgen del Llosar, dedicado a la virgen patrona de la villa. Dentro del término, sitúa el visitante encontrará tres interesantes ermitas: **la de Sant Miquel** (s. XIII) originalmente iglesia de Villafranca y dentro de la cual hay un retablo de Bernat Serra; la **ermita barroca de Sant Roc** (s. XVIII) dedicada al patrón de la villa, y **la ermita de Santa Bárbara**, del mismo estilo y siglo que la anterior, donde se conservan en no demasiado buen estado unas pinturas al fresco.

Para acercarse a las actividades agrícolas, ganaderas, pecuarias y textiles de la historia más reciente de Villafranca, el visitante sólo tiene que entrar al **Ecomuseo**. La posibilidad de realizar excursiones por el término permitirá conocer las numerosas torres de defensa que se adosaban a las masías durante la Edad Media. Planta cuadrada o rectangular, dos o tres pisos (si se cuenta el bajo) es la tónica general en las estructuras de todas estas torres de vigilancia. En el barranco de Les Carabasses, unas pinturas rupestres son el legado artístico de los hombres de la prehistoria en estas tierras.

GUÍA PRÁCTICA

RESTAURANTES

Catí

CASA CARBÓ: c. Larga, 59. ☎ 964 40 90 37. *Cocina regional.* ◆

EL PRIGÓ: c. Santa Ana, s/n. ☎ 964 40 90 33. *No cierra.* ◆

Ares del Maestre

D'ARES: pza Mayor, 4. . ☎ 964 44 30 07 - 44 30 16. *Cierra del 15 al 30 de noviembre. Cocina tradicional.* ◆

MESÓN EL COLL: ctra. de Vilafranca. ☎ 964 44 30 88. *Establecimiento de ambiente rústico. Comida regional.* ◆

Albocàsser

LA PERDIGANA: ptda. Sant Pau. ☎ 964 42 80 08. *Buenas recetas de pescado.* ◆

MESON SANT PAU: ctra. Castelló, s/n. ☎ 964 42 84 31 y 964 26 05 75. *Abierto julio, agosto y fines de semana. Edificio magnífico del siglo XVI, antigua hospedería. Establecimiento agradable.* ◆

Sant Mateu

MARE DE DÉU: ermita de Ntra. Sra. De los Ángeles, s/n. ☎ 964 41 60 07. *Ubicado en una ermita del siglo XVI, en un promontorio sobre el pueblo. Especialidades en carnes y verduras al horno.* ◆◆

Alcalà de Xivert

JACINTO: ctra. N-340. ☎ 964 410 286. *Cierra los domingos por la noche. Especialidades en marisco y paellas.* ◆◆

ALOJAMIENTO

Hoteles

Catí

CASA CARBÓ: c. Larga, 59. ☎ 964 40 90 37.

Ares del Maestre

D'ARES**: Plaza Mayor, 4. ☎ 964 44 30 07 - 44 30 16. *Cierra del 15 al 30 de noviembre.*

Alcalà de Xivert

SANCHO III***: avda. Ribamar, s/n. ☎ 964 41 41 36. *Entre 6.500 y 10.000 ptas.*

JEREMÍAS ROMANA***: playa Romana. ☎ 964 41 44 11. *Moderno aparthotel con un ambiente agradable y acogedor.*

Sant Mateu

LA PERDI*: c. Historiador Betí, 9. ☎ 96 441 60 82. *Edificio histórico situado en pleno centro.*

HOTEL MONTESA**: avda. Constitución, 21. ☎ 964 41 60 82

Villafranca del Cid

L'OM DEL LLOSAR*: Barrio Losar, 5. ☎ 964 66 13 25.

Benassal

FUENTE EN SEGURES**: avda. Dr. Puigvert. ☎ 964 43 10 01.

LA PIQUETA**: avda. Villafranca, 9. ☎ 964 44 40 99.

Campings

Tírig

LA VALLTORTA (2ª): Partida Pla de l'Om. ☎ 964 41 86 78. *Abierto de abril a octubre.*

Castellón de la Plana

Entre el mar y la montaña, pisando el meridiano de Greenwich, Castellón de la Plana se funda como población en 1252, un año después de instalarse –como su nombre indica– en la plana y frente al mar, a los pies de la sierra del Desierto de las Palmas, sobre el delta del río Mijares. El núcleo original de la villa se desarrolló en torno al castillo árabe situado en el lugar que hoy ocupa la ermita de Santa María Magdalena. Casi dos décadas después de la Reconquista, Jaime I otorgó autorización a los habitantes de esa villa para trasladarse a la costa, donde a partir de entonces creció la población que el visitante recorrerá en la presente ruta. En una fiesta que ha sido declarada de interés turístico nacional, los castellonenses se entregan desde 1793 a la romería de las Cañas, conmemorando la fundación de su municipio. La construcción del puerto del Grao y de la línea de ferrocarril que la une con Valencia y con Barcelona supuso una fuerte expansión de la ciudad. Su actividad cultural se ha visto muy potenciada con la puesta en marcha de la Universidad Jaume I. La capital de la comarca de La Plana y de la provincia de Castellón, se sitúa en un paraje privilegiado climáticamente. La presencia del mar y la protección que ofrece la sierra frente al frío del invierno, son los factores responsables de la magnífica temperatura media anual de 17 °C, que atrae a los miles de turistas que visitan estas tierras cada año. Además del turismo, el destacado comercio marítimo del puerto del Grao (a unos 4 km del centro), las industrias petroquímica y cerámica, las huertas y las plantaciones de cítricos son los sectores que han convertido esta villa en la ciudad de grandes avenidas e importantes y modernos edificios que es hoy.

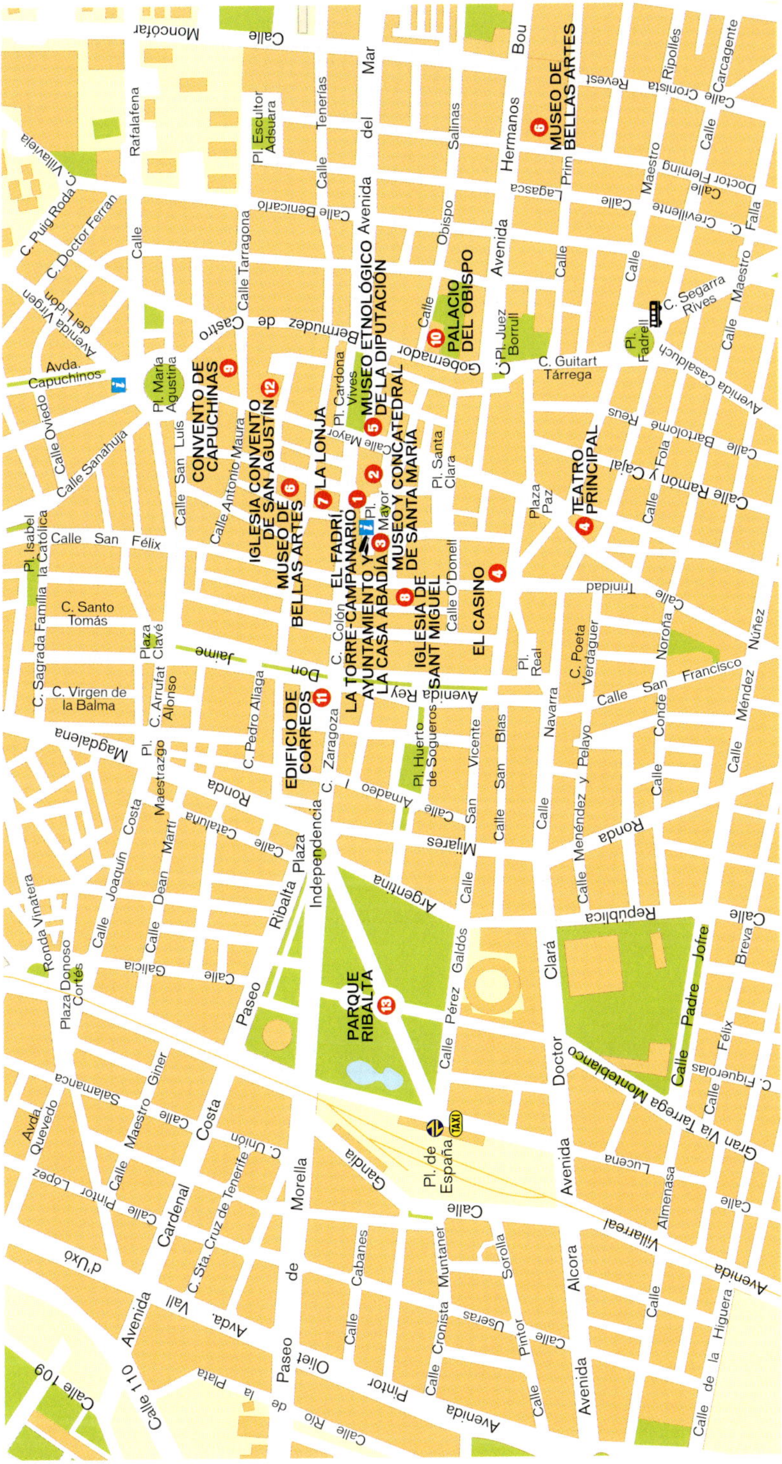
1 AYUNTAMIENTO Y LA CASA ABADÍA
2 LA TORRE-CAMPANARIO EL FADRÍ
3 MUSEO Y CONCATEDRAL DE SANTA MARÍA
4 TEATRO PRINCIPAL
4 EL CASINO
5 MUSEO ETNOLÓGICO DE LA DIPUTACIÓN
6 MUSEO DE BELLAS ARTES
6 MUSEO DE BELLAS ARTES
7 LA LONJA
8 IGLESIA DE SANT MIGUEL
9 CONVENTO DE CAPUCHINAS
10 PALACIO DEL OBISPO
11 EDIFICIO DE CORREOS
12 IGLESIA CONVENTO DE SAN AGUSTÍN
13 PARQUE RIBALTA
Pl. Mayor
Pl. María Agustina
Pl. Cardona Vives
Pl. Santa Clara
Pl. Huerto de Sogueros
Pl. Real
Plaza Paz
Pl. Juez Borrull
Pl. Fadrell
Pl. Escultor Adsuara
Pl. Isabel la Católica
Plaza Clavé
Pl. Maestrazgo
Plaza Donoso Cortés
Plaza Independencia
Pl. de España
Avda. Capuchinos
Avenida Virgen del Lidón
C. Puig Roda
C. Doctor Ferran
Calle Villavieja
Calle Rafalafena
Calle Moncófar
Calle Tarragona
Calle Benicarló
Calle Tenerías
Avenida del Mar
Calle Salinas
Avenida Hermanos Bou
Calle Obispo
Calle Gobernador
Calle de Castro
Bermúdez de Castro
Calle Mayor
C. Colón
Calle O'Donell
Avenida Rey
Don Jaime
Calle San Luis
Calle Antonio Maura
Calle San Félix
C. Santo Tomás
C. Sagrada Familia
C. Virgen de la Balma
C. Arrufat Alonso
C. Pedro Aliaga
Ronda Magdalena
Calle Costa
Calle Joaquín Costa
Calle Dean Martí
Calle Cataluña
Ribalta
Paseo Ribalta
C. Zaragoza
C. Amadeo I
Calle Mijares
Calle San Vicente
Calle San Blas
Calle Navarra
Calle Argentina
Calle Pérez Galdós
Calle Prim
Calle Lagasca
Calle Reus
C. Guitart Tárrega
Calle Trinidad
Calle Ramón y Cajal
Calle Fola
C. Poeta Verdaguer
Calle Menéndez y Pelayo
Ronda República
Calle Conde Noroña
Calle San Francisco
Calle Méndez Núñez
Doctor Clará
Avenida Doctor Clará
Calle Padre Jofre
Calle Breva
Calle Félix
C. Figueroles
Montoblanco
Gran Vía Tarrega Montoblanco
Calle Almenasa
Calle Lucena
Calle Villarreal
Avenida
Calle Maestro Ripollés
Calle Cronista Revest
Calle Carcagente
Calle Doctor Fleming
Calle Crevillente
C. Falla
Calle Maestro
C. Segarra Rives
Avenida Casalduch
Calle Bartolomé Reus
Ronda Vinatera
Calle Galicia
Calle Salamanca
Avda. Quevedo
Calle Maestro Giner
Costa
C. Unión
Calle Pintor López
Cardenal Costa
C. Sta. Cruz de Tenerife
Paseo Morella
Calle Gandía
Calle Cabanes
Calle Muntaner
Calle Cronista Muntaner
Sorolla
Calle Pintor Sorolla
Calle Useras
Avenida Alcora
Avenida Vall d'Uxó
Avda. Vall
Paseo de Oliet
Pintor Oliet
Avenida Pintor Oliet
Calle Río
de la Plata
Calle 109
Calle 110
Calle de la Higuera
Avenida Villarreal

Concatedral de Santa María.

1

El Fadrí ☼☼, la torre-campanario

Plaza Mayor, s/n.

El campanario de la ciudad, en la **plaza Mayor**, ha sido bautizado popularmente por los habitantes de Castellón con el nombre de El Fadrí, que significa "soltero", por encontrarse separado de la catedral. Su impresionante aspecto, debido en parte a sus **58 metros** de altura, lo ha convertido en el símbolo de la ciudad. Su planta es octogonal y sobre ella se levantan 5 cuerpos. En el último, el visitante podrá admirar, si su estancia en Castellón coincide con las fiestas patronales, una sala dedicada a las campanas (ocho) y su terraza, donde un templete convive con tres campanas más, encargadas de indicar las horas a los ciudadanos. De esta bella construcción realizada entre 1591 y 1604 por Guillem del Rei y Francisco Gallana de la Lancha, cabe destacar su **interesante portada**, obra del francés Johan Fraix. Encima, una inscripción da fe de la fecha y circunstancias de su construcción.

2

Museo y Concatedral de Santa María ☼☼

Concatedral de Santa María: Plaza Mayor, s/n. ☎ 964 22 34 63. (línea 1). De lu a do, de 11.30 h. a 13 h. y de 19 h. a 20.30 h.; invierno: de lu a sa, a las 8.30 h., 11 h. y 20 h.; do y festivos, cada hora; verano: de lu a sa, a las 8.30 h., 11 h. y 20 h.; do y festivos, a las 8.30 h., 10 h., 12 h. y 19 h.

En la misma plaza, sede de algunos de los edificios más interesantes de la ciudad, se encuentra la Concatedral de Santa María. El templo que hoy es posible observar conserva las **portadas** y **algunos elementos góticos** de la iglesia sobre la cual se llevó a cabo la reconstrucción, tras haber sido destruida en 1936 con objeto de reutilizar sus bloques de piedra en la construcción del matadero. Los elementos que se observan de la construcción original fueron obra de Miguel García, a excepción de la portada que da a la calle Arcipreste Balaguer, diseñada por Guillem Coll. Los que se han añadido en las reformas contemporáneas –respetando al máximo los criterios del estilo gótico– son del arquitecto Vicente Traver. En el interior lienzos de los siglos XVII, XVIII y XIX, imágenes barrocas, objetos ornamentales y de orfebrería, y una cruz de plata de estilo plateresco (s. XVI) adornan ricamente sus capillas, muros y rincones.

Asimismo, importantes objetos de culto y obras de arte, de artistas como Nicolau Falcó, Luis Montoliu o Joan de Reixach, son parte del fondo que se admira en el Museo de la Concatedral de Santa María.

3

Ayuntamiento y la Casa Abadía

Plaza Mayor, s/n.

Como los monumentos anteriores, el edificio que aloja el Ayuntamiento se encuentra en la **plaza Mayor**. Su factura, con una elegante fachada toscana, pertenece a principios del siglo XVIII. Destacan los ventanales que se abren al exterior, y la colección de pinturas de Foz, Puig Roda, Porcar, Oliet, Domènech y Agrasot, y las esculturas de Benlliure y Viciano que convierten el interior de la casa consistorial en una verdadera galería de arte.

Compartiendo la plaza es interesante detenerse a contemplar la **Casa Abadía**, del siglo XVI, situada junto a la torre campanario Fadrí. Actualmente es propiedad de una entidad bancaria y contiene una **biblioteca y salas de exposiciones**.

4

El Casino y el Teatro Principal

La **plaza de la Paz**, es en Castellón de la Plana un espacio para el ocio, el entretenimiento y la cultura. En ella se reunen el Casino castellonense, de 1922, y el Teatro Principal. Este último, de corte neoclásico, reúne una parte relevante de la **vida cultural** de la ciudad desde finales del siglo XIX, en que fue construido. De sus paredes cuelgan pinturas de Francisco Pérez Olmos y Pedro Ferrer. Tiene un aforo de mil quinientas personas. En el centro de la plaza, justo delante del teatro, da un toque de distinción al lugar un **quiosco de estilo modernista**, restaurado recientemente, que sirve bebidas a la inmensa terraza en que se ha convertido la plaza, muy concurrida por los castellonenses.

Vista parcial de la enorme farola que da nombre a la plaza.

Quiosco modernista en la plaza de la Paz.

5

Museo Etnológico de la Diputación

Museo Etnológico: c. Sanchis Abellá, 1. ☎ 964 35 97 03. (línea 3). Invierno: de lu a vi, de 10 h. a 14 h. y de 16 h. a 18 h.; sa, de 10 h. a 12.30 h.; verano: de lu a vi, de 9 h. a 14 h.; sa, de 10 h. a 12.30 h.; cierra do. **$**

En este museo se puede hacer un retroceso en la historia de la zona, desde el punto de vista de la **vida cotidiana** de las gentes del lugar. Se exhiben ropas y complementos de distintas épocas y herramientas propias de los oficios tradicionales como los del herrero, los del zapatero, los del tejedor, los del soguero, etc.

Está abierto al público desde el año 1983.

6

Museo de Bellas Artes

Museo de Bellas Artes: c. Caballeros, 25. ☎ 964 35 97 11. (líneas 1 y 3). Invierno: de lu a vi, de 10 h. a 14 h. y de 16 h. a 18 h.; sa, de 10 h. a 12.30 h.; verano: de lu a vi, de 9 h. a 14 h.; sa, de 10 h. a 12.30 h.; cierra do.

El museo, inaugurado en 1980, ocupa las dependencias de un interesante **edificio del siglo XVIII** en la calle Caballeros. Alberga una importante **colección de cerámica** de la Comunidad Valenciana (sobre todo de **L'Alcora**, **Manises**, **Onda** y **Ribesalbes**) y de Teruel. En la sala de Arqueología se muestran objetos y herramientas hallados en las distintas excavaciones de la provincia. Se trata de vestigios de distintas épocas comprendidas entre el Paleolítico hasta la Edad Media.

En el ámbito dedicado a la pintura se admiran obras de

Casa modernista, en la plaza de la Farola.

artistas como José de Ribera, Joaquín Sorolla, Mongrell, Julio Romero de Torres, Francisco Ribalta, Rodrigo de Osona Puig Roda y Porcar.

Actualmente están a punto de finalizar las obras que reubicarán el museo en la moderna construcción de la avenida Hermanos Bou.

7

La Lonja

c. Colón - c. Caballeros.

El edificio de la Lonja es testimonio del importante papel de la fabricación y comercio de cáñamo en la provincia hace unos siglos. En el municipio se la conoce, de hecho, como la **Llotja del Cànem** (la Lonja del Cáñamo). Su construcción data de la primera mitad del siglo XVII. Es obra de **Francisco Galiansa**. Desde el exterior, en la intersección de las calles Caballeros y Colón, se observan sus cuatro grandes arcadas separadas por pilastras toscanas.

El edificio, adquirido por la Universidad Jaume I, se convertirá en dependencias de la misma una vez concluida su restauración.

8

Iglesia de San Miguel

c. del Medio, 13-15.

La iglesia de San Miguel, como otros edificios religiosos de la villa, en la actualidad sin culto, se utiliza a menudo como **sala de exposiciones**. Destaca la decoración interior, de estilo barroco.

9

Convento de Capuchinas

c. Núñez de Arce, 11. De lu a do, de 16 h .a 20 h.

Para los admiradores del pintor **Francisco de Zurbarán** (1598-1664), el convento de Capuchinas es una visita indispensable, pues en su interior alberga una interesante **pinacoteca** del artista, así como esculturas de los siglos XVII y XVIII. El mismo edificio es del siglo XVIII.

10

Palacio del Obispo

c. Gobernador, 8.

En la calle del Gobernador Bermúdez se encuentra el único ejemplo de **arquitectura academicista** del siglo XVIII de Castellón de la Plana. Se trata de un magnífico palacio encargado por el Obispo Fray Antonio José Salinas y Moreno. En el inte-

El emblemático edificio de Correos de Castellón.

Basílica de la Virgen de Lledó.

rior, azulejos ochocentistas se mantienen en su emplazamiento original.

11 Edificio de Correos

c. Zaragoza, 2.

El edificio de Correos, diseñado en 1917 por Demetrio Ribes y concluido en 1932, constituye el primer edificio que emplea recursos arquitectónicos propios del siglo XX y materiales como la piedra, el hierro, el ladrillo a cara vista, cristal y cerámica de Castellón de la Plana.

12 Iglesia convento de San Agustín

c. Mayor.

En la iglesia del convento de San Agustín, con una bella fachada barroca, es especialmente interesante su interior: la cúpula está decorada por unos frescos de **José Vergara** y las capillas, con pinturas del mismo artista y de **Joaquín Oliet**.

13 Parque Ribalta

Sobre lo que era el Cementerio Municipal del Calvario, de un perímetro triangular, se emplazó en 1869 el parque Ribalta, la mayor superficie verde de la ciudad. Los criterios del diseño se hicieron a partir de un **estilo romántico**, prevaleciendo los trazados geométricos. Unos años después de su inauguración se fueron construyendo a su alrededor los paseos de la Alameda y del Obelisco (el obelisco que le da nombre se levantó en 1897 para conmemorar la defensa de la ciudad frente a las tropas carlistas). El 1920 se acabó el estanque; en 1927 se instaló en el centro del parque una estatua del artista Juan B. Adsuara, y dos años después una **singular farola**, obra del arquitecto Maristany, que da nombre a la plaza que la acoge.

14 Basílica de Santa María de Lledó

Basílica de la Virgen de Lledó: avda. Virgen de Lledó, s/n. ☎ 964 22 04 82. (línea 3) De lu a do de 8 h. a 20 h. † De abril a septiembre: de lu a sa, a las 18 h. y do, a las 11 h.; de octubre a marzo: de lu a sa, a las 15 h. y do, a las 11 h.

Esta basílica fue construida sobre una antigua ermita que rendía culto a una imagen hallada por Perot de Granyana en 1366 (y desde 1922, patrona de la ciudad). La fachada pertenece a las reformas hechas el siglo XVI en la ermita original. El resto del templo se concluyó dos siglos después. Del exterior destaca la **plaza ajardinada** que embellece su entrada, y, un cerco de azulejos donde se representan las ermitas del término, situado en uno de los laterales. En el interior, el visitante puede admirar una colección de mantos, la imagen titular de unos

Planetario, en el Grao de Castellón.

20 cm que contiene una diminuta figurita de piedra tallada prehistórica, otras tallas de los siglos XVII y XVII, lienzos y objetos de orfebrería.

15

Planetario

Planetario: Paseo Marítimo, 1. ☎ 964 28 29 68. (línea del Grao). Exposición: de ma a sa, de 11 h. a 14 h. y de 16.30 h. a 20 h.; do y festivos, de 11 h. a 14 h. Proyección: de ma a vi, a las 18 h.; sa, a las 12 h., 12.45 h., 17.30 h. y 18.30 h.; do y festivos, a las 12 h. y 12.45 h; lu cerrado. Visitas guiadas en grupo previa concertación. **$** Exposición: gratuita. Proyección: 350 ptas.

Hace poco más de una década se terminaban las obras del Planetario de Castellón. Se abría en esta cada vez más moderna ciudad una brecha para la ciencia y el conocimiento del desconocido más grande, el universo. En sus instalaciones, además de exposiciones permanentes, el visitante puede observar el firmamento con uno de los dos **telescopios** instalados, o asistir a distintas **proyecciones** sobre el sistema solar, las estrellas, etc., en la bóveda celeste. Esta bóveda, cubierta por una cúpula de 25 metros de altura, es el nuevo símbolo del puerto del Grao. Se observa ya desde el paseo marítimo, por donde los visitantes llegan al planetario.

En el semisótano del edificio, se encuentra el **centro** de **información** del parque natural de las Islas Columbretes.

LA ROMERÍA DE LAS CAÑAS

La romería de las cañas, que se celebra el día de la fiesta patronal de Santa María Magdalena (3er domingo de Cuaresma), es la más multitudinaria entre las muchas romerías que se celebran en la comarca. Con una rosca de pan, el *rotllo* y una caña verde decorada con un lazo del mismo color en mano, los castellonenses recorren los 7 kilómetros que separan el enclave actual de Castellón del que se originó en torno al antiguo castillo árabe, emplazamiento ocupado hoy por la ermita que tiene como titular a la santa patrona de la ciudad. En el trayecto de ida se hacen distintas paradas en las ermitas que jalonan el llamado *Caminàs*. En la vuelta, candiles iluminan el camino, rememorando el momento en que sus antepasados cargados con sus pertinencias hicieran la mudanza a la nueva villa. La basílica de la Virgen de Lledó, donde en 1366 Perot de Granyana halló la imagen de la patrona mientras araba con una yunta de bueyes, es uno de los lugares por donde pasa el trayecto de vuelta.

16

Sant Jaume de Fadrell - Museo Municipal de Etnología de Fadrell

Esta ermita convertida en **Museo Municipal de Etnología de Fadrell** se levantó el siglo XII sobre una alquería cuyos orígenes se remontan a los romanos. En 1545 el pintor **Pere Petrús** realizó el retablo gótico que se conserva aún hoy en el mismo lugar y es considerado el único de sus características y época en la ciudad.

El museo se abrió al público

en 1985, nutriéndose por una parte de donaciones de los mismos ciudadanos, y por el otro de adquisiciones del museo. Se muestran **herramientas de los oficios tradicionales**, **vestuarios** y atuendos populares, y **objetos de artesanía** popular.

Ermitas del término de Castellón

17

Ermita de la Font de la Salut

Este templo del siglo XVII, está situado en los primeros contrafuertes del Desierto de las Palmas, ya muy cerca del término municipal de Benicasim. Es la última dentro del conjunto de las ermitas del Caminàs. De un estilo un poco distante de las otras, esta ermita se estructura a partir de una planta central cubierta por una cúpula ciega. El paso de cuadrado a círculo se realiza mediante una elegante disposición de pechinas, decoradas con yeserías. Su interior lo decoran un retablo y una interesante colección de esgrafiados. Sin embargo, se trata de una propiedad particular y actualmente está en proceso de restauración.

18

Ermita de Santa María Magdalena del Castell Vell

Esta construcción del siglo XV es quizás la ermita más importante para los castellonenses. Ubicada en el lugar donde antaño estaba el Castell Vell, núcleo primitivo de la ciudad de Castellón, es desde 1375 punto de penitencia y peregrinación de gran popularidad. Dos naves paralelas, rinden culto con sendos altares a los dos santos titulares, san Benito y santa Magdalena. En 1758, Vicente Pellicer se encarga de la reconstrucción del edificio que se hallaba en ruinas, y se retoma la romería, ahora en conmemoración de la fundación de la ciudad. En 1940 se introducía en el altar mayor una pintura sobre tabla de Juan B. Porcar Ripollés.

Ermita de la Magdalena.

19

Ermita de San Nicolás de Bari

En la calle Alloza (también Carrer d'Amunt), esta ermita urbana se construyó en lo que había sido una mezquita durante los siglos de ocupación árabe. Después de la Reconquista, se utilizó el templo para el adoctrinamiento religioso de los musulmanes conversos. A lo largo del siglo XVII

Ermita de la Magdalena.

Desierto de las Palmas.

sufrió varias etapas de transformación que terminaron en 1736. Se trata de una construcción estructurada en cuatro tramos, cubiertos con bóveda de cañón, y con capillas laterales y presbiterio. La portada actual es la que se incorporó en 1828. A mitad del siglo xx, el escultor Joan B. Folía Prades realiza un **conjunto de tallas** para decorar el interior del templo. El día 6 de diciembre, se celebra en la ermita la festividad de San Nicolás de Bari, el santo titular.

20

Ermita de Sant Francesc de la Font

Esta ermita cuya historia se confunde con leyendas mitológicas, se encuentra en los parajes del popular Molí de la Font, junto al antiguo camino de las villas de Benicasim. No está claro cuando se construyó, pero se tiene noticias de ella desde 1748. A principios del siglo xx se cataloga como edificio abandonado. Durante su restauración, que empieza en 1975, se encuentran en sus paredes un conjunto de interesantes **frescos de estilo barroco** ilusionístico, bajo la suciedad acumulada por el paso del tiempo.

Desde entonces la ermita fue cobrando interés para los vecinos de Castellón y actualmente las fiestas que se celebran en ella alrededor del 12 de octubre se revisten de solemnidad.

21

Ermita de Sant Josep del Censal

Otra ermita que forma parte del conjunto que jalonan el Caminàs, es la de Sant Josep del Censal o de Sant Josep de l'Olivera. Se inauguró en 1689, y hoy, más de trescientos años después, conserva poco de la decoración cerámica que en su día embelleció sus paredes. La **casa del ermitaño**, junto al templo, es un buen ejemplo de las casas rurales populares de los siglos xvii y xviii.

22

Ermita de Sant Isidre i Sant Pere del Censal

Esta ermita, del siglo xvii, se alza en el antiguo camino "camí vell del mar". El retablo de madera que se puede observar en su interior fue elaborado por el escultor Antoni López a mediados de ese mismo siglo.

En 1885, durante una grave epidemia de cólera, la ermita se habilitó como hospital.

Las últimas obras de reconstrucción en la ermita se realizaron en la década de los 70 en el siglo xx.

23

Ermita de Sant Roc de Canet

La ermita de Sant Roc de Canet, junto con la ya desaparecida ermita de Sant Roc del Pla, son las dos que se dedicaron a este santo, por la protección que éste ofreció a las gentes de la villa durante las pestes de 1647 y 1648. La ermita de Sant Roc del Pla, se alzó sobre un antiguo hospital de apestados, y tras su demolición sólo se conservó de ella el retablo de madera de Lázaro Catani con una pintura de San Roque, hoy guardada en el Ayuntamiento.

La ermita de San Roque de Canet, habilitada en una antigua alquería, es una de las paradas rituales de la tradicional romería de les Cañas, que se celebra el día de la Magdalena, día de las fiestas patronales de Castellón.

GUÍA PRÁCTICA

DATOS DE INTERÉS

Oficina de turismo: Plaza María Agustina. ☎ *964 22 10 00. Fiestas patronales de la Magdalena (3er sábado de Cuaresma). Fiesta de la Rosa (1er sábado de mayo). Fiesta de Santa María de Lledó (1er domingo de mayo).*

RESTAURANTES

DELMÓNICO: Plaza del Cometa Halley, 7 bajo. ☎ 964 26 00 44. *Excelente carta con más de 80 arroces diferentes. Cierra los domingos, del 15 de agosto al 5 de septiembre y en Navidad.*

LA TASCA DEL PUERTO: avda. del Puerto, 13. El Grao de Castellón. ☎ 964 28 44 81. *Cierra domingos noche y lunes en invierno (excepto festivos y vísperas) y domingos en verano.*

ELEAZAR: c. Ximénez, 14. ☎ 964 23 48 61. *Cierra los domingos noche, los lunes y el mes de agosto. Especialidades en recetas de pescado.*

PAIRAL: c. Doctor Fleming, 24. ☎ 964 23 34 04. *Cierra los domingos y en Semana Santa. Cocina afrancesada de gran calidad.*

MESÓN NAVARRO: c. Amadeo I, 8. ☎ 964 21 70 73. *Cierra los domingos tarde, los lunes y el mes de agosto. Cocina elaborada y de calidad.*

ARRO PES: Benárabe, 5. ☎ 964 23 48 61. *Cierra los lunes y el mes de agosto. Cocina de excelente calidad a un precio razonable.*

RAFAEL: c. Churruca, 28. ☎ 964 28 21 85. *Cierra los domingos, los festivos, del 1 al 15 de septiembre y del 24 de diciembre al 8 de enero. Especialidades en recetas de pescado y marisco.*

PEÑALÉN: c. Fola, 11. ☎ 964 23 41 31. *Cierra los domingos y la segunda quincena de agosto. Cocina bien elaborada y de calidad.*

CASINO ANTIGUO: Puerta del Sol, 1. ☎ 964 22 28 64. *Situado en un antiguo casino que conserva el encanto de la Belle Epoque. Cocina bien elaborada y amplia carta de vinos.*

CLUB NÁUTICO: Escollera de Poniente, s/n. El Grao. ☎ 964 28 24 33. *Situado en el Club náutico, con un claro ambiente marinero. En el barrio marítmo de Castellón. Buenos arroces y recetas de pescado.*

RAMÓN: Santa Cruz Tejeiro, 10. ☎ 964 22 94 04. *Cierra durante la Semana Santa. Cocina imaginativa, moderna y de buen gusto.*

BRISAMAR: Paseo Buenavista, 26, Grao. ☎ 964 28 36 64. *Situado en el barrio marítimo de Castellón, el Grao. Especialidades en recetas de pescado.*

ASADOR AZORES: c. Jover, 10. ☎ 964 21 10 56. *Cocina tradicional.*

ALOJAMIENTO

Hoteles

JAIME I***: Ronda Mijares, 67. ☎ 964 25 03 00.

DOÑA LOLA**: c. Lucena, 3. ☎ 964 21 40 11. *Buena relación calidad-precio. Estancias agradables.*

INTUR CASTELLÓN****: c. Herrero, 20. ☎ 964 22 50 00. *Ofrece un servicio cuidado y instalaciones cómodas y bien equipadas.*

NH MINDORO****: Moyano, 4. ☎ 964 22 23 00. *Dentro de la línea de la cadena NH: cómodo y funcional.*

REAL**: Plaza del Real, 2. ☎ 964 21 19 44. *Hotel pequeño y sencillo con trato familiar.*

ZAYMAR**: c. Historiador Viciana, 6. ☎ 964 25 43 81. *Hotel pequeño, situado cerca de la Plaza de Toros.*

HOTEL DEL GOLF***: Playa del Pinar. El Grao. ☎ 964 28 01 80.

HOTEL RESIDENCIA MYRIAM***: c. Obispo Salinas, 1. ☎ 964 22 21 00.

HOTEL TURCOSA***: Treballadors de la Mar, 1. ☎ 964 28 36 00.

HOTEL RESIDENCIA REAL**: pza. del Real. ☎ 964 21 19 44.

VENECIA. HR**: Plaza del Carmen, 5. ☎ 964 281219. *Pequeño pero agradable establecimiento.*

BAGAN*: c. Pérez Galdos, 13. ☎ 964 213905. *Hostal Sencillo con 24 habitaciones.*

DOÑA LOLA**: c. Lucena, 3. ☎ 964214011. *Hotelito sencillo pero agradable.*

Del litoral de la Plana al Peñagolosa

Esta ruta transcurre entre el llano litoral de la Plana hasta el pico Peñagolosa (1.813 m). Desde el Desierto de las Palmas, paraje natural que rompe la horizontalidad del mar de naranjos de las cercanías de Castellón, hasta la población de Vistabella del Maestrazgo, la más elevada del territorio, se recorre además de una exuberante muestra de naturaleza, una zona que acoge algunas de las manifestaciones religiosas más particulares de esta tierra, como la peregrinación de Las Useras.

ITINERARIO
2 DÍAS / 97 KM

BENICASIM → Oropesa del Mar	**9 km**
Oropesa del Mar → Illes Columbretes	**30 millas**
Oropesa → Cabanes	**16 km**
Cabanes → Vilafamés	**16 km**
Vilafamés → Atzeneta del Maestrat	**22 km**
Atzeneta → Vistabella del Maestrazgo	**24 km**
Vistabella → San Juan de Peñagolosa	**10 km**

Benicasim cuenta, entre sus atractivos, con una larga franja de playas.

1

Benicasim/ Benicàssim

c. Médico Segarra, 4. ☎ 96 430 09 62. San Antonio Abad (17 de enero), Festival Internacional de Música Independiente (1er fin de semana de agosto), Cremá de Santa Águeda (5 de febrero). Museo Bodegas Carmelitano: avda. Castellón, s/n. ☎ 964 30 08 49. Museo e Iglesia de los Padres Carmelitas: Desierto de las Palmas. ☎ 964 30 09 50.

El nombre de la villa, como tantos otros en la Comunidad Valenciana, tiene **origen árabe** y significaba (hijo de Qassim). Y es que Benicasim fue entre los siglos X y XIII, como las localidades vecinas, musulmán. Las crónicas recuerdan el castillo de Montornés —al parecer levantado en una fecha próxima al año 1000 y destruido en el siglo XV— en torno al cual se establecieron los primeros núcleos urbanos, situados a unos pocos kilómetros de la costa. El principal motivo de su inicial ubicación se debe a que estas tierras sufrieron a lo largo de siglos constantes ataques de los piratas, siendo así las colinas de la zona los territorios más seguros para la población. Desde 1242, año en que Jaime I donó el castillo de Montornés y sus tierras a su escribano don Pedro Sanz, hasta 1603, cuando doña Violante de Casalduch y de Assio le otorgó la carta de población, Benicasim pasó por muchas manos de nobles de la zona. La construcción en la costa de la torre de vigilancia de San Vicente fue el primer paso para conseguir una seguridad para la villa. La carta puebla tenía como objetivo conseguir la repoblación y un establecimiento más sólido de los pobladores de estas tierras. Pero no fue hasta mediados del siglo XIX cuando Benicasim experimentó su auténtico crecimiento y desarrollo urbanístico. El año 1887 al levantarse la primera villa de veraneo (Villa Pilar), se marcaba el comienzo del **importante centro turístico** que Benicasim devendría un siglo más tarde. Numerosas familias ricas de Valencia siguieron el ejemplo y en pocos años un barrio nuevo de villas surgía a orillas del mar. La zona de las Villas, en primera línea de playa, constituye hoy un núcleo de ocio en el que se puede encontrar una variada oferta de restauración, hoteles, bares y discotecas. Actualmente, Benicasim tiene una capacidad receptora de 100.000 turistas.

El casco antiguo primitivo de Benicasim creció en torno a la **iglesia parroquial de Santo Tomás de Villanueva**. Del templo merece la pena destacar su decoración pictórica interior, obra de Camarón, pintor de Segorbe. Ha sido considerada como una construcción de corte clásico, una combinación del barroco clasicista y del neoclasicismo ilustrado.

Vestigio de la época en que la costa de Castellón sufrió numerosos ataques berberiscos, se conservan en la villa varios edificios defensivos, como la citada **torre de San Vicente**, del siglo XI, mandada levantar por las Cortes de Monzón. Es una construcción de planta cuadrada hecha de mampostería y sillería. En los esquinales que dan al mar tiene dos torrecillas que permitían controlar el acceso a lo que llamaban Olla de Benicasim, un espacio natural resguardado en el que anclaban muchas embarcaciones. La puerta de entrada a la torre se eleva a un metro ochenta sobre el suelo. Su interior está dividido en cuatro salas, una de las cuales da acceso a la terraza. La gran bóveda se sitúa a cinco metros del pavimento.

En el **Museo Bodega Carmelitano** se muestra el origen y la historia de la tradicional bebida conocida como Licor Carmelitano. Según se explica fueron los religiosos del monasterio del Desierto quienes lo fabricaron por primera vez. A finales del siglo XIX, cuando el monasterio pasó a ser casa de noviciado aprovecharon los conocimientos de un fraile de la comunidad, fray Antonio de Jesús María, estudioso de las hierbas aromáticas y medicinales, para fabricar una bebida que pudieran comercializar y obtener a cambio algunos beneficios para sufragar la formación de los novicios. Con el tiempo el licor consiguió tener el reconocimiento que tiene ahora. En 1912 se trasladaron las bodegas al edificio donde hoy se encuentran. En el museo se venden y exponen también otros productos de elaboración artesanal tradicionales de la zona.

El **Desierto de las Palmas** (declarado paraje natural por Decreto 149/1989, de 16 de octubre del gobierno valenciano) no es, contra lo que pudiera parecer un desierto en el sentido habitual de la palabra, pues, al contrario, se trata de unas tierras especialmente ricas y frondosas en cuanto a vegetación (con abundancia de palmas) y vida animal. Estas sierras han estado a lo largo los siglos muy ligadas a la orden de los carmelitas. Los primeros carmelitas descalzos llegaron a las montañas de Benicasim atraídos por la existencia de varias fuentes naturales y una zona cultivable entre bosques de pinos y palmas. Se instalaron en una casa de campo y bautizaron estas tierras con el nombre por el que hoy se conocen, entendiendo por desierto un espacio tranquilo y alejado de un núcleo urbano, ideal para la reflexión y la oración, en consonancia con el espíritu eremítico renovado por la Contrarreforma. En 1732, 35 años después de obtener la autorización del rey para su fundación, se levantaba en el monte Bartolo (que recibe el nombre del primer carmelita que moró en su cima) el **monasterio del Desierto**, un monasterio de la orden carmelita rodeado de tierras de cultivo. Medio siglo después, un terremoto y fuertes vientos lo derrumbaron, y pasaron muchos años antes no pudieron levantar el nuevo convento. Éste se consagraba el mes de agosto de 1796. Tuvo que transcurrir más de un siglo para que se les permitiera a las mujeres acceder al recinto, pues les estuvo prohibido hasta el año 1903. Actualmente, una comunidad de carmelitas descalzos continúa en el convento, y se ha convertido en un importante punto de peregrinaje de la provincia de Castellón. En el interior del monasterio se encuentra el **Museo e Iglesia de los Padres Carmelitas**, en el que se exhiben objetos y obras de arte de gran riqueza.

También en el Desierto de las Palmas se encuentran las ruinas del **castillo de Montornés**, levantado por los musulmanes y sitiado por el rey Jaime I en 1233, igual como algunas de las ermitas que construyeron las carmelitas para el retiro de los ermitaños. Son interesantes la ermita de la Magdalena y la ermita de Les Santes.

DESIERTO DE LAS PALMAS

El topónimo Desierto de las Palmas suele provocar confusión. La palabra *desierto* se refiere a determinados conventos o monasterios de órdenes religiosas situados en lugares despoblados, como el convento carmelita fundado por el hermano Bartolomé y construido entre 1694 y 1732. Y la palabra *palmas* hace referencia a los palmitos (margallones), abundantes en este paraje natural.

➜ A OROPESA DEL MAR, 9 KM POR N-340 O POR E-15.

2 Oropesa del Mar

avda. La Plana, 1 ☎ 964 31 00 20. Víspera

Vista panorámica de la turística población de Oropesa del Mar.

de San Juan (23 de junio). San Jaime (25 de julio). Virgen de la Paciencia (1er domingo de octubre).

La historia de Oropesa, hoy en día un importante **centro de turismo vacacional**, está estrechamente ligada a su situación a orillas del mar. A lo largo de los siglos han sido muchas y diversas las culturas que han habitado su suelo. Según testimonian los vestigios encontrados en el establecimiento paleolítico del Cau d'En Borras, el origen de la villa se remonta a la prehistoria. Asimismo, se han encontrado, en Oropesa la Vella, restos íberos y romanos. El casco antiguo surgió en la época musulmana alrededor de su castillo (hoy en ruinas), situado en lo alto de una colina y que perteneció al Cid a finales del siglo XI, y posteriormente a Pedro I. Las empinadas calles, mantienen aún su trazado medieval. Después del paso de los árabes, la Edad Media fue el período más destacado en la historia de la villa. En 1233 Jaime I conquistaba el castillo de Oropesa y el núcleo urbano que se había ido estableciendo a su alrededor. Durante los siglos venideros Oropesa pasó de mano en mano, perteneciendo a la orden de los Hospitalarios y a distintos nobles. En esta misma época, la ciudad fue víctima de numerosos ataques de piratas berberiscos, entre otros, los del famoso pirata Barbaroja. Por orden de Jofre de Thous, uno de los señores de la villa, en el año 1379 se fortificaron el castillo y las murallas, y en el s. XV, por orden de Fernando de Antequera se levantó al lado del mar y a modo de construcción para la vigilancia, la llamada torre del Rey. También sufrió Oropesa los asedios de la invasión napoleónica (1811), durante los cuales perdió su castillo de mano del ejército francés del mariscal Suchet. En la actualidad, Oropesa es una ciudad volcada en el turismo. Miles de personas llenan anualmente sus calles y bellas playas con el fin de disfrutar del clima, el mar, las exquisitas paellas que cocinan los restaurantes y el paisaje mediterráneo del entorno. Algunos de los monumentos arquitectónicos más destacados de Oropesa se encuentran en su **casco antiguo**, cercanos a las ruinas del castillo, y donde abundan las tiendas de artesanía y anticuarios. Ubicado en el antiguo edificio del Ayuntamiento, en la plaza de la Iglesia, el **Museo Etnológico Municipal** muestra objetos y documentos que hablan de la historia y tradiciones de la villa. La **iglesia parroquial de la Virgen de la Paciencia**, levantada a partir de una sola nave con capillas laterales, es una construcción sencilla. En su interior se pueden contemplar interesantes azulejos de L'Alcora del siglo XVII y una imagen de la Virgen del siglo XVI, al parecer, la más antigua que se conserva en la Comunidad Valenciana. En la parte más nueva de Oropesa, enfrente del mar, se encuentran otros puntos de interés: las **tres torres de vigilancia** de Sant Julià o de la Dona, la torre de la Cordà y la de la Colomera, así como la anteriormente mencionada **torre del Rey**. Esta última, cercana al faro (desde donde se contemplan bellas vistas), representa una muestra de arquitectura militar renacentista, pues si bien su original estructura es del siglo XV, fue reconstruida dos siglos más tarde por orden de Felipe II. Su planta es cuadrada y consta de dos pisos.

Las **playas** de Oropesa de Mar son otro de sus atractivos: al norte del Cabo de Oropesa, cercanas a una pequeña península denominada el Morro de Gos, que se adentra unos 5 metros en el mar, se extienden playas amplias con arena blanca y fina; al sur, tras dejar el paseo marítimo, la playa de la Concha y el puerto deportivo, el paisaje deviene agreste, combinando los acantilados con las calas enmarcadas por bosques de pinos.

➔ A LAS ILLES COLUMBRETES, EN BARCO.

3

Reserva natural de las Illes Columbretes

Paseo Marítimo, 1. Planetario. El Grao. Castellón. ☎ 964 28 29 68.

La reserva natural del pequeño archipiélago denominado Illes Columbretes se encuentra a unas 30 millas de la costa de Castellón. Los puertos desde donde salen embarcaciones turísticas para visitarlas son los de Castellón, Alcocéber, Peñíscola y Oropesa. Este archipiélago, formado por una serie de islotes y arrecifes, goza de un **especial interés ecológico** dentro del marco del Mediterráneo occidental. Los materiales que forman las islas son de origen volcánico, lo que les confiere originalidad y riqueza de vegetación y fauna. Dentro del archipiélago se han establecido 4 grupos que toman el nombre de su isla mayor: L'Illa Grossa, la Ferrera, la Foradada y el Carallot. Sólo la primera de éstas está habitada. En ella se construyó **el faro** a mediados del siglo XIX, en su punto más alto (a 67 m). Fue entonces cuando allí por primera vez se establecieron personas. Actualmente, el faro funciona de forma automatizada y sólo reside en la isla el personal de vigilancia. Sin embargo, muchos otros conocieron y pisaron las islas antes; de hecho, fueron los primeros navegantes griegos y romanos, quienes dieron el nombre de Colubraria al conjunto de islas, refiriéndose al importante número de serpientes que en esa época vivían en ellas. La Foradada fue la preferida de contrabandistas y piratas que utilizaban el hueco natural que le da el nombre para refugiarse y esconderse en su interior. La presencia humana en las islas ha supuesto drásticas alteraciones en su entorno mineral, vegetal y animal. Algunas especies han desaparecido (como las víboras) y se han integrado otras (como los conejos). Testimonio de su origen volcánico son los cráteres encadenados de l'Illa Grossa, y los restos de la chimenea central de un volcán en el Carallot. Existe una **estricta normativa de protección** de las islas que impide hacer fuego, comer, fumar, desembarcar animales, anclar en las proximidades (0,5 millas) de los islotes, pescar con finalidades lucrativas, o hacer actividades subacuáticas sin autorización previa.

El **Centro de información de la Reserva Natural de Las Islas Columbretes** se encuentra en el Planetario de Castellón.

➔ A CABANES, DESDE OROPESA, 16 KM POR CTRA. LOCAL Y COMARCAL.

4

Cabanes

Plaza Iglesia, 5. ☎ 964 33 10 01. Virgen del Buen Suceso (1ª semana de mayo). Arco Romano: ctra. de Vall d'Alba, km 2,5.

Los orígenes de Cabanes están aún presentes en el municipio. En los aledaños se han encontrado distintos establecimientos prehistóricos e ibéricos (como el de la Ribera o el de El Pulido). A unos pocos kilómetros de la villa, en la costa, cerca de la torre de la Sal, se conservan bajo el mar los restos de otro poblado ibérico. Y en la llanura conocida como el Pla de l'Arc se hallaron restos cerámicos, monedas romanas y el esbelto arco que da nombre al lugar. El **arco ro-**

Arco romano de Cabanes.

Ermita de Les Santes, en Cabanes.

mano de Cabanes testimonia el paso de la Vía Augusta, que unía Roma con Cádiz, por este tramo del litoral mediterráneo. Las primeras investigaciones, desarrolladas por el doctor Pere Antonio Beuter (1490-1555), cronista de Valencia, establecieron la hipótesis de que se tratara de un monumento conmemorativo a la victoria del capitán Lucio Marcio contra los cartagineses en el año 210 a.C., basándose en el relato del historiador romano Tito Livio. La inexistencia de inscripciones, sin embargo, impide determinar exactamente cuándo fue construido, pero su parecido con otros yacimientos similares lo sitúa en la época de Trajano-Adriano, en la **primera mitad del siglo II**. Lo que ha sido posible constatar es que el arco, tal como se puede observar en la actualidad, está incompleto. Un exagerado empaque es lo que más llama la atención de este legado romano de Cabanes. Tiene cinco metros de altura por cuatro de ancho y fue declarado monumento nacional en 1931.

En el **casco antiguo** de Cabanes los edificios de mayor interés son el restaurado palacio Municipal del siglo XV, con bellos ventanales góticos y arcadas en el interior; una puerta de la antigua muralla; la parroquia de San Juan Bautista, construida en estilo barroco el siglo XVIII, y varios hornos góticos.

Es aconsejable la excursión al valle llamado **sierra de las Santas**, en el Desierto de las Palmas, donde el visitante podrá conocer la ermita de Santa Águeda y Santa Lucía, del siglo XVII.

ERMITA DE LAS SANTAS

El sector más septentrional de la sierra de las Palmas es conocido también como la sierra de las Santas, por el ermitorio de las santas Águeda y Lucía, patronas de Cabanes, construido en el siglo XVII. El paraje disfruta de un microclima que propicia una exuberante vegetación que contrasta con su entorno más árido. La primera semana de mayo, se celebra una romería desde Cabanes hasta la ermita, a seis kilómetros de la población.

➔ **A VILAFAMÉS, 16 KM POR CTRAS. COMARCALES.**

5

Vilafamés ☼☼

Plaza Ayuntamiento, 1. ☎ 964 32 90 01. Fiesta mayor Nuestra Señora de la Asunción y Santo Cristo de la Sangre (del 12 al 19 de agosto). **Castillo**: Casco antiguo. ☎ 964 32 90 01. Siempre abierto. **Museo de Arte Contemporáneo**: c. Diputación, 20. ☎ 964 32 91 52. De lu a sa, de 11 h. a 13 h. y de 16 h. a 19 h.; do, de 11 h. a 13 h. y de 16 h. a 20 h. Vi-

Vista general de Vilafamés.

sitas guiadas en grupo previa concertación. 🏛 Iglesia de Nª Sª de la Asunción: c. Maestro Bernat, 13. ☎ 964 32 91 32. 🕒Invierno: de lu a do, de 17 h. a 19 h.; verano: de lu a do, de 18 h. a 20 h. † Invierno: de lu a do, a las 18 h.; verano: de lu a do, a las 19 h.

En las inmediaciones de Vilafamés se han encontrado restos del llamado *homo erectus vilafamensis* del Pleistoceno Medio y unas pinturas esquemáticas de la Edad de Bronce. El pueblo de Vilafamés en sí, es de origen árabe, pero su castillo, situado a 400 metros de altitud, es de la época romana y se encontraba en las proximidades de la Vía Augusta. Su **casco antiguo**, a los pies de dicha fortaleza, tiene una excelente panorámica y el color rojizo de la piedra y de las casas le confiere un gran atractivo. No en vano, éste ha sido un lugar escogido por muchos artistas como lugar de residencia. El **palacio gótico del Batle**, construido en el siglo XV, alberga hoy un importante **Museo de Arte Contemporáneo**, fundado en el año 1972 por el crítico de arte Vicente Aguilera Cerni. En él se exhiben obras de más de 400 artistas entre los que se encuentran **Joan Miró**, **Eduardo Chillida**, **Pau Gargallo** o **el Equipo Crónica**.

Calle de Vilafamés.

En la calle Diputación está el Museo del Vino, donde se muestra el proceso de elaboración de esta tan apreciada bebida.

En el paseo por las calles de Vilafamés se pueden admirar también interesantes palacios y casas señoriales. En cuanto a edificios religiosos destaca la bella **iglesia parroquial de Nuestra Señora de la Asunción**, del siglo XVI, que guarda en su interior un zócalo cerámico de L'Alcora (s. XVIII), un órgano barroco y unas hermosas pinturas al fresco del maestro J. Oliet. También en la villa está la iglesia de la Sangre, construida sobre un aljibe árabe. Son interesantes su cripta y la decoración del presbiterio de la capilla de Santa Bárbara.

➡ A ATZENETA DEL MAESTRAT. 22 KM POR CTRA. COMARCAL Y CV-170.

PEREGRINOS DE LAS USERAS

Antigua romería en la que trece vecinos de Useras peregrinan, a tramos descalzos, hasta el santuario de San Juan de Peñagolosa, a treinta kilómetros. Los trece peregrinos representan a Jesucristo y los doce apóstoles y visten sayal y esclavina morados, sombrero de fieltro negro y rosarios colgados al cuello. El último viernes de abril, a las seis de la mañana, inician la peregrinación de ida y vuelta, en reverencial silencio.

6

Atzeneta del Maestrat

Plaza Mayor, 2. ☎ 96 437 00 18.

Los orígenes de Atzeneta se remontan a los íberos, como se ha podido deducir por los restos encontrados en estas tierras. El nombre fue herencia del paso de los árabes por la villa. El jefe de la tribu bereber Az-Zanata, Zanet, fue quien bautizó con este nombre este lugar pintoreso y agradable. Tras la Reconquista, pasó de mano en mano.

La **iglesia parroquial** es el edificio más interesante de Atzeneta. Se trata de una construcción de estilo renacentista, alzada en el siglo XVII. Del mismo siglo es la imagen del Cristo de la Piedad que se alberga dentro del templo. La iglesia atesora también un gran retablo barroco de 1744, una imagen de la Virgen de Belén del siglo XIV, un tríptico de Artesa, unos vasos sagrados de los siglos XV y XVI, y unos lienzos de la escuela valenciana.

En las proximidades de la población pueden visitarse las **ermitas** del Loreto (s. XVII), de San Gregorio (s. XVIII), y del Castell (s. XVI), esta última emplazada en un lugar muy querido entre los adzanetenses.

➜ A VISTABELLA DEL MAESTRAZGO, 24 KM POR CV-170.

7

Vistabella

c. Mayor, 13. ☎ 964 38 90 07/37 01 27. Fiesta de San Antonio (17 de enero), San Juan de Peñagolosa (última semana de agosto). Iglesia parroquial: Plaza de la Iglesia, s/n. ☎ 964 38 90 13. En horas de culto. † Do, a las 11 h.

Vistabella del Maestrazgo es el pueblo más elevado de la Comunidad Valenciana, situado a **1.246 metros de altitud**. Antigua aldea musulmana, esta población vivió gran protagonismo histórico en 1338, cuando fue residencia del Rey de Aragón.

La **fachada del templo parroquial**, dedicado a la Virgen de la Asunción, es una las mejores muestras del estilo renacentista en tierras valencianas.

Los monumentos arqueológicos que se pueden visitar hoy en día son un testimonio de su rica historia. La **calle Mayor** continúa siendo el eje central en torno al cual se estructura este pintoresco pueblecito. En cada uno de sus extremos, una plaza. Se conserva además buena parte de la muralla que le sirvió de pro-

Calle de Vistabella de Maestrazgo.

Iglesia parroquial de Vistabella.

Puesta de sol en el Peñagolosa.

tección durante siglos, y dos de sus portales de acceso: el de Sant Roc, un arco de medio punto de mampostería con unos azulejos con la imagen de san Roque en la parte interior, y el del Forn, con un rebajado de sillería en el interior.

Del **castillo**, construido por los árabes en el siglo XIII con planta triangular, se conserva solamente parte de sus defensas. En su emplazamiento en lo alto de una loma (1.249 m), se encuentra hoy el depósito de aguas.

Sobre el río Montlleó, un puente romano formaba parte del camino que unía Tarraco con Mérida.

En sus cercanías se puede gozar de un maravilloso entorno natural, de las casas de labranza y fuentes que se encuentran repartidas por el término. La fuente de Dalt (en el mismo núcleo urbano) y la del Alforí poseen propiedades medicinales.

➔ A SAN JUAN DE PEÑAGOLOSA, 10 KM POR CV-170 Y CTRA. LOCAL.

8

San Juan de Peñagolosa

Ermita de San Juan Santuario. ☎ 964 38 90 13.
Fiesta de San Juan (última semana de agosto).

El santuario de San Juan de Peñagolosa fundado en el siglo XIV y situado a 1.292 metros de altitud se encuentra en uno de los entornos más apreciados de la geografía valenciana: el **macizo del Peñagolosa**. Es el segundo en altura (1.813 metros) de la Comunidad Valenciana, tras el Pico Calderón (de 1.839 metros, en el Rincón de Ademuz). El nombre, según el botánico Cavanilles: "es una corrupción de Peña Colosal". El clima mediterráneo con influencias continentales, la fauna (jabalí, zorro, ardillas), la avifauna (cucos, pitos reales), los anfibios (lagarto ocelado, sapo partero) y la flora convierten este paraje en un **lugar único**.

El santuario de San Juan de Peñagolosa, fue construido entre el XIV y el XVI sobre un antiguo cenobio. Las primitivas dependencias dedicadas a hospedería y la ermita desaparecieron en el siglo XVI. La parte más antigua es la del patio interior y las estancias que dan a éste. La iglesia, se rehízo a finales del siglo XVIII, pero se han encontrado, en el muro interior de la puerta que la comunica con el resto del santuario, unas pinturas murales de 1592. Este templo, declarado monumento histórico-artístico en 1979,

Campos en San Juan de Peñagolosa.

consta de una nave cubierta por bóvedas de lunetos y una capilla lateral. De su aspecto exterior, cabe destacar su fachada de dos cuerpos adintelados entre pilastras.

El último viernes de abril, a primerísima hora de la mañana, se celebra en el lugar la llegada de la popular romería de los Pelegrinos de las Useras en la que se desarrollan actividades rituales de origen medieval.

Interior de la ermita de San Juan de Peñagolosa.

GUÍA PRÁCTICA

RESTAURANTES

Oropesa del Mar

TORRE DEL REY: p. Marítimo, 27. ☎ 96 431 02 22. *Restaurante de gran fama especializado en cocina de la zona y en tapas.* ◈◈

CASA JORDI: Oviedo. ☎ 96 431 10 30. *Cierra los lunes. Especialidad en carnes a la brasa y gran oferta de marisco.* ◈◈

NEPTUNO PLAYA: Paseo Marítimo La Concha, 1. ☎ 96 431 10 40. *Restaurante del hotel. Excelente cocina valenciana.* ◈◈◈

Cabanes

TERE: ctra. N-340 km 1.004. ☎ 96 431 96 18. ◈

Vistabella del Maestrazgo

PICO PEÑAGOLOSA: avda. Ramón Salvador, 27. ☎ 96 438 90 42. ◈

Vilafamés

MESÓN SAN MIGUEL: avda. Valencia, s/n. ☎ 96 433 51 21. *Cierra la última semana de agosto.* ◈

Benicasim

PLAZA: Cristóbal Colón, 3. ☎ 96 430 00 72. *Cierra los martes y del 15 de diciembre al 15 de enero. Excelente cocina vasca y gran selección de vinos.* ◈◈

LE PETIT RESTAURANT: Leopoldo Querol, 52. ☎ 96 430 35 56. *Pequeño restaurante especializado en carnes, aunque también dispone de una buena carta de pescados.* ◈◈

ALOJAMIENTO

Hoteles

Cabanes

HOTEL TERE*: ctra. N-340, km 1.004. ☎ 964 31 96 18.

San Juan de Peñagolosa

HOSPEDERÍA DE SAN JUAN DE PEÑAGOLOSA: Santuario. ☎ 964 76 09 09. *Abierto sólo fines de semana.*

Vilafamés

EL RULLO*: c. La Fuente, 2. ☎ 964 32 93 84.

Benicasim

INTUR AZOR***: avda. Gimeno Tomás, 1. ☎ 96 439 20 00. *Cierra los meses de noviembre y diciembre. Rodeado de vegetación, y muy próximo a la playa.*

INTUR BONAIRE****: avda. Gimeno Tomás, 3. ☎ 96 439 24 80. *Abierto todo el año. Excelente servicio.*

VORAMAR***: p. Pilar Coloma, 1. ☎ 96 430 01 50. *Cierra del 8 de enero al 28 de febrero. Situado junto a la playa, tradicional y acogedor.*

Oropesa del Mar

OROPESA SOL**: avda. de Madrid, 11. ☎ 96 431 01 50. *Cierra del 3 de octubre al 20 de marzo. Alojamiento sencillo pero acogedor.*

NEPTUNO PLAYA***: Paseo Marítimo La Concha, 1. ☎ 96 431 10 40. *Cierra de octubre a marzo. Funcional, agradable y bien situado.*

Campings

Benicasim

AZAHAR (1ª): P. Villarroig, s/n. ☎ 96 430 31 96. *A pie de playa y con todas las comodidades.*

FLORIDA (2ª): Sigalero, 34. ☎ 96 439 23 85. *Abierto todo el año. Playas de arena.*

BONTERRA (1ª): avda. de Barcelona. ☎ 96 430 00 07. *Abierto desde Semana Santa hasta el 31 de octubre.*

Oropesa del Mar

TORRE LA SAL (1ª): ctra. N-340, km 1.000. ☎ 96 431 95 96. *Abierto todo el año. Arbolado de pinos y eucaliptos.*

COMPLEJO TORSAL (1ª): ctra. N-340, km 1.000. Salida 44-45 de la A-7. ☎ 96 431 97 77.

Al sur de Castellón

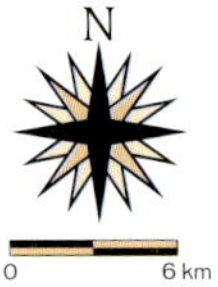

El recorrido propuesto para la presente ruta es un combinado histórico, artístico y paisajístico. La Vall d'Uixó, Nules y Burriana, tres villas de la costa castellonense, conservan vestigios de su pasado más remoto: la prehistoria. L'Alcora y Onda constituyen la tierra del azulejo por antonomasia, pues es aquí donde se asientan las principales empresas azulejeras y de pavimentación de España. Para llegar a Segorbe, ciudad episcopal, se deberá cruzar la sierra de Espadán, una de las masas forestales de carrascos y alcornoques mejor conservada de la cuenca mediterránea.

ITINERARIO
2 DÍAS / 159 KM

LA VALL D'UIXÓ → Nules	**6 km**
Nules → Burriana	**11 km**
Burriana → Villarreal	**6 km**
Villarreal → Betxí	**11 km**
Betxí → Onda	**10 km**
Onda → Ribesalbes	**7 km**
Ribesalbes → L'Alcora	**10 km**
L'Alcora → Montanejos	**51 km**
Montanejos → Segorbe	**35 km**
Segorbe → Altura	**3 km**
Altura → Santuario de la Cueva Santa	**9 km**

Bonito edificio de principios de siglo de la Vall d'Uixó.

1

La Vall d'Uixó ☼☼

pl. del Centre, 1. ☎ 964 69 09 52. Fallas (19 de marzo). San Vicente Ferrer (abril). Sagrada Familia (15 de octubre). Penyes en Festes (1 de agosto). **Cuevas de San José**. ☎ 96 469 05 76. De 10.30 h. y de 15.30 h. a 18.30 h. **$** 1.000 ptas.

Se ha dicho que las tierras que hoy ocupa la Vall d'Uixó podrían ser el primer entorno habitado de toda la comarca. En los aledaños de la población numerosas excavaciones han puesto al descubierto establecimientos de distintas épocas, algunos con más de 10.000 años de antigüedad. Las zonas de la Font de Sant Josep y de la Punta d'Orleyl son las que ofrecen mayor abundancia de restos prehistóricos. En la primera se han encontrado objetos que sitúan a sus primeros pobladores en el neolítico, establecidos de forma un poco dispersa. En la Edad de Bronce los núcleos fueron consolidándose hasta experimentar una expansión en las posteriores etapas ibérica, prerromana e íbero-romana. Los romanos empujaron decisivamente su desarrollo agrícola.

En la zona, en torno a estos primitivos centros de población se han encontrado restos arqueológicos de los siglos VI y VII d.C., pertenecientes a una necrópolis hispano-visigoda, así como otros materiales de la época islámica y cristiana.

Durante la Edad Media, se delimitó el término de la villa y se estableció la institución para la representación municipal, con prohombres de todo el término como se hizo constar en la carta puebla otorgada en 1250.

Como tantas otras villas pasó de manos reales a manos de distintos señores feudales hasta la abolición de los señoríos jurisdiccionales a principios del siglo XIX.

Cuando en 1609 se expulsó a los moriscos, nuevos habitantes cristianos llegaron de las tierras castellonenses del Maestrat para repoblar la villa. El traslado de algunos menestrales comportó la aparición de la artesanía de los cordeleros y de los alpargateros en la Vall. Durante los siglos XVII y XVIII la población se duplicó y estableció alrededor de dos núcleos: el de Arriba con la parroquia del Ángel y el de Abajo con la dedicada a la Asunción. Estos dos núcleos se agruparon finalmente a mediados del siglo XIX. Es a causa de este peculiar proceso de urbanización que La Vall presenta hoy dos iglesias parroquiales. La artesanía de las alpargatas que llegó con la Reconquista, ha acabado siendo una de las princi-

Río subterráneo en las cuevas de San José.

pales fuentes de riqueza de la población, siendo hoy una industria pujante.

Al este de la población, en **el paraje de San José** y en el camino que llega hasta él, se encuentra la mayor parte de monumentos o puntos más importantes para comprender su historia. Es el caso del conjunto de **acueductos de San José y de L'Alcudia**. El primero construido por los romanos y utilizado hasta el siglo XX se levanta junto al otro, de factura medieval. En el paraje de San José –dentro del parque natural de la Sierra del Espadán–, al lado de la ermita de la Sagrada Familia (donde se ubica el **Centro de Información** y de **Exposiciones del Paraje San José**) se encuentra el **poblado íbero-romano** de San José, cuyo primitivo origen se remonta hasta la Edad del Bronce. Distintos elementos arquitectónicos de gran valor arqueológico están siendo recuperados para ser visitados.

El principal atractivo del paraje y, sin duda, de la Vall d'Uixó es, sin embargo, el **río subterráneo de las cuevas de San José**, también llamado Las Grutas de San José. Justo al principio de las grutas, un conjunto de pinturas rupestres esquemáticas en las paredes de las cuevas prueban la existencia de vida humana en su interior hace más de 15.000 años (paleolítico superior). En este maravilloso lugar privilegiado por la naturaleza el visitante podrá gozar de la belleza y exuberancia de las formas de las rocas en el interior de las cuevas **navegando** por las aguas del **río subterráneo** (el más largo de Europa) en pequeñas embarcaciones. Pequeñas playas de arena se van encontrando a lo largo del recorrido, en el que el visitante disfrutará de las espectaculares formas de la roca, bellamente iluminadas. Además, se han catalogado en esta zona algunas especies vegetales autóctonas muy peculiares, únicas.

Nules

➡ A NULES, 6 KM POR CTRA. COMARCAL.

2 Nules

Plaza Mayor, 1. ☎ 964 67 00 01. Virgen de la Soledad (1 de septiembre). San Bartolomé (24 de agosto). Museo Histórico del antiguo Marquesado de Nules: c. de la Sang, s/n. ☎ 96 467 08 62. Vi, de 18 a 21 h.

Tossal, Benicató (ruinas romanas que aún se pueden visitar), Alcudia, Torre Motxa, Santa Bárbara son los nombres de algunos de los anteriores establecimientos del término conocido, desde el siglo XII, como Nules.

Como una gran parte de las villas de la actual Comunidad Valenciana, Nules es de origen árabe, y tras la Reconquista de Jaime I estuvo en manos de varios señores feudales. La primera etapa de expansión de la villa fue en el siglo XIV, cuando gracias a las aguas del Millars se desarrolló la huerta y con este hecho se produjo un importante crecimiento demográfico. A finales del mismo siglo, como prevención ante los ataques contra Pedro el Cruel de Castilla, Pedro el Ceremonioso autorizó la fortificación de la ciudad. Otro momento significativo de su historia es durante la guerra de sucesión, en la cual la villa tomó partido por el pretendiente francés, consiguiendo de este modo el título de Muy Leal y Fidelísima por parte de Felipe V y evitó la brutal represión que sufrieron otras villas.

Los principales atractivos turísticos de Nules son la **iglesia de la Sang** (s. XVI, con planta de reconquista) que alberga el **Museo de Historia**; la ermita "El Fort" (s. XVIII) donde se encuentra el **Museo de Medallística** "Enrique Giner", la iglesia del antiguo convento de los carmelitas descalzos (s. XVII), y algunos edificios de finales del siglo XIX y principios del XX, de estilo eclecticista y modernista, como el Mercado Municipal (1934) o algunas casas de la plaza Mayor. En el Museo de Historia de Nules el visitante podrá reconocer en los muchos objetos que se exhiben, procedentes de excavaciones y hallazgos de la zona, los aspectos más destacados de la historia de esta ciudad. En 1995 se abría al público el otro museo de Nules, el de Medallística, situado en la bella ermita barroca de El Fort.

➡ A BURRIANA, 11 KM POR CTRA. COMARCAL.

3 Burriana

c. Mayor, 10. ☎ 964 57 07 53 San Blas (3 de febrero). Fallas (19 de marzo). La Misericordia (8 de septiembre). Museo Arqueológico y Comarcal de la Plana Baixa: Pza. de la Mercé, s/n. ☎ 964 51 00 10. Ma y ju, de 16 a 20 h.; resto de días, visitas concertadas. Museo de la Naranja: c. Mayor, 10. ☎ 96 451 54 15. De ma a do, de 10 h. a 14 h. y de 16 h. a 21 h.

La **parroquia del Salvador** es la iglesia más importante que se construyó en el siglo XIV en el territorio valenciano. La mandó construir **Jaime I** el Conquistador con una voluntad explícita de conmemorar las victorias ya conseguidas, y para mostrar a todos que la Reconquista no era una simple escaramuza, sino que gozaba de poder y fuerza para hacerla. Dedicar la parroquia al Salvador, cuando lo habitual era que se dedicara a Santa María, quería representar la manifestación de poder y gloria de Jesucristo. La monumentalidad y la calidad de factura del templo quería ser objeto de admiración y comparación frente a las humildes mezquitas que se alzaban en los pueblos de la zona. Otro acto del rey para mostrar su voluntad de establecer su dominio en estas tierras fue traer hasta Burriana a su mujer Violante de Hungría, donde se estableció durante una temporada. De hecho, se dice que en una urna sepulcral situada en una de las absidiolas de la iglesia del Salvador se encuentran los despojos del hijo abortivo del matrimonio real.

➡ A VILLARREAL, 6 KM POR CTRA. LOCAL.

4 Villarreal/Vila-Real

Plaza Mayor, 1. ☎ 964 54 70 00. San Pascual (del 14 al 23 de mayo). Virgen de Gracia (septiembre). Museu de la Ciutat Casa Polo: Joan Fuster, 33. ☎ 964 53 58 59. De ma a vi, de 10 h. a 13 h.; sa, do y festivos, de 11 h. a 14 h. Museo Etnológico: Joan Fuster, 33. ☎ 964 53 58 59. De ma a vi, de 10 h. a 13 h.; sa, do y festivos, de 11 h. a 14 h.

Villarreal, nacida bajo el período de la ocupación musulmana, obtuvo el título de villa en 1274, por orden de Jaime I. Su nombre Vila-real o Villarreal de los Infantes responde a la voluntad del monarca de construir en ella una residencia para sus hijos.

La ciudad es hoy en día la segunda ciudad de la provincia en número de habitantes. La tradicional **artesanía azulejera** se convirtió en una industria pujante durante el desarrollismo de los 60 y 70, con el boom del turismo y de la construcción. La ciudad que el visitante puede conocer ha crecido a través de los siglos alrededor de su **núcleo medieval amurallado** —una estructura urbanística rectangular con dos ejes que en el punto central trazan los dos lados de una bella **plaza mayor** porticada con arcos de cuatro tipos distintos—. La plaza, una de las pocas de estas características que se conservan en la Comunidad Valenciana, fue declarada conjunto histórico-artístico en 1974. Restos de un foso, algunas torres en las esquinas de la muralla (torre Motxa) y puertas fortificadas son los vestigios urbanos que este municipio conserva de su pasado medieval. Muchos de los monumentos que se pueden contemplar en Villarreal fueron levantados en el siglo XVIII. Esta centuria fue para la villa, igual que para buena parte de Europa, un período de grandes acontecimientos y cambios. En 1706 la ciudad era saqueada por el ejército borbónico del conde de las Torres como venganza a la posición adoptada por la ciudad en la guerra de Sucesión. A mediados de siglo la villa vivía su época de máximo esplendor, con el desarrollo del tráfico marítimo dedicado a la importación y exportación, sobre todo de tejidos (seda y cáñamo), y en 1786 se iniciaba una etapa de decadencia que continuaría durante la primera mitad del siglo siguiente: motines, revolución, guerra (la invasión napoleónica, la represión absolutista, la primera guerra carlista). Las plantaciones de naranjos de mediados del siglo XIX supusieron el inicio de la recuperación y expansión.

La visita a la ciudad pasa por conocer monumentos y edificios como la bella **iglesia arciprestal de San Jaime**. Levantada entre 1752 y 1779, parte de una planta barroca estructurada en tres naves de igual altura, con capillas entre los contrafuertes, cubiertas por bóvedas de arista. De la cubierta destaca la cúpula sobre tambor situada en el cruce de ejes. El campanario, de base octogonal, es lo que se conserva de la antigua iglesia medieval sobre la que se construyó ésta. La visita al interior del templo permite conocer un museo en el que se conservan valiosas piezas litúrgicas como un retablo gótico dedicado al Salvador (de pastera) de Páolo di Santo Leocadio, seis tablas del mismo autor, una tabla de Juan de Joanes con imagen de san Vicente Ferrer, una custodia gótica de plata sobredorada de Francisco Cetina, un cáliz de plata o un relicario de plata sobredorada.

Otros edificios religiosos de la ciudad son la **iglesia de la Sangre** (s. XVI), con un bello arco de medio punto decorado con motivos referentes a la Pasión, y el convento del Carmen (s. XVII), del que destaca su claustro de estilo manierista, y su iglesia, de una sola nave y con una cúpula decorada con pechinas, y la interesante capilla de la Comunión, de planta ovalada, cubierta por una gran cúpula. Hoy en día el convento es ocupado por monjes franciscanos.

El **santuario de San Pascual Baylón**, dedicado al patrón de la ciudad, sufrió grandes destrozos y saqueos durante la guerra civil española, de modo que el templo que hoy se puede contemplar es una reconstrucción reciente del original (se terminó en 1974). En su interior, se conservan los restos de san Pascual Baylón, fallecido en la villa el año 1592, y posteriormente beatificado y canonizado.

En la plaza Mayor, dedicada a Jaime I el Conquistador, como se puede observar en la estatua en honor a este monarca, se mantiene en pie el llamado **Hostal del Rey**, donado a la ciudad por Pedro el Ceremonioso.

El visitante que quiera admirar una interesante tabla medieval del Maestro de los Perea, debe dirigirse al salón de Sesiones del Ayuntamiento.

A unos dos kilómetros del centro urbano se encuentra **el Museo Etnológico**, alojado en el ermitorio de la Virgen de Gracia, en un paraje natural extraordinario a orillas del río Mijares. El edificio destaca por la decoración renacentista barroca de su oratorio, y el museo por la importante colección de azulejería medieval, renacentista y barroca, la colección de herramientas y utensilios e incluso de trajes y vestidos de distintas épocas.

Otros elementos interesantes que perviven de la historia de Villarreal son el **acueducto romano Els Arquets** (s. III); el puente medieval sobre el río Mijares (s. XIII); la casa de l'Oli (s. XV) levantada sobre las antiguas murallas y con una llamativa sala de arcos góticos; la denominada casa de Música (s. XVIII), donde tienen su sede distintas asociaciones musicales; o edificios de principios del siglo XX, como el gran casino, construido en la línea barroca de moda en la Exposición de 1910, o el Auditorio Municipal de estilo ecléctico (1923). En la **casa Polo**, además, se puede visitar el **Museo de la Ciudad** dedicado al músico y compositor Francisco Tárrega y a los pintores Gimeno Barón y José Gumbau.

➔ A BETXÍ, 11 KM POR CTRA. LOCAL.

5 Betxí

Plaza Mayor, 1. ☎ 964 62 00 02. Santísimo Cristo de la Piedad (17 de septiembre). San Antonio (17 de enero). Museo Etnológico Municipal: camino de Onda, s/n. ☎ 964 62 00 02. A concertar.

Los principales atractivos de Betxí son su **Museo Etnológico Municipal**, en el que se hace un recorrido por la historia y tradiciones de la villa, el palacio de los Marqueses de Ariza y el Ayuntamiento. En cuanto a edificios religiosos destacan la ermita de San Antonio, la iglesia parroquial, o la iglesia de Nuestra Señora de de los Ángeles.

➔ A ONDA, 10 KM POR CV-10 Y CV-20.

6 Onda

c. Cervantes, 8. ☎ 964 77 18 40. Santísimo Salvador, Virgen de la esperanza

Castillo de Onda.

y San Roque (a partir del 18 de agosto). **Iglesia Nª Sª de la Asunción:** plaza de la Iglesia, s/n. ☎ 964 60 08 42. En horas de culto. ✝ De lu a sa, a las 8.30 h. y 19.30 h., y do y festivos, a las 8.30 h., 10.30 h., 11.15 h., 12.30 h. y 19.30 h. **Castillo.** ☎ 964 76 66 88. De ma a do, de 11 h. a 14 h. y de 17 h. a 20 h.; cierra los lu. **Museo del Azulejo:** c. Cervantes, 6. ☎ 964 77 08 73. Invierno (de octubre a mayo): de ma a vi, de 10 h. a 13 h.; y sa, do y festivos, de 11 h. a 14 h. y de 17 h. a 20 h.; verano (de junio a septiembre): de ma a vi, de 10 h. a 13 h. y de 18 h. a 20 h.; y sa., do y festivos, de 10 h. a 14 h. y de 17 h. a 20 h.; cierra los lu. Visitas guiadas en grupo previa concertación. **Museo del Carmen:** ctra. de Tales, s/n. ☎ 964 60 07 30. De marzo a mayo: de ma a do, de 9.30 h. a 14 h. y de 15.30 h. a 19.30 h.; de octubre a febrero: de ma a do, de 9.30 h. a 14 h. y de 15.30 h. a 19 h.; de junio a septiembre: de ma a do, de 9.30 h. a 14 h. y de 15.30 h. a 20 h.; cierra los lu (excepto festivos) y del 20 de diciembre al 6 de enero (ambos inclusive). **$** 650 ptas.

Plaza del Almudín, en Onda.

La villa de Onda conserva trazos de su historia y de los distintos ocupantes que vivieron en ella, y la convirtieron en la población que es hoy. Los orígenes se remontan hasta los romanos, por lo que se ha podido deducir de los restos encontrados (como una lápida sepulcral con una inscripción latina utilizada para la construcción de la Font del Sabater). El trazado urbano del **casco antiguo** que aún hoy se puede contemplar hay que agradecerlo a los musulmanes. Callejuelas estrechas y pequeñas plazas de formas irregulares conservan buena parte del sabor islámico que tuvieron hace unos cuantos siglos. Tras la Reconquista la mayoría de las viviendas se rehicieron en estilo gótico. Sin embargo, es posible encontrar algunas casas con vestigios de la época árabe. Es el caso, por ejemplo de una casa palaciega de la calle de la Plaza de San Cristóbal, en cuyo interior se ha conservado un patio central de andenes y un magnífico conjunto de yeserías musulmanas. Además, es interesante pasear por el **barrio de la Morería**, en el que se instalaron los árabes después de ser expulsados de la medina o centro de la ciudad, cuando los cristianos ocuparon sus casas. El barrio constituye un recinto cerrado sobre sí mismo, en cuyo centro se alzaba originariamente una mezquita, en el lugar en el que hoy está la capilla de San Vicente. Pero no sólo los árabes contribuyeron a la creación de esta ciudad, también tuvieron su peso en la historia de Onda los judíos. La plaza de la Sinagoga fue en la Edad Media el eje principal del barrio judío. Así pues, vale la pena calzarse bien, porque un recorrido por el casco antiguo de Onda, declarado conjunto histórico-artístico y bien de interés cultural en 1967, es rico en sorpresas y atrayente en cada uno de sus rincones. La **plaza del Almudín** o **Font de Dins** es el elemento más característico del casco antiguo. Se trata de una de las pocas plazas medievales porticadas que quedan en el Estado. Fue construida en estilo gótico el siglo XV. El portal de Sant Pere (1578), un arco de medio punto, es uno de los vestigios que la villa conserva de su antigua muralla. En la parte interior se contempla un pequeño altar dedicado a San Pedro. Fuera de las dovelas se puede ver el relieve de un escudo con siete barras y la corona real.

Onda, se distingue desde la lejanía por la el **castillo** que la corona. Esta fortaleza de origen árabe (también se ha dicho que podría ser romana) fue llamada "de las 300 torres" a raíz de la descripción del cronista medieval, Ramón Muntaner: "En el castell d'On-

Capilla de San Vicente, en el barrio de la Morería.

da ai tantes torres com dies ha en l'any". Los orígenes de la fortaleza-ciudad datan del siglo X. Aparece citada en el **Poema del Mío Cid**. Dos partes: la medina (o ciudad civil) y el castillo o ciudad político medieval, conformaban el recinto. El acceso a la segunda se realiza por una puerta flanqueada por dos torres cilíndricas. Este espacio era el destinado a las funciones defensivas y de protección de la población y del ganado en momentos de ataques externos. En la zona más elevada del castillo, se encontraba la ***al-kassaba***, la residencia del alcaid (el oficial del sultán). Posteriormente, la construcción alojó al comendador de la orden de Montesa, y a los sucesivos gobernadores. Su estratégico emplazamiento convirtió el castillo y su recinto en plaza fuerte durante toda su historia, en la guerra con Castilla (1357-65), en la guerra de Germanías (1519-24), en la invasión napoleónica (fue ocupado), en las guerras carlistas, e incluso durante la Guerra Civil española.

En cada uno de estos acontecimientos bélicos, algunas partes fueron derruidas. Lo que era la estructura de la fortificación musulmana se encuentra soterrada bajo la actual muralla. Lo que el visitante puede contemplar en la actualidad pertenece al período carlista, en el que fue reconstruido. A principios del siglo XX, una comunidad de carmelitas instaló en el lugar una escuela y una iglesia.

Colegio de los Carmelitas, en Onda.

Museo del Carmen, en Onda.

Aparte de interesantes edificios Onda goza de dos destacados museos: el de **Ciencias Naturales** y el de Cerámica.

El primero, alojado en el **convento del Carmen**, muestra una completísima colección de minerales (más de 2.000), fósiles (unos 500) y miles de especies vegetales y animales. Un auténtico goce para los amantes de la naturaleza.

En Onda, convertida hoy en uno de los principales centros azulejeros de la Península, se encuentra también el **Museo de la Cerámica**. En él se recoge la tradición azulejera de la zona, con una remarcable colección que va desde piezas de estilo gótico hasta producciones contemporáneas. Del total de 8.000 que se exhiben en el museo, destacan especialmente las piezas de azulejería decimonónica y modernista.

Los visitantes que quieran sumergirse y conocer a fondo la rica historia de Onda pueden acercarse hasta el **Museo de Historia**, situado en el número 8 de la calle Cervantes. En él se pueden admirar además de otros objetos y obras de arte de distintas épocas, unas extraordinarias yeserías árabes.

Uno de los principales edificios religiosos de la población es la **iglesia de la Asunción**, construida el siglo XVIII en estilo barroco. Adosada a ella está la capilla de la Comunión, decorada con frescos de José Vergara. En el interior de la iglesia se conservan un retablo de **Juan de Joanes** dedicado a san Antonio y a santa Bárbara, y el retablo de las Almas (s. XVI) atribuido al Maestro Cabañes.

Otro templo de Onda, situado en el lugar que según se dice predicó san Vicente Ferrer en su visita a la villa el año 1412, es la **capilla de San Vicente Ferrer**. Destaca su cúpula de media naranja que ofrece una iluminación natural superior. En las pechinas se admiran unos frescos con los Santos de la orden de los Dominicos. Del exterior, merece la pena fijarse en la cubierta de teja de cerámica vidriada de color azul, y en la fachada un panel de cerámica del s. XIX dedicado al santo titular.

Otra **capilla** interesante es la de **San José**, del s. XVIII. Su estructura, de planta cuadrada con una cúpula semiesférica es muy parecida a la anterior. La cubierta está acabada también con tejas cerámicas vidriadas, y la fachada es presidida por un panel cerámico devocional.

El edificio más antiguo que se conserva en Onda es la **iglesia de la Sang** o de Santa Margarita. Fue construida a mediados del siglo XIII a instancias de los monjes-caballeros de la orden del Temple. Es un buen ejemplo de la transición del estilo románico al gótico. Una única nave con cuatro tramos es cerrada por una cubierta de madera, de estilo mudéjar. En el interior las vigas del techo están decoradas por escudos heráldicos pintados.

➡ A RIBESALBES, 7 KM POR CV-191.

7

Ribesalbes

pza. Nova, 1. ☎ 964 62 50 01. Sant Cristòfol (10 de julio). Fiesta Mayor de la Virgen del Rosario (8 de octubre). Museo de Cerámica: c. Escoles, s/n. Mi, de 9 h. a 14 h.; sa, de 9 h. a 14 h. y de 16 h. a 19 h.; do, de 10.30 h. a 13.30 h.

Ribesalbes, igual que Berita y Trutxelles, fueron en su origen alquerías árabes que tras la Reconquista pasaron a estar bajo la jurisdicción del castillo de Onda. La reiteradamente citada expulsión de los moriscos del siglo XVII comportó una pérdida de más de la mitad de su población. A finales del siglo siguiente, para impulsar el desarrollo de la villa, se instaló en Ribesalbes una fábrica de cerámica que imitaba los excelentes diseños de la de L'Alcora. En el **Museo de Cerámica** de la población se pueden admirar las piezas que esta fábrica produjo en sus distintas fases, muchas de las cuales el visitante podrá adquirir, pues siguen fabricándose, en el propio Ribesalbes.

El paso del **río Mijares** por el término ha sido otro foco de desarrollo de Ribesalbes, especialmente desde la construcción del pantano de Sitjar, con 52 hectómetros cúbicos de capacidad. En las cercanías del pantano el visitante podrá gozar de distintas **actividades en contacto con la naturaleza** de este singular paraje: excursiones a pie o a caballo, la observación de las especies de aves...

➡ A L'ALCORA, 10 KM POR CV-191.

8

L'Alcora

c. San Francisco, 5. ☎ 964 36 00 02. Santo Cristo del Calvario (último domingo de agosto). Museo de Cerámica: c. Teixidors, 5. ☎ 964 36 23 68/36 00 02. De ma a do, de 11 h. a 14 h.; ampliación de horario en Pascua, en julio y en agosto: de 17 h. a 20 h.; cierra los lu no festivos (lu festivo, cierra el ma). Visitas guiadas en grupo previa concertación. Iglesia Nª Sª de la Asunción: Plaza de la Iglesia, 6. ☎ 964

Ermita de San Cristóbal, en el Calvario de L'Alcora.

36 24 66/36 07 86. En horas de culto. † De lu a sa, a las 19.30 h., y do y festivos, a las 8.30 h., 11 h. y 12.30 h.

'EL CACHARRERO'

A partir de 1760, la cerámica de L'Alcora introduce dos series con una decoración más discreta, dirigida a sectores más amplios de la sociedad y comercializada en mercados ambulantes. Sus denominaciones son: el Ramito y el Cacharrero. Esta última se caracteriza por grupos de frutas (peras y manzanas) rodeadas con hojas y fue bautizada así por el cuadro de Goya del mismo título.

La **cerámica valenciana** que más renombre internacional ha adquirido en los últimos 300 años es la de L'Alcora, un nombre que representa por sí solo un estilo único en el mundo. La inauguración en 1727 de La Muy Noble y Artística Cerámica de Alcora, levantada por el Conde de Aranda, introdujo esta localidad en los circuitos internacionales de la cerámica de alta calidad, alejándola del estilo español y enlazándola con Marsella, Nervers, Rouen o Moustiers.

Cora, palabra árabe que significa jurisdicción o término de un castillo o villa, indica el origen de L'Alcora, conocida desde los siglos XVIII y XIX por su cerámica de estilo único. En la cerámica alcorana se distinguen 4 etapas: en la primera (1727-1749) son muy claras las influencias francesas y las formas barrocas; en la segunda (1749-1798) se introducen elementos autóctonos y aumenta la policromía; en la tercera (1798-1858) aparece el tema de la Fauna de Alcora, y se vuelve a una austeridad decorativa, y en la cuarta (1858-1895) se produce un importante declive: los herederos de el Conde de Aranda venden la fábrica a unos particulares y se comienza a hacer una producción para el comercio más masivo y de piezas más funcionales que decorativas.

De todos modos, el auténtico despegue de la cerámica industrial de L'Alcora no se daría hasta el siglo XX, cuando se empezaron a abrir nuevas fábricas, y muy especialmente en la década de los 60, cuando el período desarrollista del franquismo potenció la construcción masiva de viviendas y de apartamentos orientados al turismo. En ese momento las fábricas de azulejos de L'Alcora alcanzaron sus máximas cifras de producción.

En el **Museo de la Cerámica** de L'Alcora, ubicado en un bello edificio en el casco antiguo de la villa, recoge toda la trayectoria de la cerámica desde sus inicios. El edificio, cuyas paredes lucen a su vez interesantes azulejos de principios del siglo XX, consta de tres pisos estructurados alrededor de un patio interior. En la planta baja se realizan exposiciones temporales; en la primera planta se muestran piezas de la Real Fábrica del Conde de Aranda desde sus inicios hasta la actualidad, y en la tercera se pueden ver las piezas ganadoras del Concurso Nacional de Cerámica que el Ayuntamiento de L'Alcora convoca anualmente.

El **Museo de Artes Decorativas** Vicente Mallol Moliner muestra el proceso de elaboración de la cerámica artística tradicional típica de la villa.

Los restos del **castillo** del Alcalatén, en la actualidad en proceso de restauración, se levantan sobre un promontorio desde el siglo X. A sus pies está la **ermita del Salvador**, del siglo XIII, antiguamente perteneciente al Señorío del Alcalatén. Se trata de una construc-

Detalle de la puerta de la iglesia de Ntra. Sra. de la Asunción, en L'Alcora.

Piezas del Museo de Cerámica de L'Alcora.

ción hecha en mampostería, como la portada románica, con elementos propios del llamado estilo de la reconquista.

Otras ermitas interesantes de la población son **la ermita del Calvario**, del siglo XVII, con una fachada decorada con un mural de azulejos que representa la crucifixión; la **ermita de San Cristóbal**, también del siglo XVII desde donde se divisan bellas vistas del término, y la **ermita de San Vicente**, en la que destacan la cúpula sobre pechinas, tambor y linterna, los azulejos de la Fábrica del Conde de Aranda que decoran el presbiterio, y las yeserías dieciochescas que ornamentan sus muros.

Además de las ermitas, L'Alcora cuenta con dos interesantes iglesias: **la de la Sang (s. XVI) y la iglesia parroquial de Nuestra Señora de la Asunción**, originariamente gótica con remodelaciones en clave renacentista.

Estatua del Conde de Aranda, en L'Alcora.

➔ A MONTANEJOS, 51 KM POR CV-190

9

Montanejos

pza. de España, 1. ☎ 964 13 10 32. Virgen del Rosario, Virgen de los Desamparados y Sagrado Corazón (A partir del 1er domingo de septiembre). San Santiago (25 de julio).

Vista general de la población de Montanejos.

Seguramente los primeros pobladores de lo que hoy es Montanejos, un pueblecito de unos 400 habitantes, quedaron tan admirados del **entorno natural** que ofrecía el lugar como hoy puede apreciarlo el visitante que se acerca hasta aquí. El río Mijares, en su paso por Montanejos, llevando sus aguas por entre imponentes desfiladeros (como el de Chillapájaros), barrancos (el de la Moimona) y gargantas, va creando **piscinas naturales**. Las aguas de las más de 50 fuentes (la de Zorrica o la de los Baños) y manantiales (algunas manan a 25 °C, otras son minero-medicinales...) constituyen un importante atractivo de la villa. Montanejos acoge todos los fines de semana y períodos vacacionales a numerosos visitantes dispuestos a gozar del paisaje, escalar las paredes rocosas de sus barrancos, beber sus aguas, o sanar algunas enfermedades en el Balneario de Montanejos (terapias dermatológicas, estomacales, etc.).

➔ A SEGORBE, 35 KM POR CV-125 Y N-234.

10

Segorbe ☼☼

c. Marcelino Blasco, 54. ☎ 964 71 32 54. Virgen de la Esperanza, Loreto y la Cueva Santa (quince días a partir del último sábado de agosto). Museo Diocesano: c. Santa María, s/n. ☎ 964 71 10 14/71 04 29. De ma a do, de 11 h. a 13 h.; lu cerrado. A las 11 h., 11.30 h., 12 h. y 12.30 h. $ 400 ptas. Catedral: c.

Alrededores de Segorbe.

Puerta de la catedral de Segorbe.

Santa María, s/n. ☎ 964 71 10 14/71 04 29. En horas de culto. Invierno: de lu a vi, a las 10 h. y a las 19.30 h.; sa. y vísperas de festivos, a las 10 h., 19.30 h. y 20 h., y do a las 10 h., 17.30 h. y 19.30 h; verano: de lu a vi., a las 10 h. y 20 h.; sa y vísperas de festivos, a las 20 h., y do, a las 17.30 h. y 20 h. Museo Arqueológico y Etnológico: c. Colón, 86. ☎ 964 71 32 54. Sa, de 10 h. a 14 h. y de 17 h. a 21 h. y do, de 10 h. a 14 h.; cierra de lu a vi. Visitas guiadas en grupo previa concertación.

Segorbe, ciudad episcopal que algunos estudiosos asocian con la antigua *Segobriga*, estaba considerada una de las ciudades más importantes de la provincia musulmana de Toledo durante la dominación árabe. Poco después de la conquista de Jaime I, en 1245, fue convertida en sede episcopal.

Su situación geográfica, en plena sierra de Espadán, la convierte además en una población con aspectos propios del territorio aragonés y otros característicos de la cultura valenciana.

El monumento más significativo de la ciudad es su **catedral**. Cruzando la reformada portada del templo, de trazos sobrios y academicistas, merece la pena pasear por el claustro gótico del interior. En el claustro, además de poderse contemplar unas interesantes bóvedas ojivales, está el Museo Diocesano, en el que el visitante podrá gozar de obras de raíz flamenca e italiana, de lienzos de Camarón, **Vicente López** y **Ribalta**, de interesantes retablos, o la importante colección de tablas góticas.

El **Museo Municipal** está ubicado en un edificio de finales del siglo XVIII que ha tenido múltiples usos a lo largo de la historia (cárcel, cuartel militar, juzgados...). En él se expone la historia de la ciudad desde sus orígenes, con restos arqueológicos encontrados en los aledaños y objetos y herramientas utilizados tradicionalmente. En la fachada del edificio destaca una fuente ornamental.

Otra fuente curiosa en el municipio es la **fuente de los 50 caños** o de las 50 provincias, en la que el agua mana sin cesar por sus 50 espitas.

De la **muralla** que en la Edad Media trazaba los límites de la ciudad sólo se conservan hoy en día un lienzo en la calle del Argén y dos torres defensi-

Fuente de los 50 chorros en Segorbe

Relieve de Donatello en el Museo Diocesano de Segorbe.

LA VIRGEN DE LA CUEVA

El santuario de la Virgen de la Cueva Santa está a 20 metros de profundidad. En 1955, el papa Pío XII la proclamó patrona de los espeleólogos. La canción infantil "que llueva, que llueva, la Virgen de la Cueva" hace referencia a esta capilla. Para ir desde Segorbe (14 km): carretera C-224, dirección Altura y Alcublas.† De lu a vi, a las 12 h.; sa, a las 18 h., y do, a las 13 h.

Puerta del Verdugo en Segorbe.

vas, la torre del Botxí (del verdugo) y la torre de la Cárcel (ambas del siglo XIV).

Algunas construcciones civiles interesantes de Segorbe son **el Ayuntamiento** (s. XVI), antiguo palacio de los Duques de Segorbe; el antiguo Hospital (finales del s. XVIII), construido con los materiales restantes del derribo del castillo-alcázar de la Estrella, y en el que destaca un claustro central con decoración neoclásica; y los arcos ojivales que se mantienen en pie del antiguo acueducto.

En lo que respecta a edificios religiosos Segorbe cabe destacar la **iglesia de San Pedro** (s. XIII), quizá la más anciana, pese a las muchas modificaciones que ha sufrido sobre su inicial estilo de Reconquista. La **iglesia de San Martín** (s. XVII) ocupa el espacio donde anteriormente estaba un beaterio del que se conserva el retablo de **Jacomart**, dedicado al santo titular. En su interior, además, se pueden contemplar cuadros de **Ribalta** y de otros pintores del s. XVII. La iglesia de **San Joaquín** y **Santa Ana** (s. XVII), que perteneció al monasterio de los Mercedarios, es una buena muestra de la arquitectura barroca recargada en Segorbe. La **iglesia de Santa María** (s. XVII), que sigue las pautas constructivas de la Compañía de Jesús, y el Seminario (s. XVIII), la **iglesia del antiguo Colegio de los Jesuitas**, de estilo gótico, con un interior más bien sobrio, completan el repertorio de presencia arquitectónica religiosa de la ciudad.

Olivo en flor, en los campos de Segorbe.

➜ A ALTURA, 3 KM POR CV-245.

11 Altura

avda. Santuario, 2. ☎ 964 14 63 04. San Miguel y la Virgen de Gracia (29 y 30 de septiembre).

La villa de Altura es de origen árabe, como se puede reconocer en el trazado de calles estrechas con casas encaladas de su **casco antiguo**. Sin embargo, la historia de la villa transcurre estrechamente ligada a la fundación en 1385 de la **cartuja de Valdecristo**, por parte del rey Martín el Humano.

Las ruinas del conjunto de la cartuja, a un kilómetro del pueblo, se conservan lo suficiente para permitir al visitante hacerse una idea bastante clara de la importancia que tuvo en su momento y de su riqueza constructiva. Por ella pasaron como priores personajes ilustres (Luis Mercader, confesor de Fernando el Católico, Bonifacio Ferrer, prior general de la orden Cartujana, y el Padre Alfaura). Asimismo, fue utilizada como residencia real. Los distintos espacios sirvieron a la comunidad religiosa hasta 1835, cuando fueron exclaustrados, bajo el reinado de Isabel II. El visitante puede observar, en los elementos que se conservan, trazos de estilo gótico y neoclásico. Las estancias en mejor estado son la **iglesia de San Martín,** la fachada de la iglesia Mayor, parte del claustro Mayor, el claustro de San Jerónimo y las cocinas.

La **iglesia parroquial de San Miguel** es el otro edificio religioso destacable de Altura. Merece la pena contemplar en su interior una imagen de la Virgen de Gracia del siglo xv.

Cúpula acabada con teja de cerámica vid riada azul de la iglesia parroquial.

Cerca del pueblo se han encontrado vestigios de antiguos poblados desde el Neolítico. También se pueden apreciar muestras de la arquitectura popular en las numerosas masías que salpican el paisaje.

Santuario de la Cueva Santa, en el término municipal de Altura.

➜ **AL SANTUARIO DE LA CUEVA SANTA, 9 KM POR CV-245.**

12 Santuario de la Cueva Santa

ℹ (Altura). ☎ 964 14 63 04.

Dentro de el término municipal de Altura, a unos 12 kilómetros de núcleo urbano, está el popular santuario de la Cueva Santa (a 850 m de altitud). Su peculiar ubicación en el interior de una cavidad natural lo convierte en un atractivo destino de excursiones. En su interior aloja un relieve hecho en alabastro atribuido a **Bonifacio Ferrer**. Cada año se celebran diversas romerías desde distintos pueblos de la comarca.

GUÍA PRÁCTICA

RESTAURANTES

L'Alcora

Sant Francesc: avda. de Castelló, 19. ☎ 96 436 09 24. *Cierra sábados y domingos en julio y agosto.*

Lago Azul: ctra. Alcora, km 19,5. ☎ 964 38 60 68. *Cierra los domingos.*

Onda

El Cid: Pasaje Alguero, 13. ☎ 964 60 00 45. *Cierra por la noche excepto los viernes y sábados.*

Segorbe

María de Luna: c. Monseñor Romualdo Amigó, 9. ☎ 964 71 36 01. *Cierra los lunes.*

Los Artesanos: Pantano de Regajo. Jerica. ☎ 964 71 22 39. *Situado en un bello paraje. Cocina regional.*

Vall d'Uixó

La Gruta: Cuevas de San José. ☎ 964 66 00 08. *Cierra los lunes, expto durante el mes de agosto. Pintoresco restaurante instalado en plena roca. Especialidad en carnes y pescados.*

La Cova: Paraje San José. ☎ 964 66 34 94. *Especialidad en arroces.*

Nules

Barbacoa: ctra. de Burriana, s/n. ☎ 964 67 05 04. *Cierra los domingos y los lunes por la noche y en agosto. Especialidades en carne. Es recomendable degustar el chuletón de Ávila y los pimientos de piquillo rellenos a la crema.*

Burriana

El Morro: Escollera de Poniente, s/n. ☎ 96 458 60 33. *Magníficas vistas al mar. Especialidad en arroces, pescados y mariscos.*

A Bordo: avda. del Mediterráneo, 36. ☎ 964 58 57 21.

Club Náutico: zona del Puerto. ☎ 964 58 59 05. *Cocina especializa en arroces y pescados.*

Villarreal

As Rías: Francisco Tárrega, 59. ☎ 964 53 72 89. *Cocina mediterránea.*

Ihintza: Pío XII, 31. ☎ 964 52 75 41. *Especialidades vascas.*

ALOJAMIENTO

Hoteles

L'Alcora

L'Alcora**: Camino San Vicente, 5. ☎ 964 36 24 28.

Segorbe

María de Luna***: avda. Comunidad Valenciana, 2. ☎ 964 71 13 13.

Millán**: ctra. Sagunto-Burgos, km 22,5. ☎ 964 13 52 25.

Hotel Navas Altas*: avda. Rodríguez Fornós, 3. Navajas. ☎ 964 71 09 66. *Hotel sencillo pero agradable.*

Vall d'Uixó

Belcaire***: ctra. Chilches, s/n. ☎ 964 69 00 32. *Abierto todo el año. Con servicio de cafetería y restaurante.*

Nules

Pepes P*: Constitución, 144. ☎ 964 70 03 32.

Burriana

Aloha**: avda. Mediterráneo, 75. ☎ 964 58 50 00. *Su restaurante cierra los domingos por la noche excepto en verano.*

Villarreal

Hotel Vila-real Palace****: c. Arcadi García Sanz, 1. ☎ 964 50 66 00. *Hotel de categoría superior con todas las comodidades.*

Betxí

Zapri P*: Asunción Franch, 12. ☎ 964 62 03 90.

Montanejos

Xauen**: avda. Fuentes Baños, 26. ☎ 964 13 11 51. *Cierra del 1 de febrero al 30 de noviembre. Situado en un entorno privilegiado, rodeado de montañas y junto al manantial de Fuentes Baños.*

Rosaleda del Mijares**: ctra. de Tales, 28. ☎ 964 13 10 54. *Cierra del 20 al 27 de diciembre. Situado a orillas del río Mijares y con excelentes vistas. Muy cerca del manantial de Fuentes Baños. Gran oferta de deportes de aventura.*

Altura

Victoria: avda. Valencia, 64. ☎ 964 14 66 57. *Hotel-restaurante.*

Campings

Nules

Mini Cámping Las Huertas (1ª): playa de Nules. ☎ 964 67 50 09. *Abierto todo el año. Paisaje de naranjales. Arbolado de eucaliptos.*

Altura

Municipal de Altura (2ª): ctra. Requena-Segorbe, km. 19. ☎ 964 14 70 89. *Abierto en Semana Santa y entre el 15 de junio y el 30 de septiembre.*

Segorbe

Monte San Blas (1ª): Monte de San Blas, s/n. ☎ 964 71 11 81.

Saguntum y la cartuja de Porta-Coeli

Ricas civilizaciones han ocupado la Comunidad Valenciana: íberos, cartagineses, romanos, árabes y finalmente la conquista cristiana de Jaime I. Sagunto es un conglomerado de todas ellas. Mientras Paterna guarda la mejor cerámica árabe, Manises permite seguir la evolución de esa artesanía hasta hoy. El Puig y la cartuja de Porta-Coeli transportan al visitante a la época inmediatamente posterior a la Reconquista y el mirador del Garbí permite contemplar en una sola panorámica gran parte de este recorrido.

ITINERARIO
1 DÍA / 81 KM

EL PUIG → Sagunto	**8 km**
Sagunto → El Garbí	**28 km**
El Garbí → Cartuja de Porta-Coeli	**5 km**
Cartuja de Porta-Coeli → Burjassot	**21 km**
Burjassot → Paterna	**3 km**
Paterna → Manises	**4 km**
Manises → Torrent	**12 km**

Monasterio de Santa María de El Puig.

Huertos de naranjos en El Puig.

1 El Puig ☼

pza. del País Valencià, 1. ☎ 96 147 00 03. La Virgen del Puig (1er do de septiembre). Monasterio de El Puig. † De lu a do, a las 8.30 h. y a las 19.30 h. y festivos también a las 12 h. y a las 12 h. (excepto en verano, sólo a las 20 h.) Museo de la Imprenta y de la Obra Gráfica: c. Pintor Peiró, 16. ☎ 96 147 02 00. Invierno: de ma a sa, de 10 h. a 13 h. y de 16 h. a 19 h. Verano, de ma a sa, de 10 h. a 13.30 h. y de 16.30 h. a 19.30 h.; vísperas de festivos, de 16 h. a 19 h.; cierra los lu no festivos. $ 300 ptas.

El Puig es una población agrícola, entre naranjos y hortalizas, situada sobre las dos únicas colinas al norte de la huerta valenciana. Debe su origen al interés estratégico del lugar. Los árabes tenían en ella una fortaleza para defender Valencia hasta que llegó el rey Jaime I en 1237 y montó su campamento para preparar la conquista de la capital, que tuvo lugar el año siguiente. En conmemoración al lugar donde se fraguó el Reino de Valencia, Jaime I fundó el monasterio de Santa María del Puig, bajo tutela mercedaria, que es hoy un símbolo histórico para los valencianos y el lugar de residencia de los reyes cuando visitan la capital.

El cenobio fue declarado en 1969 monumento histórico artístico-nacional.

Mientras se acerca al majestuoso monasterio el visitante podrá divisar en lo alto de una pequeña colina las cuatro imponentes torres que se encuentran en cada esquina de esta construcción.

En el siglo XIV, se levantaba bajo los criterios propios del estilo gótico de la época la iglesia santuario Virgen del Puig. Consta de tres naves, siendo la central la de mayor altura. Merece la pena fijarse en los bellos arcos ojivales y la bóveda de crucería que se utilizaron para resolver la cubierta. Más tarde, entre los siglos XVI y XVIII, al rehacerse el monasterio, se introducían en la construcción elementos barrocos.

En las cercanías de El Puig, otro espacio para el desarrollo del culto religioso era la cartuja de Ara Christi. Construida en el siglo XVI cayó en un proceso de deterioro definitivo en 1835 con la desamoritzación. Actualmente lo que queda de ella está integrado en un complejo recreativo de propiedad privada.

➜ A SAGUNTO, 8 KM POR CTRA. COMARCAL Y N-340.

2 Sagunto ☼☼☼

pza. Cronista Chabret, s/n. ☎ 96 266 22 13. Nuestra Señora del Buen Suceso (do anterior anterior a la festividad de Santiago: 25 de julio). Santos Mártires Abdón y Senén (30 de julio). Museo Arqueológico: Castillo, s/n. ☎ 96 266 55 81. De lu a do, de 10 h. a 17 h. Iglesia de Santa María: Plaza Mayor, 9. ☎ 96 266 00 89/266 13 53. † De lu a vi, a las 8 h., 9 h. y 20 h.; sa, a las 20 h. y do, a las 8.30 h., 10.30 h., 11.30 h. y 12.30 h. Teatro Romano: Subida al castillo. ☎ 96 266 55 81. De ma a sa, de 10 h. a 20 h., do, de 10 h. a 14 h.; lu

MINI PADRE NUESTRO DE EL PUIG

En el monasterio del Puig puede contemplarse el libro más pequeño del mundo. Se trata de una minúscula edición encuadernada en piel y hecha totalmente a mano que contiene el padre nuestro en siete idiomas (inglés e inglés en versión americana, alemán, francés, español, holandés y sueco). Cada página mide 3,5 x 3,5 mm. El texto está grabado sobre metal y decorado con estampaciones de oro auténtico.

cerrado. Sa y do. **Castillo:** Castillo, s/n. 96 266 55 81. De ma a sa, de 10 h. a 20 h., do de 10 h. a 14 h.; lu cerrado. Sa y do.

Sagunto es la segunda ciudad más importante de la provincia de Valencia y debe su nombre a la época de la romanización: ***Saguntum***. En las murallas del castillo, monumento histórico-artístico desde 1931, pueden observarse los restos arqueológicos de las diversas civilizaciones que se han asentado progresivamente en esta colina, situada en la orilla sur del río Palancia: íberos, cartagineses, romanos y árabes. En el año 219 a.C., Aníbal y su ejército sitiaron la fortaleza durante ocho meses, tras los cuales sus habitantes llegaron al límite de la resistencia y antes de rendirse se inmolaron en una gran hoguera. Con anterioridad, ya habían quemado en ella todas sus pertenencias. La toma de Sagunto a manos del general caudillo cartaginés Aníbal sirvió de pretexto para el inicio de la segunda guerra púnica, en la que se enfrentaron romanos y cartagineses. En el 214 a.C. la ciudad es conquistada por Cneo y Publio Escipión. En poder de los romanos, *Saguntum* recuperó su relevancia económica, siempre unida a la actividad del puerto, situado a cinco kilómetros de la ciudad. Al mismo tiempo

Puerta de la judería, en Sagunto.

esta expansión suponía un importante **desarrollo artístico** y **cultural**, como lo fue la construcción del **teatro** y **circo romanos**, así como otros edificios relevantes.

Durante los siglos V-VII d.C., varios ataques de pueblos bárbaros fueron el prefacio de la conquista musulmana del siglo VIII. Bajo el poder de los árabes la ciudad pasó a llamarse *Morbyter* o *Murviedro* (*Morvedre*, en valenciano). Durante la ocupación, la villa experimentó un importante desarrollo de la agricultura, la alfarería y en las relaciones comerciales. Se construyeron mezquitas, escuelas, palacios y baños. Poco de esto se conserva en la actualidad, porque, como hicieron a menudo los cristianos tras la reconquista, las mezquitas fueron demolidas para construir en su lugar iglesias cristianas, y las casas, reformadas.

No fue hasta 1868 cuando la ciudad, por orden del gobierno provisional, retomó su nombre de Sagunto.

A principios del siglo XX, gracias a la construcción de la Siderurgia del Mediterráneo, el puerto tuvo un importante crecimiento demográfico. La reconversión industrial, en los años ochenta, supuso el cierre de Altos Hornos del Mediterráneo y la declaración de Zona de Preferente Localización Industrial.

Además del ya citado castillo, el otro destacado monumento de Sagunto es su teatro romano, que aún en la actualidad mantiene sus función durante el festival de teatro, música y danza que se celebra en verano. Esta construcción del siglo I es una de las mejores muestras de arquitectura romana que se conservan en España. Su emplazamiento, a los pies del monte del Castillo, aprovecha la forma de la montaña quedando su planta semicircular bien integrada en la naturaleza. Pese a haber sufrido varias intervenciones de reforma (la última, que ha suscitado acaloradas polémicas y hasta sentencias judiciales en su contra, a cargo de los arquitectos Giorgio Grassi y Manuel Portaceli), conserva una parte suficiente de su estructura para que el visitante se haga una idea clara de su estado original. Se diferencian en la

Castillo de Sagunto.

ALFONSO XII Y SAGUNTO

El 29 de septiembre de 1874, el general Martínez Campos se pronunció en Sagunto contra el gobierno de Sagasta y proclamó a Alfonso XII como rey de España, un hecho que supuso la restauración de la dinastía borbónica y el fin de la República. En agradecimiento a la primera población que le reconoció rey, el monarca le otorgó al año siguiente el título de Muy Ilustre y Leal Villa de Sagunto.

Vista panorámica de Sagunto con la iglesia de Santa María.

construcción la parte de las gradas, en tres tramos, y la parte del escenario.

Otro vestigio de la vida en la ciudad romana es **el circo**, del cual se conservan apenas unos trozos de una de las puertas de entrada en la calle de los Huertos. El resto de este recinto de 350 metros de largo por 35 de ancho, se encuentra enterrado bajo el trazado urbano del casco antiguo de Sagunto. En la **plaza Mayor**, en el lugar donde estaba en su momento el foro romano, conserva algunas pilastras de esa época. En ella se encuentra la **iglesia de Santa María** erigida entre 1334 y el siglo XVIII fundamentalmente en estilo gótico ojival valenciano. Claro está que su largo proceso de edificación comportó la introducción de elementos propios de distintos estilos. La portada, del siglo XVIII, por ejemplo, es en su totalidad de estilo barroco. De su interior cabe destacar la magnitud de sus espacios, con una planta de tres naves de más de veinte metros de altura. Entre los contrafuertes se ubicaron las capillas. Adosados a ellas, los restos romanos de lo que se dice pudo ser un templo dedicado a Diana (lo único salvado durante el duro ataque del 219 a.C.). La **iglesia del Salvador** es uno de los templos más antiguos de la diócesis valentina. Se erigía en el arrabal del Salvador el siglo XIII en estilo gótico primitivo. Su nave presenta una planta especialmente ancha y con varias capillas laterales. En excavaciones recientes se han descubierto en su interior restos de un templo anterior, seguramente construido por el Cid, así como vestigios de la época romana.

Próxima al castillo está la **ermita de la Sangre** (s. XVII), de estilo barroco y grandes dimensiones. En su interior, en los lunetos de la bóveda, se contemplan unas pinturas al fresco con escenas de la Pasión de Cristo. En la parte septentrional de la ladera del monte del Castillo se levantaba el siglo XIX el Calvario. El Viernes Santo se celebra en este lugar la representación de la Pasión y Muerte de Cristo.

Aparte de los íberos, los cartagineses, los romanos, los árabes y otros pueblos, hubo en Sagunto una importante comunidad judía. Su barrio, **la judería**, conserva aún hoy su trazado original (calles Antigons, Ramos, Segovia, Sangre Vieja –donde estaba la sinagoga–, Teatro Romano y Pedro Cartagena). Se conserva además lo que era su puerta de acceso, el llamado "Portalet de la Judería" o "Portalet de la Sang". Los judíos tuvieron que abandonar sus casas cuando los Reyes Católicos ordenaron su expulsión en 1492.

En una ciudad con una his-

El Calvario, en Sangunto.

Vista desde el mirador del Garbí con Valencia al fondo.

toria tan rica y documentada como ésta no podría faltar un **museo arqueológico**. En él el visitante puede contemplar desde cerámicas encontradas en los yacimientos del Pic dels Corbs (de la Edad de Bronce), una escultura ibérica de un toro (s. IV a.C.) y sobre todo una exhaustiva colección de piezas, mosaicos y objetos de la época romana. Asimismo, se guarda en el museo una interesante colección de epigramas latinos, y otra de inscripciones con caracteres ibéricos y hebraicos.

Por último, esta ciudad tan bien dotada, goza de otro privilegio: el que le otorga su situación costera: **13 kilómetros de playas** de arena fina (Malvarrosa, Corinto, Almardá o Puerto Sagunto).

➡ AL GARBÍ, 28 KM POR N-234 Y CTRA. COMARCAL HASTA TOMAR DESVÍO.

3

El Garbí

(Valencia) Plaza del Ayuntamiento, 1. ☎ 96 351 04 17.

El mirador del monte Garbí se levanta 605 metros sobre el nivel del mar y corona uno de los puntos más atractivos de la sierra de la Calderona. Es un gran precipicio desde el que puede divisarse una **amplia panorámica** de la costa valenciana y alicantina, que abarca desde la sierra del Espadán hasta el Montgó, en Denia, pasando por Sagunto, la ciudad de Valencia y la Albufera. La vegetación más abundante en el Garbí es el pino.

➡ A SERRA, 5 POR CTRA. COMARCAL.

4

Serra y la cartuja de Porta-Coeli

(Valencia) Plaza del Ayuntamiento, 1. ☎ 96 351 04 17.

Serra, villa de origen árabe, conserva en su casco antiguo el sabor medieval con sus estrechas callejuelas, la que en su tiempo fue una torre defensiva y los restos del castillo.

En el término municipal de Serra se encuentra una de las cartujas más interesantes de España, la **cartuja de Porta-Coeli**, a unos 10 km del núcleo urbano. La cartuja de Porta-Coeli fue fundada el 5 de septiembre de 1272 por el obispo Andrés de Albalat, confesor del rey Jaime I y tercer obispo de la diócesis de Valencia. La cartuja, que llegó a ser una de las más importantes de la orden de San Bruno, fue exclaustrada y sometida a subasta pública por la Ley de Desamortización, decretada por el ministro Mendizábal en 1835. En 1943, los cartujos ocuparon de nuevo sus celdas de meditación. No puede ser visitada, pero los lunes la puerta principal está abierta y se puede pasear por sus alrededores y hablar con alguno de los 24 monjes que la habitan, y los domingos y festivos se celebra una misa a las 10.15 h. abierta a los visitantes. Al parecer, trabando conversación con alguno de los monjes es posible conseguir, a veces, visitar el recinto. Eso sí, sólo ofrecen este gesto a los hombres. Las mujeres deberán quedarse en la puerta. El cenobio cuenta con **tres claustros** de entre los siglos XIV y XVII. El más bello es **el claustro gótico** del siglo XIV,

Cartuja de Porta Coeli.

La casa de la Pobleta, en la cartuja de Porta-Coeli.

situado junto a la iglesia. Sobre los muros de las distintas construcciones de la cartuja, se podrán admirar interesantes pinturas al fresco. Otro elemento a destacar del conjunto es la imponente **portada neoclásica de la iglesia**, donde se representan las figuras de la Virgen, de San Juan Bautista y de San Bruno. En el exterior de la cartuja hay un espectacular **acueducto gótico** (s. xv) compuesto de 11 arcos.

Si se dispone de tiempo, vale la pena acercarse hasta la vecina población de **Náquera** para dar una paseo por su pintoresco casco antiguo.

LA POBLETA

Esta finca agrícola situada en las inmediaciones de la cartuja de Porta-Coeli fue la residencia privada del presidente de la República, Manuel Azaña, durante su estancia en Valencia, desde mediados del mes de mayo de 1937 hasta principios del mes de diciembre del mismo año. En La Pobleta, situada a los pies del monte Rebalsadores (798 m), Azaña empezó a escribir sus memorias.

➜ A BURJASSOT, DESDE LA CARTUJA DE PORTA-COELI, 21 KM POR CTRAS. COMARCALES.

5

Burjassot

c. Mariana Pineda, 93-95. ☎ 96 364 22 06. (línea 1) San Roque (16 de agosto). Virgen de la Cabeza (30 de septiembre). Patio de los Silos: Plaza Emilio Castelar, s/n.

La actual importancia de este municipio se debe en gran medida a su proximidad a Valencia (a 4 km), situación que ha propiciado la presencia hoy de un **Campus Universitario** y del centro de producción de programas de la **Televisión Valenciana** (Canal 9).

Las autoridades municipales de la capital iniciaron en 1573 la construcción de "Les Sitges", los silos, una gran despensa de trigo (actualmente consta de 43 depósitos con una capacidad de 47.327 hectolitros) para abastecer el consumo de los habitantes de la ciudad. Tras muchas ampliaciones fue acabada en 1806. En el año 1982 fueron declarados monumento histórico-artístico nacional. En lo que se ha denominado Pati de San Roc y junto a los silos se encuentra la **ermita de San Roque**, dos pabellones portica-

Patio de los Silos en Burjassot.

dos llamados "L'emborronat" y una cruz de piedra de estilo plateresco. El otro monumento arquitectónico de interés de Burjassot es **El Castell**, una torre de defensa convertida en palacio, tras sufrir numerosas modificaciones. Después de haber sido restaurado por Juan Ribera (1604) y haber cumplido distintas funciones, se utiliza en la actualidad y desde el año 1912 como residencia de estudiantes (Colegio Mayor San Juan de Ribera).

La iglesia arciprestal de San Miguel Arcángel (1780) es el templo más antiguo que se conserva en la ciudad. En su interior se pueden admirar unas pinturas de **Vicente López**.

Cerámica conmemorativa dedicada al poeta Vicent Andrés Estellés en la fachada de la Asociación Cultural Bassot, en Burjassot.

➜ **A PATERNA, 3 KM POR CTRA. COMARCAL.**

6 Paterna

pza. Ingeniero Castell, 1. ☎ 96 137 96 00. (línea 1) Cristo de la Fe (2ª quincena de agosto). Museo Municipal de Cerámica: Plaza del pueblo, 1. ☎ 96 137 96 57. De ma a vi, de 11.30 h. a 14 h. y de 17 h. a 19 h.; sa, de 11.30 h. a 14 h.; cierra do y lu. Torre-atalaya árabe: Barrio de las cuevas. ☎ 96 137 06 70. Sólo visitas concertadas. Espacio Cultural Cuevas del Batán: Senda del Batán, s/n. ☎ 96 138 48 30. De ma a vi, de 9.30 h. a 11 h. y de 14.30 h. a 21.30 h.; lu sólo por la tarde.

LOS *SOCARRATS*

Éste es el nombre dado a las placas de barro que se colocaban entre las vigas del techo de las viviendas. Sus medidas oscilan entre los 3,2 x 2,4 cm y los 4,3 x 3,6 cm y su función era decorativa. Antes de ser cocidos en el horno eran pintados con tonos fuertes de óxido de hierro, de manganeso y de mercurio. En el Museo de Cerámica de Paterna hay una excelente colección de *socarrats*.

La impronta árabe de Paterna es más evidente que en su vecina Manises, ambas separadas por el cauce del río Turia. Su torre árabe acentúa ese carácter. Aunque esta población de la huerta valenciana perdió totalmente su tradición alfarera en el siglo XVII, posee la mejor colección europea de **cerámica del siglo XIII**, caracterizada por dos rasgos musulmanes: los reflejos rojizos del manganeso y el color verde del profeta.

El antiguo palacio de los Condes de Villa Paterna (s. XVIII) es en la actualidad sede del **Ayuntamiento**. Del edificio, de 3 plantas, destaca particularmente la fachada, coronada con un frontón triangular en el que se observa el escudo de los Condes de la Villa.

La **torre árabe**, ubicada en un punto privilegiado con excelente visibilidad sobre la comarca, pudo formar parte del sistema de defensa de la ciudad en la etapa árabe. Su aspecto y sus gruesos muros, aún hoy día resultarán imponentes para el visitante. En 1971 fue declarada monumento histórico-artístico y es para los paterneros un auténtico símbolo de su villa. Tres pisos de plantas de planta variable (circular la primera, cuadrada la segunda y octogonal la última) se reparten entre los 15 metros de altura de la torre.

Un atractivo insólito de Paterna son sus **cuevas excavadas en la roca**. Las primeras las realizaron los moriscos a modo y manera de las que habían hecho ya en tierras andaluzas. Sin embargo fue a finales del siglo XVIII y principios

Plato árabe del Museo Municipal de Cerámica, de Paterna.

Torre-atalaya árabe en el barrio de cuevas-vivienda, en Paterna.

del XIX cuando se construyeron la mayoría de ellas, a consecuencia de la fuerte crisis económica del Antiguo Régimen. Si en 1824 constaban en el censo 38 cuevas, a mediados del siglo ya se contaban más de 200. En la primera mitad del siglo XX, el número se multiplicó por 2,5, con unas 495 cuevas habitadas.

En los alrededores de la torre se pueden visitar algunas de estas cuevas, que fueron desapareciendo en las décadas de los 60 y 70.

En los aledaños de la población se han encontrado vestigios de poblamientos humanos prehistóricos (del Neolítico y de la Edad de Bronce), como hachas de sílex, agujas y utensilios de hueso, etc. Se trata de los yacimientos de Vallesa y Despeñaperros.

Igualmente, en estos y otros terrenos se han hallado muestras de poblaciones ibéricas y romanas.

➔ A MANISES, 4 KM POR CTRA. COMARCAL.

7

Manises

avda. del País Valencià, 19B. ☎ 96 152 56 09. San Juan (24 de junio). Santas Justa y Rufina (del 14 al 19 de julio). **Museo Municipal de Cerámica:** c. Sagrario, 22. ☎ 96 152 10 44. De ma a sa, de 10 h. a 13 h. y de 16 h. a 19 h.; do y festivos, de 11 h. a 14 h.

Manises es conocida por el **aeropuerto** y la **cerámica**. Ésta, caracterizada por sus reflejos dorados y azules de tradición árabe, ha comportado para la ciudad una importante expansión industrial desde la época de la corona de Aragón. Se exportaba desde Valencia a todo el Mediterráneo y era conocida con el nombre de "valenciana". Los italianos también la llamaban "mallorquina" porque muchos de los mercaderes que comerciaban con ella eran de esta isla del archipiélago balear. Para poder apreciar la variedad y calidad de esta cerámica típica es preciso acercarse al **Museo Municipal de Cerámica**. En sus instalaciones se exhiben más de 2.500 piezas de distintas épocas, desde el Neolítico hasta la actualidad. Sobresalen del conjunto las piezas de los siglos XIV-XVI. Otra opción para disfrutar de la cerámica del lugar consiste en entrar en alguno de los numerosos talleres artesanales que salpican sus calles. El **casco antiguo** de la ciudad conserva su trazado original, de la época morisca, con sus callejuelas estrechas y laberínticas.

El edificio religioso más importante de la villa es la **iglesia parroquial de San Juan Bautista** (s. XVIII). Destaca de forma particular su fachada, decorada con azulejos. La cubierta de su cúpula con teja cerámica de reflejos metálicos y su estilizado campa-

Murales de cerámica del siglo XVIII en el mercado municipal de Manises.

Detalle de la fábrica de cerámica de Manises.

nario confieren al templo un aspecto elegante. Su interior, no menos interesante, es un espacio proporcionado donde se pueden observar retablos de cerámica de Gimeno Martínez como el dedicado a San José o el de San Francisco, objetos litúrgicos de cerámica atribuidos a J. J. Escobar, u otros retablos de artistas como Marcial Marco, Gimeno Ríos o J. Royo. En el claustro un gran mural de azulejos de Arturo Almar representa la Última Cena. Las imágenes que se veneran en el templo son de escultores tan destacados como José Mª Ponsoda.

No es posible pensar la villa de Manises sin su cerámica, pues en muchos de sus principales edificios, ésta cobra el papel protagonista. Es el caso del **mercado municipal** donde un conjunto de azulejos de estilo del siglo XVIII ornamenta sus paredes, o el de la fachada del Ayuntamiento (en la plaza del Castillo) con un bonito panel cerámico. La zona de la plaza Corazón de Jesús, y en calles como Santa Florentina, Cervantes, Cura Catalá, Monseñor Aviñó o Pintor Sorolla, son prolíficas en **decoraciones cerámicas** de todas las épocas y estilos.

➔ A TORRENT, 12 KM POR CTRA. COMARCAL, A-7 Y CTRA. COMARCAL.

8

Torrent

Federico Maicas, 17. ☎ 961 557 659. Porrat de Nuestra Señora de los Ángeles (agosto). Sants de la Pedra y Virgen de los Desamparados (julio). San Antonio (17 de enero).

A sólo 7 km de Valencia, el visitante puede llegar hasta Torrent en **metro**. Como a la mayoría de municipios del área metropolitana de la capital, la inmigración de la segunda mitad del siglo XX hizo triplicar la población de Torrent, que actualmente es de 60.000 habitantes.

Uno de los símbolos y atractivos de la villa es **la Torre**. Se trata de una construcción medieval defensiva perteneciente a un antiguo castillo. En lo alto de la torre (de 30 metros de altura), en las esquinas, se observan 4 pirámides de piedra con la representación de la Cruz de la orden de San Juan de Jerusalén y un murciélago. El interior consta de cinco plantas y una terraza. Destacan en cada planta las tres bóvedas de cañones semicilíndricos. A principios del siglo XVII se contruyeron, alrededor de la torre, unos porches originales con el fin de albergar las carnicerías, fruterías y otros. Posteriormente fueron remodelados, y más tarde, derruidos. La construcción que ha tenido funciones diversas a lo largo de su historia es hoy sala de exposiciones.

Otro edificio civil de interés es el **antiguo Ayuntamiento** y actual Casa de Cultura, de estilo ecléctico. Se levantó a finales del siglo XVI; fue objeto de varias reformas, y en 1907 se construyó una nueva fachada.

Asimismo, **el Auditorio**, una moderna construcción es uno de los mejores equipamientos culturales de Torrent. Con una capacidad para 628 espectadores, acoge cada temporada conciertos de gran interés.

En 1984, y para dar respuesta al gran crecimiento demográfico que había experimentado la ciudad, se inauguraba un parque municipal llamado **L'Hort de Trénor**, con una extensión de 20.000 m^2. En él se pueden distinguir numerosas especies vegetales propias del huerto de secano, de climas tropicales y de clima mediterráneo.

En lo que respecta a edificios religiosos, los más destacados de Torrent son la **iglesia parroquial de la Asunción y la ermita de Sant Lluís Bertrán**.

La primera se erigió el último tercio del siglo XVI, sobre una pequeña iglesia anterior (s. XIII). En 1697 se amplió y restauró, cambiando sus trazos góticos por los churriguerescos, de moda en el momento. La fachada es la parte donde este estilo churrigueresco se muestra con mayor elegancia. Buena parte de la decoración barroca del interior y el retablo del altar mayor resultaron gravemente dañados en un incendio del 1936. Se conservan, sin embargo, tres lienzos de **Francisco de Ribalta**, una imagen de la Dolorosa del escultor Esteve (1773) y una tabla del siglo XIV.

Por útimo, vale la pena acercarse hasta la **ermita de Sant Lluís Bertrán** (1634), que es cada año escenario las fiestas de San Blas. El templo, consta de una nave central y dos laterales. El campanario, de una fase posterior (1829), tiene una base hexagonal. Merece la pena fijarse en la fachada neoclásica de tres cuerpos. Encima de la portada se puede observar una interesante imagen de san Luís y un gran rosetón.

GUÍA PRÁCTICA

RESTAURANTES

El Puig

ALHACEMA: avda. Virgen del Puig, 35. ☎ 96 147 13 40. *Cierra los lunes. Cocina valenciana con especialidades de la comarca.* ❖

L'HORTA: c. Ribelles, 9. ☎ 96 147 12 79. *Cierra los domingos por la noche. Cocina de mercado.* ❖

Sagunto

L'ARMELER: c. Subida del Castillo, 44. ☎ 96 266 43 82. *Cocina francesa y valenciana en una antigua casa de la judería. Cierra el domingo por la noche y el lunes por la noche.* ❖❖

RACÓ DE L'HORTA: c. Puçol, 13. ☎ 96 266 47 44. *Cierra los domingos.* ❖

POMPEYA: c. Faura, 8. ☎ 96 266 26 08. *Local agradable.* ❖

COLL-VERD DE CORINTO: avda. Danesa, 43 E. Playa de Corinto. ☎ 96 260 91 04. *Cierra los lunes, la segunda semana de noviembre y del 15 de enero a finales de febrero. Recetas elaboradas de pescado y marisco. Cocina imaginativa.* ❖❖❖

MONTESOL: c. de los Santos Patronos, 20. ☎ 96 266 14 69. *Situado a orillas del río Palancia.* ❖❖

Manises

BALMES: c. Rosas, 6. ☎ 96 153 17 33. *Cierra domingos por la tarde.* ❖

HERMANOS CHINCHILLA: c. Rosas, 6. ☎ 96 153 17 33. *Cocina especializada en recetas de la zona y cocina valenciana.* ❖

Paterna

DE LA FUENTE: Polígono industrial Fuente del Jarro. ☎ 96 134 00 67. *Cierra los sábados y domingos.* ❖

Serra

CASA GRANERO: cantó de la Torre, 9. ☎ 96 168 84 25. *Cierra los lunes y noches, excepto en verano, Semana Santa, festivos, fines de semana y noviembre.* ❖❖

Torrent

LA SEQUIETA: avda. Camí Vell de Torrent, 28 (Alaquás). ☎ 96 150 00 27. *Cierra los sábados al mediodía, los domingos y el mes de agosto.* ❖❖

MACHADO DOTZE: Antonio Machado, 12 (Paiporta). ☎ 96 397 22 27. *Cierra los domingos, los lunes noche y en agosto.* ❖

ALOJAMIENTO

Hoteles

Torrent

LIDO***: Vedat de Torrent. ☎ 96 155 15 00. *Abierto todo el año.*

El Puig

RONDA II***: Ronda este, 9. ☎ 96 147 12 28.

RONDA: c. Julio Ribelles, 15. ☎ 96 147 12 79.

BORJA: c. Progreso, 15. ☎ 96 147 09 81.

Sagunto

AZAHAR**: avda. del País Valencià, 8. ☎ 96 266 33 68.

TEIDE**: avda. 9 de Octubre, 53. ☎ 96 267 22 44.

BERGANTÍN*: Plaza del Sol, s/n. ☎ 96 268 03 59. *Cierra del 8 de diciembre al 8 de enero. Hotel sencillo con ambiente familiar.*

Manises

MELIÁ CONFORT AZAFATA****: Autopista aeropuerto, 15. ☎ 96 154 61 00. *Hotel con todos los servicios.*

Paterna

DON BACO*: Calle 29, 46. La Cañada. ☎ 96 132 15 42.

Campings

Sagunto

MALVARROSA DE CORINTO (2ª): Playa Malvarrosa de Corinto. ☎ 96 260 89 75. *Junto a la playa.*

CANET MAR (2ª): Urbanización Nova Canet. Sagunto. ☎ 96 260 88 13. *Cierra en octubre.*

Lajos Kassák
i l'avanguarda hongaresa
gio Larrain

La ciudad de Valencia

La ciudad de Valencia

Valencia es la capital de la Comunidad Valenciana, y uno de los núcleos industriales más importantes de España. El suave clima mediterráneo, las magníficas playas de Las Arenas y La Malvarrosa, y su rica herencia histórica unida a un amplio patrimonio artístico-monumental la convierten en uno de los lugares más atractivos del litoral mediterráneo. La ciudad disfruta de una característica gastronomía tradicional y de un dilatado calendario festivo. A lo largo del año numerosas actividades animan la vida cultural de valencianos y visitantes. La pujanza del puerto no sólo se advierte en la actividad económica, sino en el revitalizado paseo Marítimo que, junto a las playas, constituye una de las zonas de ocio por excelencia.

Escudo de la ciudad de Valencia.

FUNDACIÓN ROMANA

Según Tito Livio, la fundación de la ciudad romana de Valencia se produce en el año 138 a.C. Los romanos fundaron diversas ciudades en el litoral mediterráneo con el fin de facilitar la conquista del interior de Hispania. En el caso de Valentia, palabra latina que significa "vigor, fortaleza, buen augurio", la ciudad estaba en una amplia llanura con un interés económico agrario que los romanos aprovecharon mediante la canalización del Bajo Turia para rentabilizar aquella comarca llana y pantanosa. El conjunto arqueológico de la Almoina, en la plaza del mismo nombre, muestra restos romanos del período republicano e imperial; restos visigóticos, islámicos y bajo medievales.

Uno de los acontecimientos capitales del Cristianismo primitivo occidental fue el martirio de san Vicente hispano en Valencia por orden del emperador Diocleciano. Sus persecuciones continuaron hasta que en el siglo IV d.C. el emperador Constantino concedió la libertad religiosa.

La primera incursión de bárbaros en el siglo III d.C. dejó maltrechas las ciudades de Sagunto y Dénia, y Valencia adquirió una cierta significación. Los visigodos no ocuparon la ciudad hasta el año 497.

ÉPOCA MUSULMANA (718-1238)

Durante más de cinco siglos los sarracenos dominaron en el Reino de Valencia y dejaron su impronta oriental en la afición popular a la policromía decorativa y a la pólvora. En el período califal se introdujeron diversas especies orientales en la agricultura, como el arroz, la naranja y la cidra, y se inició el cultivo de la caña de azúcar, base de la industria azucarera en la que sobresalieron los musulmanes valencianos. Cuando la comarca estuvo bien drenada y bien regada, se convirtió en una huerta fértil y de alto nivel agrícola. En el siglo X Valencia era una de las ciudades más populosas de la zona oriental de Al-Andalus. Tras la caída del Califato de Córdoba, el momento de mayor desarrollo y esplendor se produce cuando se convierte en capital del reino de taifa de Abd al-'Aziz (1021-1061). Éste construye, a mediados del siglo XI, sus robustas murallas árabes, las mismas que permitirían resistir el posterior asedio del Cid y, después de la conquista por Jaime I, continuarían durante siglo y medio al servicio de la ciudad cristiana. Los vestigios que se conservan de aquella época son la torre del antiguo hostal del Ángel (plaza de Navarros, barrio del Carmen) y los baños del Almirante.

LA CONQUISTA Y EL SEÑORÍO DEL CID

Tras un largo asedio de 20 meses, Valencia capituló ante el caballero castellano conocido por su sobrenombre árabe, el Cid. Desde el año 1094 hasta su muerte en 1099, tuvo el señorío pleno de la ciudad y de sus alrededores; señorío que su viuda Doña Jimena conservó hasta el año 1102, momento en que los almorávides reconquistaron la ciudad para el Islam. Hasta la conquista de Valencia por Jaime I la ciudad permaneció bajo el dominio de los almorávides y de los almohades.

EL PERÍODO ROMÁNICO (1238-1348)

La unión de Cataluña y Aragón aumentó la fuerza de los estados cristianos peninsulares. En 1238 Jaime I, rey de la dinastía catalanoaragonesa, conquistó la ciudad y estableció en ella la capital de un reino homónimo. El nuevo reino fue incorporado a la civilización cristiana de la Europa occidental, incluido en el dominio cultural y lingüístico catalán y en la unidad política de la Corona de Aragón. El rey conquistador definió y legalizó su personalidad regional dotándole de una autonomía total y favoreciendo a los municipios y a la burguesía frente a la insumisa nobleza. Buena muestra de ello son los Fueros de Valencia. Los edificios civiles y religiosos que se construyeron en esta época supusieron un cambio de estilo, ya que los cristianos de Jaime I trajeron con ellos la arquitectura románica de tipo occitano. Al cristianizarse la ciudad, las antiguas mezquitas se convirtieron en iglesias y en las murallas árabes se abrieron diversas puertas. Los valencianos de los siglos XIII y XIV sentían gran devoción por la imagen de Nuestra Señora de Gracia, pintura románica sobre tabla, de tipo bizantino, que se venera en la iglesia de San Agustín. Dentro de la antigua muralla árabe se encontraba la Judería o Call; extramuros diversos arrabales y la Morería, ambos barrios cerrados. Los judíos valencianos se dedicaban a la industria y al comercio y gozaban de protección real, pero la penosa situación demográfica y agraria originada por la peste negra provocó el asalto y la aniquilación de las comunidades judías a finales del siglo XIV. Algunos se bautizaron y convirtieron al cristianismo influidos por los sermones del fraile dominico san Vicente Ferrer (1350-1419), actual patrón de la Comunidad Valenciana. En 1456 la Morería de Valencia fue asaltada y el barrio no se rehízo. El Portal de Valldigna, nuevo acceso a la Morería abierto en la muralla árabe en 1400, aún se conserva.

EL PERÍODO GÓTICO (1348-1411)

Bajo el reinado de Pedro el Ceremonioso se construye en 1356 la nueva muralla cristiana, que incluyó los arrabales. De sus doce puertas tan sólo se conservan dos: las torres de Serranos y las torres de Quart. Los valencianos ayudaron a este rey en su larga lucha contra el rey de Castilla Pedro el Cruel, que pretendía que volviese a Castilla la zona de Alicante, Elche y Orihuela. El reconocimiento a su victoriosa resistencia se plasmó en el escudo municipal, con dos L coronadas que significan "Ciudad dos veces leal". Es en esta época cuando se constituye la Generalitat, una institución foral representativa, diputación permanente de las Cortes. También bajo Pedro el Ceremonioso, en 1365, se otorgó a la ciudad el privilegio de una milicia urbana permanente, el Centenar de la Ploma, integrada por jóvenes artesanos y agricultores que defendían la Senyera de la Ciutat en los combates y la escoltaban en las fiestas cívicas y procesiones. Valencia empezó a celebrar la procesión del Corpus Christi, una de las más interesantes del mundo.

La Lonja.

Las torres de Serranos.

El siglo XV fue el de mayor esplendor para la ciudad. En 1407 Martín I autorizó la constitución de la Taula de Canvis de la Ciutat de València, un banco municipal para las operaciones mercantiles de cambios y depósitos. La actividad mercantil era tan intensa que es conocido que en Valencia se librara la letra de cambio más antigua de Europa occidental. El tráfico comercial con el resto de la Península, con Italia y con otros países del Mediterráneo fue el origen de aquel florecimiento económico, demográfico y cultural que, desde el punto de vista arquitectónico, se plasmó en destacadas construcciones civiles (palacio de la Generalitat), particulares (palacio del Almirante, barón de Manises, Escrivá,...), comerciales (La Lonja, el Almudín, las Atarazanas) y religiosas (catedral, iglesia de San Juan del Hospital, convento de Santo Domingo). También la pintura y la escultura se desarrollaron en este período. Valencia es riquísima en retablos móviles de grandes dimensiones, y la imagen de la Virgen de los Desamparados es una bella talla gótica de principios del siglo XV. El nuevo recinto amurallado había ampliado el área urbana. La ciudad crecía y su industria prosperaba.

Puente del Mar.

EL COMPROMISO DE CASPE

Al morir sin hijos el rey Martín en 1410 surgió el problema político de la sucesión a la Corona de Aragón. Los compromisarios de Cataluña, Aragón y Valencia se reunieron en Caspe para la elección de rey. Entre los valencianos se encontraba san Vicente Ferrer, cuya influencia fue decisiva para la elección del rey castellano Fernando de Antequera, que reinaría de 1412 a 1416 e introduciría la dinastía de los Trastámara.

El reinado de Alfonso el Magnánimo (1416-1456) significó el período más importante del humanismo en tierra valenciana. Los dos intelectuales principales de su corte fueron los caballeros Jordi de Sant Jordi y Ausiàs March (1397?-1459), cuya tumba se encuentra en la Catedral de Valencia. En la literatura caballeresca destacó Joanot Martorell (1413-1468), el autor de la novela *Tirant lo Blanc*.

LA CRISIS DE LA ESTRUCTURA SOCIAL: LA GERMANÍA

Los Reyes Católicos visitaron Valencia por primera vez en 1481. Tras la unión de las coronas de Aragón y Castilla, Fernando el Católico pretendía someter las corporaciones municipales a la hegemonía de la monarquía autoritaria. La nobleza se hizo cortesana y aumentó su poder a costa de la clase media, además de conseguir el gobierno de la ciudad.

En 1525 Germana de Foix, viuda de Fernando el Católico, quien se casó con ella en segundas nupcias, fue nombrada por Carlos V virreina de Valencia. Se encargó de reprimir la Germanía, una revuelta de carácter antiseñorial cuya derrota señaló el declive del estamento burgués. La ciudad fue perdiendo esplendor económico y demográfico, pasando a ser un centro administrativo de carácter periférico. A lo largo de los siglos XVI y XVII se construyeron nuevos puentes, como el del Mar y del Real, y la ciudad se llenó de templos y construcciones eclesiásticas. La Valencia del siglo XVII se ha definido como una más de las "ciudades conventuales" típicas de la España de los Austria. En 1609 se expulsa a los moriscos, lo que supone un duro golpe a la economía valenciana.

Con Felipe IV la burguesía recupera el gobierno de la ciudad y empieza a rehacerse, pero triunfa plenamente en el reinado de Carlos II (1665-1700). El gremio de los terciopeleros fue el primer oficio que renació, y en 1686, por privilegio real, se convierte en Colegio del Arte Mayor de la Seda.

LA BATALLA DE ALMANSA

Felipe de Borbón heredó la Corona de España al morir Carlos II sin descendencia. Cataluña, Mallorca, Valencia y Aragón se levantaron en favor del archiduque Carlos de Austria y en contra del nuevo rey. El día 25 de abril de 1707 las tropas borbónicas dominaron el Reino de Valencia venciendo en la batalla de Almansa. Felipe V dictó los decretos de Nueva Planta que suprimían el régimen foral valenciano, con quinientos años de antigüedad. No obstante, la buena coyuntura económica del siglo XVIII incidió en el desarrollo de la manufactura, en especial la industria de la seda.

Pintura alusiva a la Batalla de Almansa.

EL ENSANCHE DE LA CIUDAD

El trazado urbano había cambiado al ser derribados diversos conventos en 1836, tras la desamortización de Mendizábal. En 1865 se derribaron las murallas, y en 1887 se aprobó el plano de la primera fase del Ensanche de Valencia. En sus manzanas de casas plurifamiliares se construyeron algunas viviendas modernistas, como las de la calle Cirilo Amorós, nº 31, plaza de la Almoina, nº 4, calle de la Paz, nº 31, etc., y diversos edificios públicos excelentes, como los mercados Central y de Colón, y

La Estación del Norte.

la Estación del Norte. Los arquitectos Demetrio Ribes (1877-1921) y Vicente Ferrer Pérez (1874-1960) lucharon por introducir el modernismo en Valencia. La ciudad continuó ensanchándose al otro lado del Turia con el Paseo del Mar, inmensa vía que enlaza los viveros con la playa. Su población aumentó debido en parte a la anexión de diversos municipios de sus alrededores.

En la segunda mitad del siglo XIX Valencia destaca por sus artistas, entre ellos el pintor impresionista Joaquín Sorolla (1863-1923), los pintores Joaquín Agrasot (1836-1914), Francisco Domingo (1842-1920), Salvador Martínez Cubells (1842-1914), José Benlliure (1855-1937), Antonio Muñoz Degrain (1843-1920) e Ignacio Pinazo Camarlench (1849-1916). En el campo de la escultura, Mariano Benlliure (1862-1947), de reconocida fama internacional.

EL DESPEGUE INDUSTRIAL

A principios del siglo XX se aceleró el proceso de industrialización con la creación de nuevas factorías y el desarrollo de industrias como la del mueble, de tejidos de lana y algodón, del calzado, del cáñamo, de abonos químicos, etc. En 1900 se creó el Banco de Valencia, y en 1909 la Exposición Regional puso de manifiesto la vitalidad de los sectores agrícola, comercial e industrial. Una burguesía consolidada económicamente exhibía sus logros y buena posición en el paseo de la Alameda.

Durante la dictadura del general Primo de Rivera, el alcalde Carlos de Sousa Álvarez, marqués de Sotelo (1862-1937), realizó importantes reformas urbanas e instaló la primera iluminación por gas en la Glorieta. Se construyeron tres puentes nuevos sobre el río Turia: el de Natzaret, el de Aragón y el de Campanar. Bajo la dirección de Javier Goerlich (1887-1972) se inició entonces la reconstrucción del núcleo central de la ciudad. En 1882 se instaló la luz eléctrica y un año después las líneas telefónicas.

HACIA EL AUTOGOBIERNO

Tras la muerte del general Franco en noviembre de 1975, se inició la transición democrática. En 1982 se instituyó la denominación de Comunidad Valenciana y se aprobó el Estatuto de Autonomía, un autogobierno representado por la Generalitat y las Cortes Valencianas. A partir de entonces la oferta cultural de la ciudad se amplió con la creación del Instituto Valenciano de Arte Moderno. Se construye el puente de la Exposición, diseñado por Santiago Calatrava, y más tarde el de las Artes; además del Palacio de Congresos y Exposiciones de Valencia, del arquitecto Norman Foster.

EL ANTIGUO CAUCE DEL RÍO TURIA

Tras la devastadora riada de 1957 se puso en marcha el llamado Plan Sur, por el que se desviaba el río a su paso por la ciudad. Diversos tramos de jardines han sustituido al antiguo cauce, que ahora discurre por las afueras de la ciudad. En ellos se encuentran el Palau de la Música, el parque de recreo infantil Gulliver y, en su tramo final, la Ciudad de las Artes y las Ciencias. Un nuevo espacio se ha recuperado para los ciudadanos, que pueden recorrerlo a pie o en bicicleta y emplear sus instalaciones deportivas. Los puentes sobre los nuevos jardines ofrecen otra característica imagen de la ciudad, cuyo número de visitantes aumenta año tras año.

La Ciudad de las Ciencias y las Artes.

INFORMACIÓN TURÍSTICA:

Oficina Municipal de Turismo: Plaza del Ayuntamiento, 1. ☎ 96 351 04 17.
Tourist Info: Estación del Norte, Andén 1. ☎ 96 352 85 73.
Oficina de Turismo de la Generalitat: Paz, 4. ☎ 96 398 64 22.
Oficina de Turismo de la Diputación: Poeta Querol, s/n (Teatro Principal). ☎ 96 351 49 07.

TRANSPORTES:

Metro Valencia. Atención al usuario. ☎ 900 46 10 46.
Ferrocarriles de la Generalitat Valenciana (F.G.V.): Partida Chirivelloeta, s/n. ☎ 96 358 11 11.
Información de Renfe en la Estación del Norte: Xàtiva, 24. ☎ 96 352 02 02.
Consorcio Valenciano de Transportes. Información de Autobuses de cercanías. ☎ 96 347 18 98.
Autobuses urbanos. ☎ 96 352 83 99.
Estación Central de Autobuses: Menéndez Pidal, 13. ☎ 96 349 72 22.
Aeropuerto Internacional de Manises: Información Iberia. ☎ 96 152 00 65.
Iberia: Paz, 14. ☎ 96 351 45 81

Estación Marítima: En el puerto de Valencia. El Grao. ☎ 96 367 07 04/393 95 00.
Transmediterránea: Manuel Soto, 15. ☎ 96 367 39 72/367 65 12.

TELÉFONOS ÚTILES:

Servicio especial de urgencias médicas. ☎ 96 352 23 22.
Cruz Roja. ☎ 96 367 73 75.
Farmacias de guardia. ☎ 900 50 09 52.
Correos y telégrafos: Plaza del Ayuntamiento, 24. ☎ 96 351 67 50.
Protección Civil. ☎ 1006.
Guardia Civil. ☎ 062.
Policia Local. ☎ 092.
Servicio de información de Telefónica. ☎ 1004.
Correos y telégrafos: Plaza del Ayuntamiento, 24. ☎ 96 351 67 50.

Estación de metro de Valencia proyectada por el arquitecto Santiago Calatrava.

TORREFIEL
ELS ORRIOLS
TORMOS
SANT ANTONI
MARXALENS
MORVEDRE
BENIMACLET
EXPOSICIÓ
MESTALLA
GRAN VIA
CAMÍ FONDO
RUSSAFA
MONTOLIVET
LA RAIOSA
EN CORTS
EL SENABRE
ROVELLA
Avenida de los Hermanos Machado
Avenida de Juan XXIII
Camino de Moncada
Calle de Pedro Cabanes
Constitución
C. San Vicente de Paul
Avenida del Doctor Peset Aleixandre
Avenida de la
Avenida del Primado Reig
Av. Valladolid
Avenida de Emilio Baró
C. Doctor Vicente Zaragoza
Avenida de Burjassot
Av. de Menéndez Pidal
Paseo de la Pechina
C. Guadalaviar
C. de Blanquerías
C. de Alzamora
C. Trinidad
C. Pintor Genaro Lahuerta
C. Botánico Cavanilles
C. San Pío V
C. Pintor López
Avenida Vicente Blasco Ibáñez
Paseo de la Alameda
Pl. de la Virgen
Pl. de la Reina
C. de la Paz
Calle Guillem de Castro
Av. Barón de Cárcer
Pl. de l'Ajuntament
Calle Colón
C. de Xátiva
Gr. Vía de Ramón y Cajal
Gran Vía Marqués del Turia
Paseo de la Ciudadela
Av. Jacinto Benavente
Avenida de Aragón
Calle de Jesús
Calle de San Vicente Mártir
Gr. Vía Germanías
Av. Antic Regne de València
Av. de la Giorgeta
Calle de San Vicente
Avenida de Peris y Valero
C. Alcalde Reig
Avda. de Ausiàs March
Av. del Dr. Waksmann
Avenida de la Plata
Av. Alcalde Gisbert Rico
Marxalenes
Reus
Sagunt
Primat Reig
Benimaclet
Vicente Zaragoza
Pont de Fusta
Facultats
Alameda
Ángel Guimerà
Colón
Xátiva
Plaza de España
Jesús
M
TAXI
47 PALAU DE LA MÚSICA
PARQUE GULLIVER 52
MUSEO FALLERO 56
CIUDAD DE LAS ARTES Y LAS CIENCIAS 46

TENDETES
C. Bergantín
Calle Ricardo Micó
Avenida de Menéndez Pidal
Puente de los Artes
Puente de San José
C. de Blanquerías
CASA-MUSEO JOSÉ BENLLIURE 33
CENTRO DEL CARME 32
IGLESIA DEL CARMEN 31
CASA DE LAS ROC
Pl. del Carmen
EL CARME
IVAM CENTRO JULIO GONZÁLEZ 34
ASILO DEL MARQUÉS DE CAMPO 35
CENTRO CULTURAL DE LA BENEFICENCIA 36
Paseo de la Pechina
Calle Beneficencia
Calle Sogueros
Calle Corona
C. Dr. Beltrán Bigorra
Calle Alta
Calle Baja
C. Guillem de Castro
BOTÀNIC
JARDÍN BOTÁNICO 38
TORRES DE QUART 37
Calle Caballeros
IGLESIA DE SAN NICOLÁS 43
Calle de Quart
C. Murillo Carda
Gran Vía de Fernando el Católico
Calle de Borrull
Calle Pintor Domingo
Pl. Dr. Collado
IGLESIA DE LOS SANTOS JUANES 42
A Xaza del Mercado
LA LONJA 40
Calle Lepanto
Calle Balmes
Pl. REDO
41 EL MERCADO CENTRAL
Calle Juan de Mena
Calle del Triador
C. Recaredo
C. Espinosa
EL PILAR
Calle de Calixto III
Calle Roger de Flor
Calle de Cárcer
Calle Peydro
Calle Músico
Calle Erudito Orellana
Ángel Guimerá
M
Calle del Hospital
49 COLEGIO DEL ARTE MAYOR DE LA SEDA
Calle Guillem de Castro
Barón de
Ferrer
Pl. l'Ajuntam
AYUNTAMIENTO 1
Calle de Ángel Guimerá
Gran Vía de Ramón y Cajal
Calle M. Llázer
C. Quevedo
Avenida
Vicente
C. Doctor Sanchis Sivera
Calle Buen Orden
Calle Cuenca
Calle Jesús
Calle San
Pl. S. Agustín
Calle de Xá
Av. Marqués de
ARRANCAPINS
C. Historiador Diago
M Xátiva
ESTACIÓN DEL NORTE 44
Pl. Obispo Amigó
LA REQUETA
TAXI

Pl. de Sta. Mónica
Pont de Fusta
Calle de Alzamora
TRINITAT
Calle de Alboraya
Calle Pintor Genaro Lahuerta
C. Botánico Cavanilles
JAUME ROIG
Calle Jaime Roig
Puente de Serranos
Calle Trinidad
Puente F.F.C.C. Económicos
ORRES DE SERRANOS
MUSEO DE BELLAS ARTES SAN PÍO V
28
27
JARDINES DEL REAL O LOS VIVEROS
Calle General Elío
C. Conde Trenor
Puente Trinidad
Calle San Pío V
PALACIO DE BENICARLÓ
14
SEU
C. Pintor López
ALACIOS DE BAYLIA Y EL MARQUÉS DE SCALA
LA XEREA
C. Trinitarios
Llano del Real
C. Monforte
PALAU DE LA GENERALITAT
18 ALMUDÍN
El TEMPLE
26
53
JARDINES DE MONFORTE
10
AZA DE VIRGEN
IGLESIA DE SAN ESTEBAN 20
19 PALACIO DE LOS ESCRIVÁ
Puente del Real
BASÍLICA DE LA VIRGEN DE LOS DESAMPARADOS
11
17 PALACIO MARQUÉS DE CAMPO
16
Pl. del Temple
51
PASEO DE LA ALAMEDA
9
EDRAL
CRIPTA DE LA CÁRCEL DE SAN VICENTE MÁRTIR
15
PALACIO ARZOBISPAL
21 IGLESIA DE SAN JUAN DEL HOSPITAL
Paseo de la Alameda
Pl. de la Reina
IGLESIA DE SANTO TOMÁS Y SAN FELIPE NERI
22
GLESIA Y TORRE DE SANTA CATALINA
Pl. de Tetuán
25 ANTIGUO CONVENTO DE SANTO DOMINGO
Calle del Mar
C. de la Paz
GLESIA DE SAN MARTÍN
23 CASA NATALICIA DE SAN VICENTE FERRER
C. Gral. Palanca
Alameda
Puente Calatrava
MUSEO NACIONAL DE CERÁMICA GONZÁLEZ MARTÍ
6
5 COLEGIO SEMINARIO DEL PATRIARCA
Paseo de la Ciudadela
3
IGLESIA DE SAN JUAN DE LA CRUZ
4 UNIVERSIDAD DE VALENCIA
Pl. Alfonso el Magnánimo
PALACIO DE JUSTICIA
24
Pl. Porta de la Mar
Av. Navarro Reverter
Puente de Suecia
Calle Pintor Sorolla
PLA DEL REMEI
Calle Conde de Salvatierra
C. Barcas
C. D. Juan de Austria
Calle Sorní
Pl. América
2 CORREOS Y TELÉGRAFOS
Calle Roger de Lauria
Calle Colón
Colón
Calle Isabel la Católica
C.alle Jorge Juan
MERCADO DE COLÓN
50
Ruzafa
Calle Amorós
Pl. Cánovas del Castillo
Calle Cirilo Amorós
Calle Pizarro
AZA DE TOROS
MUSEO TAURINO
54
Gran Vía Marqués del Turia
Calle Conde de Altea
GRAN VIA

Ayuntamiento de Valencia.

1

Ayuntamiento ☼☼

Plaza del Ayuntamiento, 1. ☎ 96 352 54 78. (Línea 3); 7, 72, 81. De lu a vi, de 8.30 h. a 13.30 h.; cerrado: sa y do. Museo Histórico Municipal. De lu a vi, de 8.30 h. a 14.30 h.

Monumental edificio proyectado por los arquitectos **Carlos Carbonell Pañella y Francisco de Mora Berenguer**, construido entre 1905 y 1950. La fachada principal está formada por dos torreones circulares laterales y por la torre central, con reloj y carrillón de campanas y el escudo de la ciudad en el centro, de bronce, sustentado por dos desnudos femeninos obra de **Mariano Benlliure**. El conjunto cuenta con cuatro estatuas que representan la Prudencia, la Fortaleza, la Justicia y la Templanza. Ocupa una manzana de 6.000 m² y se integra en el antiguo edificio conocido como Real Casa de la Enseñanza, de mediados del siglo XVIII, y en el que se impartía clases a las niñas. En su interior destacan el salón de sesiones y el salón de fiestas, donde hay pinturas y esculturas de artistas valencianos modernos. El **Museo Histórico Municipal** muestra interesantes obras de arte y diversos objetos y documentos históricos de la ciudad, como la Senyera, la espada de Jaime I y el Pendón de la Reconquista, los elementos más emblemáticos de Valencia. Contiene, además, la tabla flamenca del Juicio Final (siglo XV); lienzos de **Sarinyena**, **Espinosa**, **Sorolla** y otros autores; los originales de los libros forales, ***Els Furs*** y ***El Consulat del Mar*** y **valiosos incunables**.

2

Correos y Telégrafos

La construcción del edificio se inicia en 1915 y finaliza en 1922, según proyecto del arquitecto Miguel Ángel Navarro. El acceso al interior se realiza a través de un cuerpo saliente enmarcado por un arco de medio punto y por dobles columnas jónicas. Su monumentalidad y características responden al eclecticismo dominante en la arquitectura oficialista de la época.

3

Iglesia de San Juan de la Cruz ☼

C. Poeta Querol, 6. 26, 31.

Esta iglesia, obra de Hipólito Rovira y Juan Bautista Pérez, fue consagrada al culto tras la Reconquista y fue objeto, a partir de 1602, de diversas transformaciones. La planta rectangular de una sola nave con bóveda de crucería y capillas laterales entre los contrafuertes, es herencia del Renacimiento. Encontramos, a los pies, la capilla del Gremio de Pescadores. En el exterior destaca el testero de la nave principal, liso, de ladrillo visto, sobre el que resaltan su portada y las columnas salomónicas. Luis Domingo realizó toda la importante decoración barroca en estuco, y Pere Rodríguez pintó los zócalos de azulejería. Contiene en su interior diversos cuadros y piezas artísticas de gran valor. Fue declarada **monumento histórico-artístico** en 1942.

4

Universidad de Valencia

C. La Nave, 2. ☎ 96 386 41 00. 7, 26, 31.

El origen del edificio es anterior a 1733 aunque, en 1830 el arquitecto J. Martínez realizó gran parte de la obra ahora existente. En 1889, Antonio Martorell reelaboró las fachadas actuales de corte neoclásico; aunque la que da a la plaza del Patriarca se terminó a mediados del siglo XX y en ella se ha incluido una fuente que no pertenece al diseño original. En 1931, Javier Goerlich añadió el claustro superior. En el interior destacan **el paraninfo**, atribuido al Padre Tosca, la **capilla neoclásica** y **la biblioteca**. Fue declarada **monumento histórico-artístico** en 1981.

5

Colegio Seminario del Patriarca

Plaza del Patriarca - c.de la Nave, 1. 7, 26, 31. Museo del Patriarca. ☎ 96 351 41 76. De lu a do, de 11 h. a 13.30 h. **$** 100 ptas.

Real Colegio del Corpus Christi, conjunto del Patriarca.

Sobre una gran manzana se levanta el importante conjunto del Patriarca, el Real Colegio Seminario del Corpus Christi, compuesto por colegio, seminario e iglesia. Esta gran obra se inició en 1586 y en ella intervinieron gran número de artistas, a destacar Guillén del Rey, autor de la iglesia y claustro. Las obras se concluyeron en 1610. De gran interés es el **claustro renacentista** de dos pisos, **la biblioteca**, **la iglesia** y **capilla de la Comunión**, y **el trabajo de azulejería de los zócalos** en todo el edificio. El Museo del Patriarca formado por la capilla de la Purísima y otras estancias adyacentes, incluye una colección pictórica de los siglos XVI y XVII y obras de **Juan de Joanes**, **El Greco** y **primitivos flamencos**. La iglesia conserva *La última cena* de Ribalta en su altar mayor y **tapices flamencos** en la capilla de la Comunión.

6

Palacio del Marqués de Dos Aguas y Museo Nacional de Cerámica González Martí ☼☼

26, 31, 71, 72, 81. Museo Nacional de Cerámica González Martí: c. Rinconada García Sanchís, s/n. ☎ 96 351 63 92. De ma a sa, de 10 h. a 14 h. y de 16 h. a 20 h.; do y festivos, de 10 h. a 14 h.; $ 400 ptas.

Palacio levantado sobre una antigua edificación y reedificado a partir de 1740 debido principalmente a nuevas necesidades cortesanas. Fue entonces cuando se ejecutó la **gran portada**, trabajada en alabastro del país que cubre dos alturas; arriba, preside la imagen de la Virgen y, abajo, rodeando la puerta, descienden dos caudales de agua que simbolizan dos ríos que se mezclan con una forma y vegetación muy particulares, todo ello cargado de una gran voluptuosidad. Esta portada, obra de **José Vergara**, según dibujos de Hipólito Rovira, es lo que ha dado fama al palacio. También en este momento fue cuando se duplicó la torre de la esquina, se colocaron barandillas ondulantes en los balcones y se pintaron al fresco todos los entrepaños, obras éstas en las que intervinieron Luis Domingo, Hipólito Rovira e Ignacio Vergara. En 1867, fue objeto de una nueva remodelación a cargo de José Ferrer. En 1970 se le añadió un cuerpo lateral y otro patio interior que monumentalizaría aún más el edificio. El conjunto fue declarado monumento histórico-artístico en 1962.

El palacio alberga el **Museo Nacional de Cerámica**, en el que se exponen piezas que van desde la **cerámica prehistó-**

Puerta principal del palacio del Marqués de Dos Aguas.

rica hasta piezas de **Pablo Picasso**, pasando por la **cerámica griega**, **romana**, **árabe** y las colecciones de diversa procedencia: **L'Alcora**, **Paterna**, **Manises**, **Córdoba**, **Teruel** o **Sevilla**. Destaca también la reproducción de una antigua cocina valenciana, así como el **mobiliario** y las lujosas **carrozas** del marqués de Dos Aguas.

Palacio del Marqués de Dos Aguas.

7 Iglesia de San Martín ☼☼

C. San Vicente - c. San Martín - c. Abadía de San Martín. 🚌 4, 6, 11.

Sobre una antigua mezquita del siglo XII, en 1382 se levantó esta **iglesia gótica** con **fachada barroca**. El interior del edificio ha sufrido diversas intervenciones, una en el siglo XVIII, en la que revistieron la construcción gótica original con una decoración barroca y, posteriormente, otra tras la guerra civil para repararla de los daños ocasionados durante la contienda. En el exterior presenta tres fachadas, el acceso principal es el de la calle San Vicente, donde se encuentra la estatua en bronce de San Martín; esta fachada fue realizada en 1740. Las otras dos fachadas son barrocas. La de la calle de San Martín es de 1674 y presenta una buena muestra de iconografía. La de la calle Abadía de San Martín, de mediados del siglo XVIII es la más interesante. La torre-campanario es de 1620, obra de Bartolomé Abril y Tomás Leonart. En el interior, la capilla de la Comunión es de 1647, restaurada en 1869, y la Sacristía de 1723, realizada por el arquitecto José Cardona y Pertusa.

EL DÍA DE LA COMUNIDAD VALENCIANA

Cada 9 de octubre, fiesta de San Dionisio, se conmemora con brillantes actos oficiales, presididos por la Señera de la ciudad, la entrada en Valencia de Jaime I. Los reposteros valencianos elaboran dos pasteles de mazapán con forma parecida a las de los dos cohetes que se disparaban antes en tal fecha desde lo alto del Miguelete de la Seo —las *piuletes* y los *tronadors*— y los jóvenes ofrecen a sus novias una *mocadorada* con esos dulces típicos de la fiesta.

8 Iglesia y torre de Santa Catalina

Plaza de Santa Catalina. ✝ festivos, 11.30 h., 12.30 h., 13.30 h. y 18.30 h.; laborables, 10.30 h., 13 h. y 18.30 h.

Iglesia gótica con torre barroca. Desde la calle de la Paz se obtiene una hermosa perspectiva de la torre. En los alrededores, horchaterías, heladerías, pastelerías y **animadas calles** como las de Sombrerería y Trench.

9 Catedral ☼☼☼

Plaza de la Reina, s/n. ☎ 96 391 81 27. 🚌 4, 6, 9, 16, 26, 31, 36, 70, 81. 🕐 De lu a do, de 7.30 h. a 13 h. y de 16.30 h. a 20.15 h. ✝ Invierno: de lu a do, a las 7.25 h., 8 h., 9 h., 10 h., 11 h., 12 h., 13 h., 14 h., 18 h., 19 h. y 20 h.; verano: de lu a do, a las 7.25 h., 8 h., 9 h., 10 h., 11 h., 12 h., 19 h. y 20 h. 🏛 Museo. 🕐 De ma a vi, de 10.30 h. a 13 h. y de 16.30 h. a 18 h.; sa, do y lu, de 10.30 h. a 13 h. $ 200 ptas. 🏛 Miguelete. 🕐 De lu a sa, de 10 h. a 12.30 h. y de 16.30 h. a 18.30 h.; do, de 10 h. a 13.30 h. y de 17 h. a 18.30

Plaza de la Reina vista desde el Miguelete con la torre de la iglesia de Santa Catalina a la derecha.

h.; julio, agosto y septiembre: de 10 h. a 13 h. y de 17 h. a 19.30 h. $ 200 ptas.

La Catedral de Valencia se asienta sobre el mismo lugar en que se erigió el **primer templo de la ciudad** en la época romana y, posteriormente, una mezquita árabe. Su construcción se prolongó más de 150 años –desde 1262 hasta 1426–, e inevitablemente las ampliaciones y reformas posteriores han dejado su huella en una interesante superposición de estilos sobre el predominante gótico primitivo. La catedral cuenta con tres accesos. Su fachada principal barroca –llamada, por su cancela, puerta de los Hierros– se abre a la plaza de la Reina. La puerta de los Apóstoles, de estilo gótico, se ubica en la plaza de la Virgen y es famosa, además, porque todos los jueves a las 12 h. se reúne el **Tribunal de las Aguas** para dirimir conflictos debidos al uso de las aguas (hurtos, rotura de canales, cambios en los turnos de riego, etc.). Es un juicio excepcional, de carácter verbal, que finaliza con una pena que impone el síndico de la acequia correspondiente. Las sanciones aún se basan en unas ordenanzas que datan de la época árabe y que se transmitieron oralmente hasta el siglo XVIII, en que fueron escritas y ratificadas por Felipe IV. La puerta del Palau, de estilo ro-

Plaza de la Reina con el Miguelete al fondo.

mánico con elementos mudéjares, se sitúa en la plaza de la Almoina. Junto a ella nace el arco que une la catedral con el palacio arzobispal. El cimborrio, de planta octogonal, es de estilo gótico y se asienta sobre el crucero; sus dieciséis ventanas iluminan el interior del templo. **El Miguelete**, el campanario gótico de la catedral, es la torre que más se identifica con Valencia y uno de los símbolos de la ciudad. Su altura, de 50,85 m, coincide con su perímetro. Esta torre de planta octogonal debe su nombre a una de sus doce campanas, concretamente la de las horas, que fue bendecida el 29 de septiembre de 1418, día de San Miguel, aunque la actual es de 1532. Hay que subir 207 peldaños para disfrutar de sus espléndidas **vistas** sobre la ciudad.

En el interior de la catedral destaca el Santo Cáliz de la Última Cena, en la capilla del mismo nombre; los lienzos de Hernando Yáñez de la Almedina y Hernando de los Llanos, colaboradores de Leonardo da Vinci, en el altar mayor; o los de **Goya**, en la capilla de San Francisco de Borja (*Despedida de San Francisco de Borja* y *Conversión de un moribundo*). En el **museo** se pueden admirar interesantes **retablos**, **esculturas**, **piezas de orfebrería** y **pinturas atribuidas a Goya** y **Juan de Joanes**.

Plaza de la Virgen con la basílica y la catedral al fondo.

10

Plaza de la Virgen

Lugar donde estuvo el Foro de la Valencia romana, en la confluencia del "*Kardo*" (probablemente calles del Salvador y Miguelete) y el "*Decumanus*" (calles del Palau y Caballeros). Durante época musulmana fue el acceso a la mezquita Mayor, hoy catedral. Es una amplia y animada plaza con fuente monumental en el centro. En ella convergen dos de las entradas a la basílica de la Virgen de los Desamparats, la puerta de los Apóstoles de la Catedral y la casa Vestuario (donde se exhibe una pintura al temple de Vicente López, discípulo de Goya); además de la plaza de la Virgen, con agradables terrazas. Los cafés, las heladerías y las palomas completan su ambiente.

11

Basílica de la Virgen de los Desamparados

Plaza de la Virgen, s/n. ☎ 96 391 86 11. 🚌 4, 6, 70, 81. 🕑 De lu a do, de 7 h. a 14 h. y de 16 h. a 21 h. † De lu a sa, de 7 h. a 13 h. cada hora, 17 h., 18 h., 18.30 h., 19.30 h. y 20.30 h.; sa, de 7 h. a 13 h. cada hora, 17 h., 17.45 h., 18.30 h., 19.30

h. y 20.30 h.; do, de 7.30 h. a 13.30 h. a las medias horas, 17 h., 17.45 h., 18.30 h., 19.30 h. y 20.30 h.

La basílica de la Virgen de los Desamparados es obra de Diego Martínez Ponce de Urrana y fue construida entre 1652 y 1667. Es una de las construcciones **barrocas** más importantes, desde el punto de vista arquitectónico, porque es de las primeras en España donde se introduce el camarín, capilla pequeña detrás del altar, un espacio particular y significativo del barroco. Es además una obra de nueva planta, que no se levanta sobre antiguas edificaciones. La gran cantidad de velas y flores que adornan la imagen de la Virgen en el altar muestra la devoción que la ciudad profesa a su patrona. Durante las Fallas se le tributa una espectacular ofrenda floral. Cabe destacar además su cúpula desplazada, pintada al fresco por Antonio Palomino en 1701.

Ofrenda de flores a la Virgen de los Desamaparados.

12

Palau de la Generalitat

☼☼

Plaza Manises, 1 - c. Caballeros, 2. 🚌 2, 4, 80, 81. ☎ 96 386 34 61. 🕒 De lu a vi, de 9 h. a 14 h., previa concertación de visita.

Edificio **gótico** del siglo xv y sede actual del gobierno de la Generalitat Valenciana. Albergó las Cortes del Reino de Valencia en 1421 y a partir de entonces se fueron anexionando casas para su ampliación. Pere Compte intervino con la construcción de la fachada (calle Manises), el patio y la estructura general. En el interior existen dos espacios de gran interés: el **salón Dorado**, con hermoso artesonado, y el **salón de Cortes**, ambos en el torreón. Al lado del salón de Cortes se encuentra la antigua capilla, que guarda un valioso **frontal renacentista**, varios retratos de época y una pintura de J. Sariñena. En 1931 el edificio era declarado **monumento histórico-artístico** nacional.

13

Palacios de Baylia y del Marqués de Scala

Plaza de Manises. 🚌 5, 7, 81

La plaza de Manises está configurada por fachadas de importantes edificios: Palau de la Generalitat, la casa Americana, el palacio de Baylia del siglo xv (declarado monumento histórico-artístico en 1962) y el palacio del Marqués de Scala del siglo xvi (declarado monumento histórico-artístico en 1949). Estos tres últimos son **dependencias de la Diputación Provincial** de Valencia. Del palacio de Baylia se puede visitar el patio.

14

Palacio de Benicarló

Plaza San Lorenzo, 4 ☎ 96 387 61 00. 🚌 7, 16. Ⓜ Pont de Fusta. 🕒 De lu a vi, de 9 h. a 14 h., previa concertación de visita.

Palacio del siglo xv que fue residencia de los Duques de Gandia. En el siglo xix se transformó en fábrica de hilaturas y hoy alberga las **Cortes Valencianas**.

15

Palacio Arzobispal

Plaza del Arzobispo. 🚌 5, 7.

Obra del arquitecto Vicente Traver Tomás contiene las dependencias eclesiáticas de la residencia arzobispal. Construido en un delirante historicismo barroco de matices sevillanos, presenta fachadas de ladrillo visto sobre zócalos de piedra, entresuelo con huecos recercados, principal con balcones moldurados, y enfatizado cuerpo central.

16

Cripta de la Cárcel de San Vicente Mártir

Plaza del Arzobispo, 3. ☎ 96 394 14 17. 🕒 De ma a sa, de 9.30 h. a 14 h. y de 17.30 h. a 20 h.; do y festivos, de 9.30 h. a 14 h.

Esta cripta alberga una capilla funeraria visigoda con planta de cruz, probablemente comunicada con la catedral de la época, de la que también se conserva parte de la cabecera. En el interior de la capilla, cuatro canceles ricamente decorados enmarcan la sepultura de su fundador, un prelado valentino fallecido a mediados del siglo vi. Los restos arqueológicos hallados, se pueden contemplar en exposición. En época islámica el edificio fue transformado en baños palatinos. Cuando el rey Jaime I entró en la ciudad en 1238 sólo se conservaba en pie el brazo norte del edificio, sobre el cual el monarca mandó edificar una capilla en honor al mártir, conocida popularmente como Cárcel de San Vicente.

17

Palacio Marqués de Campo y Museo de la Ciudad

Plaza del Arzobispo, 3. ☎ 96 352 54 78 ext. 4126. De ma a sa, de 9.30 h. a 14 h. y de 17.30 h. a 21 h.; do y festivos, de 9.30 h. a 14 h.

Este palacio del siglo XIX contiene entre sus fondos **restos arqueológicos** de la época romana en la que se fundó la ciudad de Valencia, así como de los períodos visigóticos y musulmán. El Museo de la Ciudad ofrece una exposición permanente sobre "La Valencia cristiana de los siglos XIII y XIV" y cuenta con interesantes documentos que datan de la conquista por Jaime I y otros relacionados con momentos relevantes de su historia. El edificio acoge también **exposiciones temporales** de artistas valencianos y colecciones pictóricas del Ayuntamiento de Valencia.

18

Almudín

Plaza San Luís Beltrán, 1. ☎ 96 352 54 78. 5, 16. De ma a sa, de 9.15 h. a 14 h. y de 17.30 h. a 21 h.; do y festivos, de 9.15 h. a 14 h.

El antiguo almudín —palabra de origen árabe que significa medida— es un edificio exento construido a principios del siglo XV para comercializar trigo. Ha sufrido diversas intervenciones. Desde 1906 ha sido la sede del **Museo Paleontológico**. El año 1969 fue declarado monumento histórico-artístico. En la actualidad ha sido restaurado para convertirse en la **Sala Municipal de Exposiciones**.

TRIBUNAL DE LAS AGUAS

En la puerta gótica de los Apóstoles de la Catedral de Valencia, se reúne cada jueves a las 12 h. el Tribunal de las Aguas de la Vega de Valencia. Siguiendo una tradición milenaria, los agricultores resuelven aquí sus desavenencias mediante juicio oral por el uso inadecuado de las aocho acequias que riegan la huerta: Mestalla, Rascanya, Favara, Mislata, Rovella, Benager y Faitanar, Quart y Tormos.

19

Palacio de los Escrivá

Plaza San Luis Beltrán, 2. 5, 16. No se visita (viviendas particulares).

En el siglo XVIII fue remodelada su fachada, y en 1976 se procedió a su restauración. Fue sede de la Real Sociedad Económica de Amigos del País. El palacio se compone de planta baja con semisótano y entresuelo, piso principal y un último piso. Un gran alero con vigas al aire remata el final de todo el edificio. Su puerta gótica abre paso a un patio a través del vestíbulo con una hermosa escalera que conduce al piso principal. En 1986 fue declarado monumento histórico-artístico.

20

Iglesia de San Esteban ☼

Plaza San Esteban, 5. ☎ 96 391 82 76. 4, 6, 9, 16, 26, 31, 36, 70, 81. † De lu a sa, a las 8 h. y 19.30 h.; do, a las 13 h., 19.30 h. y 21.15 h.

Su origen se remonta al siglo XIII. Es una de las más populares de la ciudad al albergar la **pila bautismal de san Vicente Ferrer**; por este motivo, se dice que todos los niños que son bautizados en ella nunca mueren de accidente. La iglesia consta de una sola nave con seis capillas laterales a cada lado y, junto al presbiterio, la capilla barroca de la Comunión, del siglo XVII. En el exterior, la puerta barroca en la que se lee la fecha 1600 y que corresponde a la capilla de la Comunión; dos puertas barrocas a los pies y un gran muro lateral con bellas gárgolas sobre el que se inscribe la renacentista puerta que ahora es la principal. Fue declarada monumento histórico-artístico en 1955.

Iglesia de San Juan del Hospital.

21

Iglesia de San Juan del Hospital

C. Trinquete de Caballeros, 5. 5, 7.

SAN VICENTE MÁRTIR

La iconografía valenciana tradicional representa al patrón de la ciudad con los instrumentos del martirio, una cruz en aspa y una rueda de molino, y por eso los valencianos le llaman popularmente "Sant Vicent de la Roda". san Vicente gozó de fama internacional, y su culto se extendió rápidamente por todo Occidente.

Cerca de una antigua mezquita, se construyeron el hospital y el convento de San Juan del Hospital, donación de Jaime I a la orden de Malta. En el siglo XVIII, se convirtió en parroquia castrense, anexionando la capilla de Santa Bárbara (1685), con proyecto del arquitecto Juan Bautista Pérez Castiel. Se accede hoy al conjunto a través de una casa barroca que da al patio del Vía Crucis, situado en un lateral de la nave única de planta rectangular. Obtenía en 1943 la cualificación de monumento histórico-artístico.

22

Iglesia de Santo Tomás y San Felipe Neri

Pza. de San Vicente Ferrer, 1. 🚌 5, 7.

También llamada iglesia de la Congregación, formaba parte del conjunto de casa conventual erigida por la Congregación Oratoniana de San Felipe Neri, de la que tras la desamortización sólo quedó la iglesia. El amplio interior se resuelve con planta de cruz latina de una sola nave, capillas laterales con cúpulas y gran cúpula sobre el crucero. La fachada se divide en dos cuerpos, y los elementos de piedra destacan sobre la fábrica de ladrillo rojo. Se construyó en 1727 y en 1982 fue catalogada como monumento de interés histórico-artístico.

23

Casa Natalicia de san Vicente Ferrer

C. del Mar, 51. 🚌 5, 7

Casa natal de san Vicente Ferrer también llamada **Pouet de sant Vicent** (el pocito existe físicamente). La ciudad la adquirió en 1573 y fue reconstruida en 1955 por el arquitecto Vicente Valls, según los cánones del gótico civil valenciano (Lonja, Generalitat, etc.). Destaca la decoración cerámica del Pouet, que data del siglo XVIII, y la composición de los dos cuerpos articulados por una torre almenada. Durante la festividad de este santo, que se celebra a lo largo del domingo y el lunes después de Pascua, los Niños Huérfanos de San Vicente Ferrer escenifican sus milagros sobre un altar que se instala en las cercanías de su casa natal, al final de la calle del Mar. Diversos altares se levantan en otros puntos de Valencia, como la calle Ruzafa, la plaza de la Virgen o las inmediaciones de las iglesias de los Santos Juanes y San Nicolás.

24

Palacio de Justicia

C. Palacio de Justicia. Ⓜ (Alameda y Colón) 🚌 9, 16, 27.

Este palacio declarado monumento histórico-artístico en 1982, ocupa una gran manzana rectangular en la que se realizaba todo el comercio proveniente del mar. Entre 1758 y 1802 se construyó este edificio de **estilo neoclásico**, que es uno de los más importantes de la ciudad, obra de los arquitectos Felipe Rubio, Antonio Gilabert y Tomás Miner. Con la función inicial de aduana, en 1828 se transformó en fábrica de tabaco y en 1914 el arquitecto Vicente Rodríguez lo transformó para su uso actual de palacio de Justicia.

25

Antiguo Convento de Santo Domingo

Plaza Tetuán, 22. ☎ 96 351 77 37 ext. 3038. Ⓜ (Alameda) 🚌 5, 16.
🕒 Previa concertación.

Jaime I colocó en él la primera piedra. Tras la desamortización del convento éste fue ocupado por la Capitanía General. Dentro del conjunto de Santo Domingo se encuentran, de estilo gótico, la **capilla de los Reyes**, impresionante construcción gótica de mediados del siglo XV, en sillería oscura y cubierta por una importante bóveda, declarada monumento histórico-artístico nacional en 1931. El claustro Mayor, edificado entre los siglos XIV y XV, y el aula capitular, sala gótica levantada en el siglo XIV. En estilo neoclásico, la capilla de San Vicente Ferrer, que data de 1772, de una sola nave con crucero y cúpula con tambor y linterna. Y, de estilo renacentista, la portada, mandada construir por Felipe II; el patio ajardinado, tras ella, y el refrectorio.

26

El Temple

Plaza del Temple. 🚌 5, 16.

Se construyó por orden de Carlos III tras un terremoto que asoló, en 1748, el monasterio de Montesa. Originariamente fue iglesia, colegio y convento de la orden militar del Temple, destinándose a diversos usos tras la desamortización. El antiguo convento es desde 1861 sede del **Gobierno Civil**. Aún hoy se distingue la estructura del convento, y la iglesia del Temple presenta un gran interés en su interior, con templete en el altar mayor y pinturas en perspectiva, obra de Felipe Fontana. En 1979 fue declarado monumento histórico-artístico.

Viveros en los Jardines del Real.

27

Jardines del Real o Los Viveros

Zoo: interior de los jardines. ☎ 96 362 35 12/352 54 78. Museo de Ciencias Naturales: c. General Elio, s/n.

En el pasado fue éste el lugar donde el poderoso soberano árabe Abd al Aziz instaló su **parque real de recreo**; después, los reyes cristianos, los virreyes y los capitanes generales hicieron lo propio. En la actualidad constituye uno de los lugares preferidos de los valencianos. En las noches de verano, una gran explanada central se convierte en **auditorio al aire libre** de conciertos –especialmente durante la Feria de Julio– y, en primavera, sus caminos se llenan con las casetas de la **Feria del Libro** y otras manifestaciones culturales. En su interior se encuentra el **zoo de Valencia**, con ejemplares de orangutanes, felinos, jirafas, pájaros de colores y otras especies animales, y el **Museo de Ciencias Naturales**, que alberga las colecciones de paleontología y malacología del antiguo Museo Paleontológico. Consta de cuatro áreas: contribución valenciana a las ciencias naturales, historia de la vida, malacología y ecosistemas valencianos.

Escultura en los Jardines del Real.

28

Museo de Bellas Artes San Pío V ☼☼

C. San Pío V, s/n. ☎ 96 360 57 93. De ma a sa, de 10 h. a 14.15 h. y de 16 h. a 19.30 h.; do y festivos, de 10 h. a 19.30 h. Previa concertación.

Ubicado en un edificio barroco (s. XVII) reciente-

Museo de Bellas Artes San Pío V.

mente remodelado, es una de las pinacotecas más destacadas del país por sus colecciones de los primitivos valencianos (desde finales del siglo XV a principios del XVI), entre los que destacan obras de Jacomart o Reixac; autores de la escuela valenciana como **Hernando Yáñez de la Almedina**, **Juan de Joanes**, los **Francisco Ribalta**, **José de Ribera**, **Vicente López**, **Joaquín Sorolla** e **Ignacio Pinazo**; y otros de la talla de **Pinturicchio**, **Andrea del Sarto**, **Van Dyck**, **Murillo**, **Velázquez**, **El Bosco**, El **Greco** y **Francisco de Goya**. El Museo de Bellas Artes cuenta con un espacio dedicado al al arte contemporáneo y un pabellón de escultura donde es posible admirar esculturas de **Mariano Benlliure**. Asimismo, se exponen en el museo interesantes piezas arqueológicas como la magnífica escultura llamada la Leona de Bocairent o el sarcófago paleocristiano de san Vicente Mártir.

29

Torres de Serranos ☼☼

Plaza de los Fueros. ☎ 96 391 90 70. Ⓜ (Pont de Fusta) 🚌 5, 27, 80.

Su construcción se inició en 1392 a cargo de Pere Balaguer. Las torres nacen como defensoras de uno de los accesos más usados de la Valencia antigua. Su decoración es mayor que en las de Quart por ser la puerta de entrada a la ciudad más importante, y lugar de recepción de las autoridades que la visitaban. En 1865 se derriban las murallas y quedan exentas. Desde 1586 hasta 1887 son utilizadas como cárcel de nobles. Las torres, con su galería corrida de almenas, tracería, etc., son un magnífico exponente de la **arquitectura gótica**. En 1931 fueron catalogadas como monumento histórico-artístico.

Torres de Serranos.

30

Casa de las Rocas

C. de las Rocas, 3 ☎ 96 392 23 26. 🚌 5, 16. 🕘 De lu a vi, de 10 h. a 14 h.

Las Rocas son las carrozas que desfilan en la procesión del Corpus Christi, también llamada Procesión de las Rocas. Este antiguo almacén del siglo XVIII se utiliza para guardarlas. La puerta de la calle de las Rocas, excepcionalmente alta, permite su paso hacia el interior.

31

Iglesia del Carmen

Plaza del Carmen, 7. 🚌 5, 16.

Esta iglesia formaba parte del gran convento de los Carmelitas Descalzos, que tuvo un importante papel en la ciudad. La fachada de la iglesia da a la plaza que lleva su nombre, construida en el siglo XVIII para darle mayor realce. Frente a la iglesia se encuentra el palacio del Intendente Pineda, con fachada de corte barroco clasicista.

32

Centro del Carme ☼

C. Museo, 4. ☎ 96 386 30 00. 🕘 De ma a sa, de 10 h. a 14.15 h. y de 16 h. a 19.30 h.; do y festivos, de 10 h. a 19.30 h.

El Centro del Carme es un edificio integrado en el antiguo **convento del Carmen**, cuya construcción se remonta al siglo XIII. Subsisten recintos góticos y renacentistas junto a un cuerpo arquitectónico del siglo XX. Está dedicado a presentar la **actualidad artística** al público valenciano y a promocionar a los artistas locales y nacionales. Es un centro activo que promueve exposiciones, instalaciones, talleres, etc.

33

Casa-Museo José Benlliure

C. Blanquerías, 23. ☎ 96 391 16 62. Ⓜ (Pont de Fusta) 🚌 5, 16, 29. 🕘 De ma a sa, de 9 h. a 14.15 h. y de 17.15 h. a 21.15 h.; do y festivos, de 9 h. a 14.15 h.

Edificio construido en 1880, en el que se ubica la casa del pintor **José Benlliure**, que recrea el ambiente íntimo de una vivienda burguesa de finales del siglo XIX. Destaca el saloncito de visitas, despacho, comedor y dormitorio. En su interior se pueden admirar, además, pinturas, cerámicas, esculturas y dibujos de José, Pepino y Mariano Benlliure; y alguna muestra de Sorolla, Muñoz Degrain y de otros artistas valencianos ilustres. En el jardín posterior, de diseño original, se respira los gustos del siglo XIX. Una **sala de exposiciones temporales** completa el conjunto.

Institut Valencià d'Art Modern (IVAM).

34

IVAM Centro Julio González ☼☼

C. Guillem de Castro, 118. ☎ 96 386 30 00. ⌚ De ma a do, de 10 h a 19 h.; lu cerrado. $ 350 ptas.

El Instituto Valenciano de Arte Moderno (IVAM) ocupa en la actualidad uno de los primeros lugares entre los museos de arte contemporáneo españoles. Es un edificio de nueva planta de 18.000 m^2, la mayor parte de ellos de acceso público. Dispone de **ocho galerías** destinadas a exposiciones permanentes y temporales. Una de ellas, de acceso independiente, exhibe los restos de la muralla medieval de Valencia; otra, está concebida especialmente para la exposición de escultura. Las colecciones permanentes recogen las propuestas internacionales de las **vanguardias históricas**, en especial las que más influyeron en el desarrollo de la abstracción, el montaje tipográfico y el fotomontaje. Otra importante colección es la dedicada al **informalismo europeo**, con las aportaciones de autores singulares del arte moderno español, como **Antonio Saura**, **Antoni Tàpies**, **Manuel Millares** y **Eduardo Chillida**. El cambio de orientación que registra el arte durante los años sesenta se refleja en las colecciones que inciden en el Pop Art y la Nueva Figuración en las que, junto a obras relevantes de artistas europeos y americanos adscritos a esas tendencias, se han incluido pinturas de **Eduardo Arroyo** y el **Equipo Crónica**, indispensables para analizar la renovación artística española de ese período. La colección de pinturas y dibujos de **Ignacio Pinazo** representan el inicio de la modernidad en Valencia. La **colección de fotografía** recoge toda la historia de ese arte desde sus inicios a mediados del siglo XIX hasta las tendencias actuales. La colección de **Julio Gonzalez** (1876-1942) está expuesta de forma permanente en el Centro. González fue uno de los pioneros de la escultura contemporánea en hierro. Su obra siempre se mueve entre las referencias a la realidad y una tendencia a la abstracción a través del juego de líneas y vacíos propios del constructivismo.

35

Asilo del Marqués de Campo

C. Corona, 36. 🚌 5.

Esta obra de José Camaña Laymón comunica interiormente con la Casa de la Beneficencia. Es un homenaje a la forma gótica. Se utilizan detalles formales del lenguaje gótico (arcos apuntados, capiteles) sólo como adorno, sin su función de sustentar.

36

Centro Cultural de la Beneficencia

C. Corona, 36. ☎ 96 388 35 65. 🚌 5. ⌚ De ma a do, de 10 h. a 21 h. 🏛 Museo de Etnología y Museo de Prehistoria: Invierno, de 10 h. a 20 h.; verano de 10 h. a 21 h.

La antigua Beneficencia, antiguo hospicio que data de 1876, integra en la actualidad el **Museo de Etnología** (que muestra la evolución del modo de vida de la sociedad rural tradicional); el **Museo de Prehistoria** Domingo Fletcher (con hallazgos de las excavaciones arqueológicas desde el Paleolítico hasta la época romana) y diversas salas para exposiciones temporales, entre ellas **la sala Parpalló**. Se ocupa, además, de organizar conciertos y actos culturales. Del conjunto que integra este centro y que ha sido remodelado en su práctica totalidad, destaca la antigua iglesia, que conjuga los estilos románico del exterior y neobizantino del interior.

37

Torres de Quart

C. Guillem de Castro, 92. 🚌 5, 60.

Levantadas por Pere Bofill en 1441, según modelo de las torres de Castell Nuovo de Nápoles, son un ejemplo de construcción militar del **gótico tardío**. Proyectadas como puertas defensoras de la ciudad, recibieron, hasta 1874, el nombre de torres de la Cal, debido a que en el siglo XVIII se exigía que la cal que entrara a Valencia pasara por allí.

La fachada posterior se descubrió de manera que pudiera verse el interior, destinado, durante cierto tiempo, a cárcel de mujeres. En 1931 fueron declaradas **monumento histórico-artístico**.

Torres de Quart.

Umbráculo del Jardín Botánico.

38

Jardín Botánico

C. Quart, 80. ☎ 96 315 68 00. Invierno: de 10 h. a 18 h.; verano: de 10 h. a 21 h. $ 50 ptas.

En el edificio de investigación de la Universidad de Valencia se encuentra este hermoso jardín inaugurado en 1802 siguiendo las directrices de Antonio José Cavanilles. Es uno de los **jardines botánicos** más completos e interesantes de Europa, ya que contiene cientos de especies y variedades de árboles, arbustos y palmeras procedentes de todas las partes del mundo. Entre sus actividades destacan las exposiciones relacionadas con la naturaleza.

Cactus en el Jardín Botánico.

39

Plaza Redonda

La plaza Redonda, llamada popularmente "el Clot", fue construida en 1839 sobre los solares del antiguo Matadero que servía a las carniceras del Trenc. Es un conjunto circular, con una fuente central, y con los accesos, las puertas y los balcones unificados. En el perímetro interior, con suelo adoquinado, hay tiendas de bordados, encajes e hiladuras; en el exterior se concentran artesanos, ceramistas y tiendas de confección.

40

La Lonja ☼☼☼

Plaza del Mercado, s/n. ☎ 96 352 54 78. 4, 6, 8, 9, 11, 16, 27, 36, 70, 71, 81. De ma a sa, de 9 h. a 14 h. y de 17 h. a 21 h.; do y festivos, de 9 h. a 13.30 h.

La mejor muestra de **gótico civil** de la ciudad, hoy declarada **Patrimonio de la Humanidad por la Unesco**. Sus obras se iniciaron el 5 de febrero de 1483 de la mano del maestro **Pere Compte**, quien tomó como modelo el gótico mediterráneo de la Lonja de Palma de Mallorca, y concluyeron en 1498. Tras su edificación, Compte se convirtió en el maestro mejor considerado de la Corona de Aragón. Se levantó con el objeto de albergar operaciones de contratación,

Plaza Redonda.

Techo de la Lonja de Valencia.

subastas y otro tipo de reuniones de carácter cívico y cultural. También daba cobijo al Consulado de Mar, tribunal mercantil destinado a solucionar los litigios marítimos, y a la *Taula de Canvis i Depòsits* (Mesa de cambio y depósitos), primera entidad bancaria valenciana. El edificio tiene tres partes principales: **el salón columnario**, **el torreón** y **el Consulado del Mar**, tras el cual se encuentra el **patio de los Naranjos**. En el interior sobresale la monumental sala de la Bolsa, de gran altura (17,40 m) y con catorce magníficas **columnas helicoidales** que en la bóveda forman quince cuadros estrellados y diferenciados entre sí. Algunas están adosadas a los muros actuando de contrafuertes. Los escudos que ilustran la sala recuerdan que fue la ciudad quien asumió los costes de su construcción.

En la bóveda ojival del salón principal puede verse una inscripción en latín cuyo contenido inmortaliza el espíritu que debía regir la actividad mercantil para la que fue creada la Lonja: "Casa famosa soy, en quince años construida. Compatricios, probad y ved cuán bueno es el comercio que no lleva fraude en la palabra, que jura al prójimo y no le falla, que no da su dinero con usuras. El mercader que vive de este modo rebosará de riquezas y gozará, por último, de la vida eterna".

41

El Mercado Central

Plaza del Mercado. ☎ 96 382 91 00. 4, 6, 70, 71, 81; De lu a sa de 7 h. a 15 h.; abierto vi. de 17 h. a 21 h. todo el año (excepto desde el 1 de jul. al 13 de sept.).

Interesante edificio de **estilo modernista** finalizado en 1928. Tiene una superficie de más de 8.000 m^2 y cerca de mil puestos para la venta de productos frescos de alimentación. El conjunto está coronado por varias cúpulas. Sobre la principal se asienta la veleta que es hoy su símbolo, la cotorra del mercado. Las vidrieras, cerámicas y mosaicos que adornan sus fachadas son el contrapunto artístico a un edificio de carácter puramente mercantil.

Antiguamente los puestos del mercado se cubrían con toldos y estaban junto a la plaza del Mercado.

Cúpula del Mercado Central.

42

Iglesia de los Santos Juanes

Plaza del Mercado, s/n. ☎ 96 391 63 54. 4, 6, 7, 71, 81. Se visita en horarios de culto. † Del 16 de sept. al 30 de jun.: de lu a vi a las 8 h., 9 h., 10 h., 12.30 h y 19.30 h; sa, a las 9 h., 10 h., 12.30 h, 17.30 h y 19.30 h; do, a las 10 h., 11 h., 12 h., 13 h. y 18.30 h. Del 1 jul. al 15 sept.: de lu a vi, a las 8 h., 9 h. y 10 h.; sa, a las 9 h., 10 h. y 19.30 h; do, a las 10 h., 11 h., 12 h. y 18.30 h.

Iglesia gótica transformada en templo barroco en 1608. A mediados del siglo XVII se le añade la capilla de la Comunión, que se termina de construir en 1653. También en la segunda mitad del XVII se levanta la torre campanario, situada a los pies de la iglesia y con barrocos detalles decorativos en su parte superior. Hacia finales del siglo XVII y principios del XVIII se llevan a cabo las reformas que configuran su actual fisonomía barroca. En el interior destaca el inmenso **fresco de la bóveda**, un tratamiento sobre el Apocalipsis, a cargo de Antonio Palomino, que es una importante obra pictórica. El conjunto fue restaurado tras un incendio en 1936. Hacia 1700 se reforma el exterior creando una fachada-retablo, en la que resalta la escultura central de la Virgen del Rosario. De la veleta que se dispuso en lo alto de esta fachada, cuentan que las familias que por motivos económicos no podían mantener a alguno de sus hijos, lo traían a este lugar y, señalándole la veleta, también llamada "pardal de Sant Joan", le decían que se fijase bien en el "pardal" (pájaro), porque iba a empezar a volar, aprovechando la distracción del niño la familia huía con la esperanza de que alguno de los mercaderes lo tomase en adopción y le dieran un futuro.

Iglesia de los Santos Juanes.

43

Iglesia de San Nicolás ☼☼

C. San Nicolás, s/n. ☎ 96 391 33 17. 🚌 5, 7, 9. 🚊 🕒 Del 16 de sept. al 15 de jul.: lu, de 7.30 h. a 13 h. y de 16 h. a 20 h.; de ma a sa, de 9.15 h. a 10.15 h. y de 19.15 h. a 20 h.; do, de 10 h. a 13 h.. Del 16 de jul. al 15 sept.: lu, de 7.30 h. a 13 h. y de 17 h. a 20.30 h.; de ma a sa, de 9.15 h. a 10.15 h., y de 18.45 h. a 20 h. † Del 16 de sept. al 15 de jul.: lu, a las 8 h., 9 h., 10 h., 11 h., 12 h., 16.30 h., 17.30 h., 18.30 h. y 19.30 h.; de ma a sa, a las 9.30 h. y 19.30 h.; do, a las 10.30 h. y 12 h. Del 16 de jul. al 15 de sept.: lu, a las 8 h., 9 h., 10 h., 11 h., 17.30 h., 18.30 h. y 19.30 h.; de ma a sa, a las 19.30 h.

Es ésta una de las siete primeras iglesias fundadas tras la reconquista de la ciudad por Jaime I. Sus orígenes se remontan al siglo XIII. El templo fundacional, proyectado en un sencillo **gótico**, consta de una gran nave rectangular con capillas laterales, bóveda de crucería y ábside poligonal. Del siglo XV quedan la fábrica del testero posterior que sirve de base a la torre, y la fachada principal, con puerta abocinada mediante arcos góticos con escasa decoración. En 1693 se renueva el templo en estilo barroco por el arquitecto Juan Bautista Pérez Castiel. En la intervención no se ocultó la bóveda gótica y ambos estilos, gótico y barroco, permanecen en armonioso diálogo. Y se decora con pinturas al fresco, obra de Dionisio Vidal, según diseños de Palomino, en las que se recogen las vidas y los milagros de San Nicolás de Bari y San Pedro Mártir. Encima de la cornisa del testero, sobre la posteriormente construida puerta de la capilla de la Comunión, y como homenaje mutuo, Dionisio Vidal retrata a Palomino, y éste a Vidal, concluyéndose la decoración en 1700. En 1864 se construye la fachada lateral en estilo neogótico por el arquitecto Timoteo Calvo. La tercera puerta, un estrecho pasadizo que comunica con la calle Caballeros, es el acceso más concurrido.

44

Estación del Norte ☼☼

ℹ c. Xàtiva, 24. ☎ 96 352 02 02. Ⓜ 🚌 5, 7.

El arquitecto Demetrio Ribes Marco proyectó este **gran edificio modernista** en 1906, dentro de la corriente "Sezesión Vienesa", que fue inaugurado en 1917 y en el que se aprecia una clara influencia del arquitecto austríaco **Otto Wagner**. Destaca el trabajo de forja y la profusión de la cerámica con vistosos colores, cuya temática son típicos elementos valencianos, como naranjas, azahar, cestas con frutas, guirnaldas, escenas de la Albufera, barracas y mujeres vestidas con el traje regional. La estación muestra también mosaicos de gran calidad en techos, suelos y paredes.

Detalle de la Estación del Norte.

45

Plaza de Toros

C. Xàtiva – c. Alicante. Ⓜ 🚌 5, 7.

Edificio **neoclásico** obra del arquitecto Sebastián Monleón Estellés, que se levantó entre 1850 y 1860. En 1983 fue declarado monumento histórico-artístico. En el exterior cuenta con cuatro plantas porticadas, con arcos de ladrillo, carpaneles en planta baja, de medio punto en las restantes y balaustradas de piedra. En el interior, presenta un tendido de 24 gradas y sobre él, descansan dos galerías apoyadas sobre pilares de fundición. A través del **Museo Taurino**, un itinerario señalizado recorre los diferentes espacios de la plaza.

Cartel de toros en Valencia.

46

Ciudad de las Artes y las Ciencias

Nuevo camino de las Moreras, Autopista del Saler. ☎ 902 10 00 31. L'Hemisfèric. De lu a ju, de 12 h. a 21.30 h.; vi y sa, de 12 h. a 23 h.; do, de 12 h. a 21.30 h. $ 1.000 ptas. Museo de las Ciencias. De lu a ju, de 10 h. a 20 h.; de vi a do, de 10 h. a 21 h. $ 1.000 ptas. (combinada del museo y L'Hemisfèric de 1.500 ptas.)

La Ciudad de las Artes y de las Ciencias, construida en el último tramo del antiguo cauce del río Turia, se está convirtiendo en nuevo **símbolo de la ciudad** y en uno de los principales escenarios para la difusión cultural, la celebración de espectáculos y el disfrute del tiempo de ocio. El conjunto, diseñado por **Santiago Calatrava** y un equipo

Puente de Calatrava.

encabezado por **Félix Candela**, nace con la pretensión de ser el signo de la vanguardia artística y cultural de Valencia. Se divide en cuatro edificios: El **palacio de las Artes**, **El Cine Planetario-L'Hemisfèric**, **el Museo de las Ciencias** y **el Parque Oceanográfico**.

L'Hemisfèric, ya en funcionamiento, cuenta con una pantalla gigante hemisférica de 900 m^2. Ofrece películas en tres dimensiones e interesantes proyecciones para viajar por el espacio y conocer los secretos del Universo. El Palacio de las Artes, destinado a la promoción y difusión del arte, albergará una Escuela de Cinematografía, el Centro de las Artes Escénicas, el Centro Valenciano de la Música y la Filmoteca, así como salas de exposiciones, auditorios y un centro de documentación de las Bellas Artes. El Museo de las Ciencias, inaugurado recientemente, es un centro de formación, documentación y divulgación científica dirigido a todos los ciudadanos y, muy especialmente, a los centros educativos. Y el Parque Oceanográfico consiste en una ciudad submarina concebida como un parque natural, y como un centro científico, educativo y recreativo, formado por una serie de lagos y lagunas con aguas de diferentes cualidades y por diversas costas e islas que reproducen las distintas formaciones geológicas costeras y ecosistemas marinos de la Tierra.

47

Palau de la Música

Paseo Alameda, 30. ☎ 96 337 50 20.

El Palau de la Música de Valencia es una obra proyec-

Ciudad de las Artes y las Ciencias.

tada por el arquitecto **Ricardo Bofill**. Es la sede de la Orquesta de Valencia y escenario en que se dan cita las más prestigiosas orquestas, directores e intérpretes del panorama musical internacional. La temporada se estrena con los Festivales del otoño y su ciclo de **conciertos y óperas** se prolonga hasta el verano.

48

Casa-Museo Blasco Ibáñez

Isabel de Villena, s/n. ☎ 96 356 47 86. De octubre a marzo, de 9.15 h. a 14 h. y de 16.30 h. a 20 h.; de abril a septiembre, de 9.15 h. a 14 h. y de 17.30 h. a 21 h.; do tarde, lu y festivos, cerrado. Previa concertación.

El reconstruido chalet de Vicente Blasco Ibáñez alberga hoy, en sus tres plantas, un **museo** con recuerdos personales del escritor valenciano (muebles, porcelanas, miniaturas, grabados, fotografías y recuerdos de sus viajes), así como un centro de investigación (con documentos relacionados con su vida y obra) y un salón de actos dedicado a la celebración de conferencias, mesas redondas, proyección de películas y exposiciones temporales.

49

Colegio del Arte Mayor de la Seda

C. Hospital, 5. ☎ 96 351 19 51. de 10 h. a 14 h.; sa y do, cerrado. $ 200 ptas.

Edificio adquirido en 1492 para ubicar en él el **gremio de sederos de Valencia**. En el siglo XVIII se conformó su actual fisonomía exterior. Fue restaurado en 1939, y declarado monumento histórico-artístico en 1981. El hundimiento de la industria sedera, a mediados del siglo XIX, tiene como efecto el declive del barrio de Velluters o sederos, barrio menestral, fundado en el siglo XV que se dedicaba a su producción. En la actualidad el colegio se ha convertido en un centro cultural y docente que organiza exposiciones, conferencias y charlas. En su interior se puede visitar un pequeño museo con tejidos clásicos y barrocos, cuños, xilografías, telares y útiles del oficio. Alberga, además, una interesante capilla con escalera gótica de caracol, atribuida a Pere Compte, y un salón de actos con una composición de azulejos del siglo XVIII.

50

Mercado de Colón

C. Cirilo Amorós – c. Jorge Juan. 2, 5.

Mercado público de la burguesía construido por el arquitecto Francisco de Mora y Berenguer según proyecto de 1914. Ocupa una manzana entera y su estructura tiene como modelo los prototipos de la arquitectura industrial. En las fachadas principales se concentra el tratamiento decorativo principalmente basado en arcos, piezas cerámicas, mosaicos y vidrieras.

51

Paseo de la Alameda

(Alameda). 1, 36, 70.

Acceso al antiguo palacio Real que se abrió como paseo en 1677. Durante el siglo XIX se consolidó como lugar de paseo a caballo y encuentro de la clase alta. Fue remodelado por Javier Goerlich Lleó en 1932. Forma un paseo ajardinado con gran variedad de arbolado que va desde el puente del Real al de Aragón. De la primitiva Alameda se conservan dos esbeltas torres llamadas de los Guardas; mandadas construir en 1714 y dedicadas a San Felipe y a San Jaime. Entre las joyas que atesora se encuentra la fuente de las Cuatro Estaciones, mandada colocar allí en 1861 por el entonces alcalde de la ciudad Francisco Brontons; la fuente de Flora, labrada por el escultor valenciano José Piquer en mármol de Carrara; el monumento al doctor Moliner de 1919 y obra de José Capuz, y otros monumentos como el dedicado al botánico Cabanilles.

Palau de la Muscia.

52

Parque Gulliver

Antiguo cauce del Río Turia, Tramo 12. ☎ 96 337 02 04. ⌚ De 10 h. a 20 h.; julio y agosto, de 10 h. a 14 h. y de 17 h. a 21 h.

En el antiguo cauce del río Turia, los más pequeños tienen la diversión garantizada con el **complejo infantil** Parque Gulliver, el gigante convertido en toboganes, con una maqueta de la ciudad en su interior y rodeado por un minigolf, ajedrez gigante, pistas, rampas de patinaje y un sinfín de juegos para disfrutar entre jardines en plena ciudad.

53

Jardines de Monforte

Forman parte del Tesoro Artístico Nacional y están considerados como unos de los más bellos de España. En estilo neoclásico aunque con aspectos románticos, destacan bellas **esculturas italianas**, estanques, surtidores con grupos de amorcillos y el palacete o **pabellón de descanso**. Guardan la entrada al palacete dos leones esculpidos en mármol de Carrara.

54

Museo Taurino

Pje. Doctor Serra, 16. ☎ 96 351 18 50. ⌚ Lu, de 10 h. a 14 h.; de ma a do, de 10 h. a 21 h.

El Museo Taurino, inaugurado en 1929, ofrece una completa panorámica sobre la historia del toreo valenciano. Ésta se presenta a través de una sala expositiva permanente, **proyecciones de audiovisuales** sobre la lidia del toro y la musealización de la Plaza de Toros. El museo está considerado por su singularidad y contenido como **uno de los mejores de España en su especialidad**. Incluye una interesante colección de trajes, grabados, pinturas, objetos y recuerdos taurinos desde el siglo XVIII hasta el siglo XX.

Jardines de Monforte.

55

Museo del Artista Fallero

C. del Ninot, 24. ☎ 96 347 65 85. ⌚ De lu a vi, de 10 h. a 14 h. y de 16 h. a 19 h.; sa , de 10 h. a 14 h. $ 300 ptas.

Este recinto, situado en la llamada Ciudad del Artista Fallero, está rodeado de talleres donde los maestros falleros trabajan de septiembre a marzo en la construcción de sus espectaculares monumentos. El museo incluye una exposición de bo-

"Ninots" de las Fallas.

cetos, carteles, fotografías y "ninots indultats", es decir, figuras que se salvan de la quema.

56 Museo Fallero

Pza. Monteolivete, 4. ☎ 96 352 54 78. ⌚ De ma a sa, de 9.15 h. a 14 h. y de 16.30 h. a 20 h.; do y festivos, de 9.15 h. a 14 h. Cerrado: lu. $ 300 ptas.

El origen de **las Fallas** se remonta a mediados del siglo XVIII, pero en 1934 se introdujo una nueva costumbre: indultar un "ninot", que se salvará de las llamas. El sistema para elegir al "ninot" afortunado es mediante votación popular. Desde entonces, todos los "ninots indultats" del fuego se exponen en este museo, además de un audiovisual, fotografías, carteles y otros elementos que ilustran la historia de las Fallas.

57 Reales Atarazanas

Plaza Juan Antonio Benlliure, s/n. ☎ 96 352 54 78. ⌚ De ma a sa, de 9 h. a 14.15 h. y de 17.15 h. a 21.15 h.; do y festivos, de 9 h. a 14.15 h.

Este edificio del siglo XIV, antiguo astillero y almacén de utensilios navales, alberga actualmente **exposiciones temporales**.

GUÍA PRÁCTICA

RESTAURANTES

LA SUCURSAL: c. Navarro Reverter, 16. ☎ 96 374 66 65. *Cierra domingos noche y la segunda quincena de agosto. Imprescindible su arroz "en fesols i naps", el caldoso de bogavante y el de conejo y robellones.* ♣♣

ÓSCAR TORRIJOS: c. Doctor Sumsi, 4. ☎ 96 373 29 49. *Tiene una estrella Michelín. Cierra los domingos, del 15 de agosto al 15 de septiembre y Semana Santa. Soberbio arroz de rape y alcachofas junto a especialidades de caza mayor y menor, entre otros. Amplia carta de vinos.* ♣♣

AKAYAYE: c. Reina Doña Maria, 3 ☎ 96 333 35 23. ♣

BALCÓN DEL CARMEN: c. Roteros, 16. ☎ 96 392 00 17. ♣

FÉLIX: avda. Maestro Rodrigo Músico, 14. ☎ 96 347 49 33. *Cocina tradicional bien elaborada.* ♣♣

LA RIVA: c. Mar, 27 ☎ 96 391 45 71. *Cocina valenciana. Buenos arroces.* ♣♣

CHEZ LYON: c. en Llop, 4. ☎ 96 351 56 34. *Cocina francesa e internacional.* ♣♣

CASA VICENT: c. Pintor Salvador Abril, 55. ☎ 96 374 82 05. *Cierra miércoles y del 15 de junio al 15 de julio.* ♣♣

LA ROSA: Paseo Neptuno, 70. ☎ 96 371 20 76. *Excelentes arroces en el mejor restaurante de la Malvarrosa. Cierra sábados y domingos del 1 de julio al 15 de agosto, todas las noches de invierno (excepto del 15 de mayo al 15 de agosto) y la segunda quincena de agosto.* ♣♣

SEU-XEREA: c. Conde de Almodóvar, 4. ☎ 96 392 40 00. *Cierra sábados a mediodía, domingos y segunda quincena de agosto. Cocina de "fusión" con platos de todo el mundo.* ♣♣

LOS MADRILES: avda. Antiguo Reino de Valencia, 50. ☎ 96 374 23 35. *Buena comida casera en un local con mucha solera. Cierra domingos tarde, lunes y mes de agosto.* ♣♣

MAIPI: c. Maestro José Serrano, 1. ☎ 96 373 57 09. *Un clásico del tapeo en Valencia frecuentado por futbolistas famosos. Cierra sábados, domingos, semana santa y primera quincena de agosto.* ♣♣

MEY-MEY: c. Historiador Diago, 19. ☎ 96 384 07 47. *Cocina china de gran calidad. Cierra en Semana Santa y las tres últimas semanas de agosto.* ♣♣

BODEGA MONTAÑÁ: c. José Benlliure, 69. ☎ 96 367 23 14. *Inolvidable bodega en las inmediaciones del puerto. Cierra lunes, domingos en julio y primera quincena de agosto y del 15 al 31 de agosto.* ♣

LA UTIELANA: Plaza Picadero Dos Aguas, 3. ☎ 96 352 94 14. *Cierra sábados noche, domingos, festivos y agosto. Local muy popular entre los valencianos con comida casera tradicional. Cerca del palacio del Marqués de Dos Aguas.* ♣

LA DISPENSA DELLA NONNA: c. Quart-Plaza Sta. Úrsula. ☎ 96 392 26 29. *Pastas, ensaladas, carpaccio y pescados. Local de diseño moderno con ambiente íntimo y acogedor. Próximo a las torres de Quart.* ♣

EL FORCAT: c. Roteros, 12. ☎ 96 391 12 13. *Especialidad en arroces en un ambiente típico valenciano. Situado en el barrio del Carmen y junto a las torres de Serranos.* ♣

TASCA ÁNGEL: c. Estamañería Vieja, 2. ☎ 96 391 78 35. *Abierto de 10 h. a 15 h. y de 19 h. a 23 h. Cierra domingos en julio y el mes de agosto. Para comer sardinas y tapear en un minúsculo local a los pies mismos de la Lonja.* ♣

MESÓN CINCO JOTAS: ☎ 96 333 89 01.

Cadena de 15 mesones de cocina típica española. Especializados en embutidos ibéricos, tapas variadas y el famoso jamón 5J.

CA SENTO: c. Méndez Nuñez, 17. ☎ 96 330 17 75. *Cierra los lunes, los festivos y el mes de agosto. Cocina marinera a base de marisco y pescado.*

EL ANGEL AZUL: Conde Altea, 33. ☎ 96 374 56 56. *Cierra los domingos y los lunes al mediodía. Cocina a cargo de Bernd Knöller, recetas mediterráneas con técnica alemana.*

ELADIO: c. Chiva, 40.☎ 96 384 22 44. *Cierra los domingos y el mes de agosto. Magnífica carta de pescados y mariscos.*

ALBACAR: c. Sorní, 35. ☎ 96 395 10 05. *Cierra los sábados al mediodía, los domingos, en Semana Santa y el mes de agosto. Cocina moderna bien elaborada. Excelente bodega.*

JOAQUIN SCHMIDT: c. Visitación, 7. ☎ 96 340 17 10. *Cierra los domingos, los lunes al mediodía, y del 5 al 19 de abril. Cocina imaginativa de gran calidad.*

KAILUZE: c. Gregorio Mayans, 35. ☎ 96 374 39 99. *Cocina vasco-navarra de buen nivel.*

RIAS GALLEGAS: c. Cirilo Amorós, 4.☎ 96 351 21 25. *Cocina gallega. Especializado en pescados. Excelente bodega con vinos gallegos.*

CASA CARMINA: c. Embarcadero, 4. ☎ 96 153 02 54.

EL GASTRONOMO: c. Primado Reig, 149. ☎ 96 369 70 36. *Láminas de bacalao marinado y turmedos al foie. Cocina regional, española e internacional.*

CA'N BERMELL: c. Santo Tomás, 18. ☎ 96 391 02 88.

CASA ROBERTO: c. Maestro Gozalbo, 19. ☎ 96 395 13 91.

TABERNA ALKAFAR: c. Mosén Fernades, 9-11. ☎ 96 351 55 51. *Comida mediterránea. Marisquería. Carnes y pescados.*

ALOJAMIENTO

Hoteles

MELIÀ VALENCIA PALACE *****: Paseo de la Alameda, 32. ☎ 96 337 50 37. *Hotel con todos los servicios y comodidades.*

REINA VICTORIA****: c. Barcas, 4. ☎ 96 352 04 87.

ASTORIA PALACE****: c. Plaza Rodrigo Botet, 5. ☎ 96 352 67 37.

MELIÁ PLAZA****: Plaza del Ayuntamiento, 4. ☎ 96 352 06 12.

AD HOC***: c. Boix, 4. ☎ 96 391 91 40. *Edificio del siglo XIX rehabilitado, en pleno centro histórico y junto a los jardines del Turia. Trato agradable y habitaciones muy confortables.*

EXPO HOTEL***: avda. Pío XII, 4. ☎ 96 347 09 09.

MEDITERRÁNEO***: avda. Barón de Cárcer, 45. ☎ 96 351 01 42.

VENECIA**: c. En Llop, 5. ☎ 96 352 42 67.

CONTINENTAL**: c. Correos, 8. ☎ 96 351 09 26.

INGLÉS ***: c. Marqués de Dos Aguas, 6. ☎ 96 351 64 26. *Edificio del siglo XVIII reformado. Cerca de elegante zona comercial y del Palacio del Marqués de Dos Aguas.*

HOSTAL ANTIGUA MORELLANA: c. En Bou, 2. ☎ 96 391 57 73. *Edificio del siglo XVIII rehabilitado. Cerca de la Lonja y el Mercado Central. Habitaciones con baño, aire acondicionado y teléfono.*

ACTEON PLAZA ****: Vicente Beltran Crimal, 2. ☎ 96 331 07 07.

MELIÀ REY DON JAIME ****: avda. Baleares, 2. ☎ 96 337 50 30.

HOTEL MONTE PICAYO*****: Urbanización Montepicayo, autopista A7, salida Puzol. ☎ 96 142 01 00.

NH CENTER****: Ricardo Micó, 1. ☎ 96 347 50 00.

FERIA****: avda. de las Ferias, 2. ☎ 96 364 44 11.

MELIÀ CONFORT AZAFATA****: Autopista Aeropuerto, nº 15. ☎ 96 154 61 00.

EXCELSIOR***: c. Barcelonina, 5. ☎ 96 351 46 12.

REINA VICTORIA****: c. Barcas, 4. ☎ 96 352 04 87.

TURIA****: c. Profesor Beltran Baquena, 2 . ☎ 96 347 00 00.

EXPO HOTEL***: avda. Pío XII, 4.☎ 96 347 09 09.

NH CIUDAD DE VALENCIA***: avda. del Puerto, 214. ☎ 96 330 75 00.

VILLACARLOS***: avda. del Puerto, 60. ☎ 96 337 50 25.

CÓNSUL DEL MAR***: avda. del Puerto, 39. ☎ 96 362 54 32.

HUSA SERRANO***: c. General Urrutia, 48 .☎ 96 334 78 00.

Llar (HR)***: c. Colón, 46. ☎ 96 352 84 60.

Campings

DEVESA GARDENS (1ª): ctra. El Saler, km 13. ☎ 96 161 11 36. *Cuenta con toda clase de servicios.*

EL PALMAR (1ª): ctra. Orilla de la Albufera. Acceso por Autopista Valencia-El Saler. ☎ 96 161 08 53.

El Camp de Túria, los Serranos y el Rincón de Ademuz

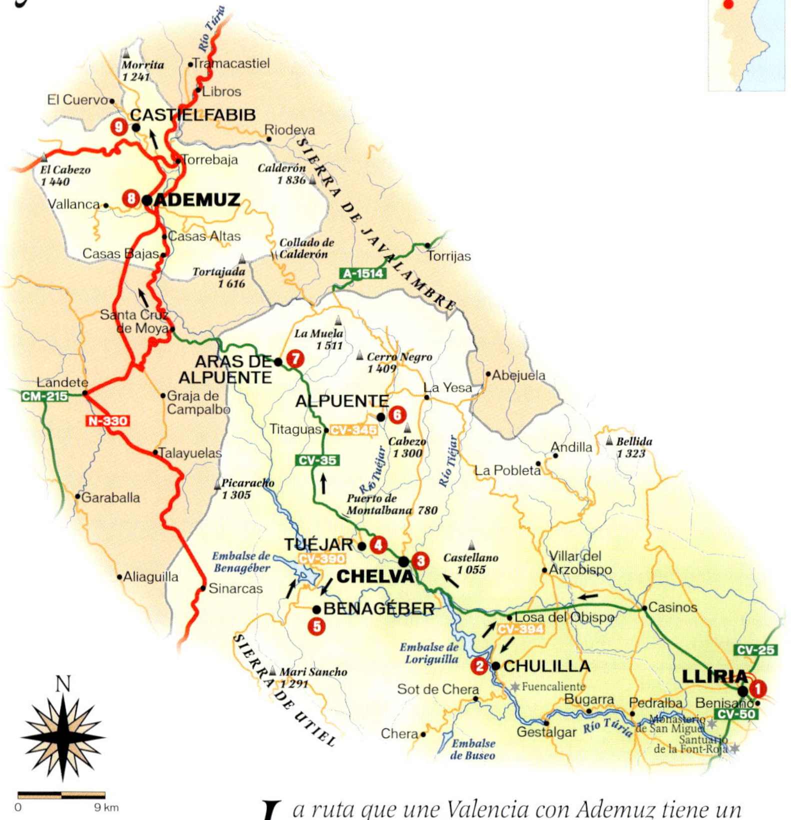

La ruta que une Valencia con Ademuz tiene un nexo común: el río Turia. El recorrido permite constatar una de las características del territorio: la repoblación posterior a la conquista cristiana con gentes procedentes de Cataluña y de Aragón. Este contraste fronterizo se observa tanto en la lengua como en la arquitectura y en la gastronomía. A lo largo de este recorrido paisajístico se encuentra huerta, vid, cultivo de cereales y explotaciones ganaderas, así como una muestra de bosque mediterráneo.

ITINERARIO
2 DÍAS / 185 KM

LLÍRIA → Chulilla	**32 km**
Chulilla → Chelva	**23 km**
Chelva → Tuéjar	**7 km**
Tuéjar → Benagéber	**22 km**
Benagéber → Alpuente	**45 km**
Alpuente → Aras de Alpuente	**10 km**
Aras de Alpuente → Ademuz	**34 km**
Ademuz → Castielfabib	**12 km**

Cúpula de la iglesia de Nuestra Señora de la Asunción en Llíria.

Iglesia Ntra. Sra. de la Asunción.

1

Llíria ☼☼

Plaza Mayor, 1. ☎ 96 278 01 66. San Miguel Arcángel (29 de septiembre) y San Vicente Ferrer (5 de abril). **Monasterio de San Miguel**: Cerro San Miguel, s/n. ☎ 96 278 11 02. De lu a do, de 8.45 h. a 13 h. y de 15.30 h. a 18 h. † De lu a sa, a las 9 h., y do a las 8 h. **Iglesia de Nª Sª de la Asunción**: Plaza Mayor, s/n. ☎ 96 278 00 74. † De lu a vi, a las 20 h., sa a las 8 h. y do a las 8.30 h. y a las 11.30 h. **Iglesia de la Sangre**: c. Sangre, s/n. ☎ 96 279 15 22. **Forn de la Vila**: c. Sangre, 8. ☎ 96 279 15 22. Visitas concertadas sólo por las mañanas.

Antes de convertirse en la *Lauro* romana, Llíria fue **Edeta**, la capital de la Edetania ibérica. Edeta, que tomó partido por Pompeyo en las guerras civiles de Roma, fue atacada y destruida por Sertorio en el año 76 a.C. Sus habitantes abandonaron entonces el cerro de San Miguel y se instalaron en su actual ubicación. Felipe V premió la colaboración de la ciudad con Jacobo Fitz-James Stuart, duque de Berwich y vencedor en la batalla de Almansa (1707), con la creación del ducado de Llíria y se lo asignó. En la actualidad, Llíria es conocida como la "**ciudad de la música**" y alberga dos de las mejores bandas musicales de Europa: La Primitiva y La Unión Musical.

Llíria, actual capital de la comarca del Camp de Túria, también lo fue del territorio de la ibérica Edetania entre los siglos VI y I a.C., bajo el nombre, entonces de Edeta, como se ha dicho. La rica historia y los numerosos y variados establecimientos humanos del término se pueden encontrar a cada paso. Las primeras muestras de existencia humana en el lugar pertenecen al Paleolítico superior y al Neolítico (cerámicas encontradas en la rambla de Castellarda). Algunas excavaciones han descubierto también restos de la Edad de Bronce. Lo que sin duda es un verdadero legado de importancia son los yacimientos ibéricos que ocupaban distintos puntos de este territorio. Fruto del contacto de los indígenas con los colonizadores fenicios y griegos en los siglos VI y V a.C., se extendió en buena parte del litoral mediterráneo peninsular la **cultura ibérica**. En la zona de Edetania esta civilización dio lugar a manifestaciones culturales y artísticas propias. Tienen especial interés las cerámicas ibéricas con decoraciones figurativas. Se sabe que más de 18 ha. próximas al Real Monasterio de San Miguel de Llíria eran el suelo de la antigua Edeta. Sólo se han excavado del conjunto 131 departamentos, dispuestos en terrazas salvando el desnivel de la pendiente del cerro de San Miguel. Se trata de viviendas de base estrecha con uno o dos pisos, comunicados por escaleras interiores de masonería.

Ya gozaba la villa de cierta relevancia económica y política cuando los romanos decidieron establecerse en ella. El período de máximo esplendor de la cultura romana en estos parajes fue en el siglo II d.C. El visitante podrá contemplar en

EL MILAGRO VICENTINO

Junto a la ermita de San Vicente Ferrer, a tan sólo tres kilómetros de Llíria, se encuentra la fuente del mismo nombre. Según cuenta la tradición, en 1410 y a petición de los jurados de Valencia, el santo prometió a la sombra de un olivo que la fuente no se secaría jamás. Todavía se conserva un brote de ese olivo, que es visitado cada día 5 de abril por una romería de devotos.

los aledaños de Llíria numerosas ruinas como el santuario romano de Mura, el Mullo de l'Arc (donde se halló un maravilloso mosaico que representa a Hércules) o la **ermita y fuente de San Vicente**, situada al lado de un bello manantial, donde en su momento hubo un templo romano dedicado a las ninfas. Cada año se celebra en el lugar una popular romería que rememora el legendario milagro de **San Vicente Ferrer**, haciendo brollar agua de la fuente en un período de dura sequía. En la calle San Vicente Ferrer se hallan, en los bajos del edificio Lapiedra, unas ruinas romanas interesantes. En el **santuario romano de Mura** se distinguen dos partes, las termas y el templo. En los 3.600 m^2 de las termas (de estilo pompeyano), se distribuían las diversas salas propias de las termas públicas (*apodyterium*, guardarropa; *natatio*, piscina de agua fría; *tepidarium*, sala de agua tibia; *caldarium*, piscina de agua caliente, *frigidarium*, sala para el baño frío; y los patios al aire libre). Frente a la escalinata de acceso a las termas mayores se conservan los restos de un templo dedicado a Apolo o al dios Asclepio (no se ha acabado de determinar). Construido con piedra calcárea, consta de dos espacios, un templo próstilo y tetrástilo, con una pronaos con cuatro columnas y una naos de planta cuadrada, y junto a él, una constucción utilizada para guardar los exvotos.

Ayuntamiento de Llíria, de estilo renacentista.

El **casco antiguo** de la actual Llíria, se erigió durante la época musulmana. La comunidad árabe tras siglos de permanencia en el lugar fue expulsada entre el momento de la Reconquista de la villa por parte de Jaime I, el 1240, y el 1386. Lo más destacable que se conserva de la cultura islámica son los **baños árabes**, situados en la calle Andoval. Este recinto de carácter público tenía a la vez una función social y religiosa (purificación del cuerpo previa a la oración). Las tres naves alargadas que formaban los baños recibían la luz a través de las claraboyas circulares de la bóveda.

Pero el patrimonio monumental y arquitectónico de Llíria no termina aquí. La **iglesia arciprestal de Nuestra Señora de la Asunción**, **la iglesia de la Sangre** y **el santuario de San Miguel** son tres construcciones religiosas de gran valor histórico y artístico.

La primera, levantada entre los años 1627 y 1678, es un buen ejemplo del estilo barroco valenciano. Espectacular es su **fachada** con tres cuerpos superpuestos y una doble escalinata de entrada. En el primero de ellos cuatro columnas toscanas flanquean una portada adintelada con las imágenes de san Pedro y san Pablo. En el segundo cuerpo son corintias las columnas que enmarcan la escena de la Asunción de Nuestra Señora, con san Vicente Ferrer y san Vicente el Mártir en los lados. El tercer cuerpo, con columnas salomónicas, dedica su hornacina, a san Miguel Arcángel. Del interior de la iglesia, con tres naves, destacan la gran cúpula sobre el crucero, y el mausoleo que contiene los restos de los duques de Berwick y Alba, en el presbiterio.

La iglesia de la Sangre o de Santa María, fue declarada monumento nacional en 1919. Fue construida sobre una mezquita en el estilo propio de la Reconquista, de transición del románico al gótico. De su portada (s. XIV) románica hay que subrayar la triple arquivuelta que se sostiene sobre esbeltas columnas delicadamente decoradas. En el interior, de una nave de planta rectangular, se pueden observar aún restos de pinturas murales de finales del siglo XIII en las arcadas y los tres retablos de estuco policromado del presbiterio. En su momento, el espa-

BALCONES ARAGONESES

Des de la subcomarca del Alto Turia hasta el Rincón de Ademuz algunos tipismos indican al visitante que se encuentra en tierras fronterizas caracterizadas por el mestizaje. Uno de los elementos que recuerda se trata de un territorio repoblado en el siglo XIII por aragoneses son los grandes balcones de madera con sus barandas torneadas.

cio de entre las vigas del techo estaba profusamente decorado con pinturas con escenas caballerescas y con motivos vegetales de tradición mudéjar. Merece la pena prestar atención al mural de azulejos del siglo XVII que representan el Vía Crucis. En las capillas de estilo gótico que se añadieron posteriormente se pueden contemplar obras de gran calidad artística como la pintura mural que escenifica el martirio de san Pedro de Verona (finales s. XIII), o los murales que representan distintas escenas de la vida de santa Bárbara (también de finales del s. XIII).

El tercer templo significativo del municipio es el **santuario de San Miguel**, llamado también **Real Monasterio de San Miguel Arcángel**, emplazado sobre el cerro del mismo nombre. En su interior se pueden admirar numerosos exvotos dedicados al santo titular. El cenobio fundado en el siglo XIV, consta de distintas dependencias. La más interesante es la iglesia, del siglo XVIII, en cuyo interior el visitante podrá admirar unas pinturas murales al óleo de Manuel Camarón Melià, que narran la leyenda de san Miguel. La reproducción de la antigua talla del santo titular, obra original del Cristo del Perdón (s. XVI) y una pintura sobre tabla del siglo XV son otros elementos de la bella decoración del templo. En el exterior, el lugar ofrece excelentes vistas sobre la ciudad y sus aledaños.

En la **plaza Mayor** se encuentra el Palacio Municipal o Casa de la Vila (s. XVII), un edificio de estilo renacentista de grandes dimensiones. Tres puertas dan acceso a la planta baja. Sobre la principal se observa el escudo de la ciudad hecho en relieve. La segunda es la llamada planta noble. En la tercera y última, una logia de arquillos de medio punto bajo el alero del tejado completan el elegante aspecto de la fachada.

Muy próximo a la plaza está el **Forn de la Vila** (s. XV), un antiguo horno gótico, hoy utilizado como sala de exposiciones.

En la calle de Viriat se puede observar un lienzo de la muralla medieval, con almenas de cubierta a cuatro vertientes y torres cúbicas.

➜ **A CHULILLA, 32 KM POR CV-35 Y CTRA. COMARCAL.**

2 Chulilla

Plaza Baronía, 1. ☎ 96 165 70 01. Santa Bárbara, San Isidro y la Virgen de los Ángeles (15 de agosto). Iglesia de Nª Sª de los Ángeles: Plaza de la Iglesia, 1. † De lu a vi, a las 9.30 h., sa a las 19.30 h. (en verano a las 20 h.), y do. a las 11 h.

El **origen árabe** de Chulilla, pequeño conjunto urbano de casas blancas y calles estrechas situado en la ladera de la peña del Castillo, se puede constatar todavía hoy, después de tantos siglos. El rey de Valencia Abu Zayd pactó con Jaime I, después de que éste conquistara estas tierras, y se le otorgó vivir escondido en el castillo de Chulilla. A pesar de ser el propio Abu Zayd quien entregara la población al obispo de Segorbe en 1236, no fue hasta 1340 cuando se establecieron en ella los primeros cristianos. Durante ese período, los derechos de los musulmanes fueron respetados. Desde el castillo puede verse como el **río Turia** rodea la mole donde se asienta.

Iglesia de los Ángeles en Chulilla.

En el marco de esta **pintoresca villa** y de un paraje de singular belleza se emplaza el balneario de Chulilla, un lugar ideal para el descanso, el tratamiento de diversos síntomas y la práctica de deportes en la naturaleza. Desde el siglo XIX este establecimiento aliado con las aguas mineromedicinales que nacen del cerro de Fuencaliente a 23 °C ofrece programas terapéuticos para problemas locomotores, respiratorios, nerviosos o dermatológicos.

➜ **A CHELVA, 23 KM POR CTRA. COMARCAL Y CV-35.**

Vista general de Chulilla.

Viñedos en Chulilla.

3

Chelva y Peña Cortada

Plaza Mayor, 1. ☎ 96 210 00 11.

En Chelva, capital de la comarca de los Serranos, se encuentra la **Peña Cortada**. Una profunda grieta en la roca de 22 m de altura, construida en la época romano-imperial (siglo I a.C.), seguida de una serie de galerías de unos 300 m de longitud con tramos abiertos a modo de ventanales construidas para llevar agua a Sagunto. Se accede a ellas por un **acueducto** de tres arcos construido sobre el barranco de la Cueva del Gato.

En la villa es posible distinguir aún los barrios árabe (Benacira) y judío (Arrabal o Azoque) medievales.

En la **plaza Mayor** se erige la iglesia parroquial de Nuestra Señora de los Ángeles, con la fachada de estilo barroco. En la torre, neoclásica, se encuentra un curioso reloj que además de marcar las horas y minutos, indica también el mes y día de la semana.

En las cercanías del núcleo urbano se encuentra los restos (en proceso de rehabilitación) de la **torre de Castro** también llamada torrecilla. Se trata de una construcción defensiva de origen árabe que pasó a manos cristianas al ser conquistada por el Cid en 1093. En este mismo lugar se han hallado vestigios de antiguos poblados de la Edad de Bronce y ibéricos.

Ubicado sobre un promontorio de 860 metros de altitud está el **santuario de Nuestra Señora del Remedio**. Es un destino ideal para realizar una excursión por el bello entorno de Chelva.

Acueducto de Peña Cortada, en Chelva.

La Peña Cortada, en Chelva.

➜ A TUÉJAR, 7 KM POR CV-35 Y CV-390.

4

Tuéjar

Comarcal 234, km. 73. ☎ 96 163 50 84. Santa Inmaculada (8 de diciembre). San Diego (13 de noviembre). San Cristóbal (2ª y 3ª semana de agosto). San Antón (17 de enero).

El pueblo de Tuéjar se encuentra enmarcado por campos de **viñedos** de los cuales se obtienen las uvas para hacer el conocido vino blanco con denominación de origen Alto Turia. En el centro de la villa se encuentra la **iglesia parroquial de Nuestra Señora de los Ángeles** (s. XVII), declarada monumento histórico artístico nacional en 1983. Tiene una planta de cruz latina (cubierta con una bóveda de cañón) con capillas laterales comunicadas entre sí. En el exterior las cerámicas vidriadas azules y doradas que cubren la cúpula indica un posible origen árabe de la construcción original.

En Tuéjar, como en muchas de las villas que forman la comarca se ha desarrollado en las últimas décadas el **turismo rural**. El Centro Ecuestre situado en las cercanías de la población forma parte de esta red de establecimientos dedi-

Iglesia parroquial de Nuestra Señora de los Ángeles, en Tuéjar.

cados a este tipo de turismo en la zona. El visitante podrá alquilar un caballo y realizar excursiones por los bellos parajes de estas tierras a orillas del río Tuéjar (más abajo llamado río Chelva).

➜ **A BENAGÉBER, 22 KM POR CV-390 Y CTRA. COMARCAL.**

5

Benagéber

pza. Pío XII, s/n. ☎ 96 217 32 51. San Isidro, Nuestra Señora del Amparo y Sagrado Corazón (15 de mayo). Mare de Déu (15 de agosto). San Roque (16 de agosto).

Benagéber nació bajo el período de ocupación árabe. Fue conquistado en 1255 por Jaime I y hasta 1534 dependió de Chelva. Fue en 1609 cuando la villa experimentó su momento más crítico, cuando en el reinado de Felipe II se ordenó la expulsión de los moriscos. Las 90 familias (la mayoría de la población) tuvieron que abandonar sus casas, que un año después serían ocupadas por cristianos traídos por el conde de Sinarcas.

Benagéber conserva el encanto de la vida rural.

Con muchos siglos por medio el segundo gran evento dramático de Benagéber tuvo lugar cuando se decidió la construcción del actual **embalse de Benagéber**, suponiendo éste el anegamiento del pueblo bajo sus aguas. Después de más de 40 años de obras este pantano permitiría con una capacidad máxima 260 millones de m^3 de agua suministrar agua a la ciudad de Valencia y dar un empuje a las tierras de cultivo de toda la zona. Además de un nuevo pueblo para los habitantes de Benagéber, establecieron en las proximidades numerosas **áreas recreativas** en las que el visitante puede gozar de la naturaleza de diversas maneras. En Valldeserrillas, por ejemplo, hay una reserva de animales en libertad, espacios para picnics, refugios... Otros espacios para el montañismo o para hacer excursiones son el Centro de Vacaciones de Benagéber, La Pardala, fuente Muñoz o la fuente de la Muela. En **Sinarcas**, un bello paraje cercano, se encuentra el llamado Charco Negro donde es posible disfrutar de un baño en una fuente cuyas aguas tienen propiedades mineromedicinales.

➜ **A ALPUENTE, 45 KM POR CTRA. COMARCAL, CV-390, CV-35 Y CTRA. COMARCAL.**

Iglesia arciprestal de la Virgen de Gracia, en Alpuente.

6
Alpuente

Plaza de la Iglesia, 1. ☎ 96 210 12 31. Fiestas patronales de San Blas (3 de febrero).

La villa de Alpuente fue declarada **conjunto histórico-artístico** por su aspecto pintoresco con trazado y construcciones de época medieval.

Esta población que no supera los 1.200 habitantes fue entre 1030 y 1092 la capital de un reino taifa constituido tras la caída del califato de Córdoba. El último rey musulmán, de los almohades, cedió el castillo a Jaime I en pos de un pacto de respeto mutuo.

Siglos más tarde este mismo castillo fue escenario de cruentas batallas en la guerra de Pedro II el Ceremonioso contra Pedro I de Castilla.

La villa fue sede además de las cortes del Reino de Valencia en dos ocasiones (en 1319 con Jaime II, y en 1383, bajo el reinado de don Juan).

Pese a haber sufrido en 1840 un grave incendio que destruyó buena parte del casco antiguo, Alpuente conserva varias muestras de su esplendor medieval. Además de parte de algunos lienzos de la muralla y los restos de algunas torres, en el centro de la población se alza una **torre almenada** de tres pisos (16 m altura) donde se hallaba la antigua aljama árabe. En el último piso se encuentra el Ayuntamiento. Del exterior destaca su portada con arco de medio punto de estilo románico y una ventana gótica geminada. El salón consistorial (s. XVI) consta de unas interesantes bovedillas renacentistas. De esta construcción medieval destacan además sus mazmorras. Es en los bajos de este edificio donde se celebraron las cortes generales del Reino de Valencia antes citadas. En la próxima calle del Rey don Jaime está palacio donde se alojó este rey en su paso por Alpuente.

Otro elemento arquitectónico de interés digno de atención son las **ruinas del castillo**, entre las que destaca la Torre del Homenaje. Para llegar hay que subir un camino en pendiente excavado en la roca. A los pies del castillo está la iglesia arciprestal de la Virgen de Gracia, realizada con piedra de sillería en el 1375. Es interesante la portada gótica y la torre de planta octogonal.

A sólo dos kilómetros del núcleo urbano construyeron los árabes un acueducto que hoy el visitante puede admirar bajo las transformaciones en estilo gótico de que fue objeto. Lo forman 13 arcos. Otra construcción de la Edad Media conservada en la actualidad es un horno medieval.

En las cercanías se han encontrado algunos restos arqueológicos de un posible establecimiento romano.

➜ **A ARAS DE ALPUENTE, 10 KM POR CTRA. COMARCAL Y CV-35.**

7
Aras de Alpuente

Plaza Sagrado Corazón de Jesús, 6. ☎ 96 210 20 01. Víspera de San Marcos (24 de abril). **Museo Arqueológico Municipal:** c. Iglesia, 2 (ubicación prevista para el 2001). ☎ 96 210 20 01. Previa concertación.

Calle de Aras de Alpuente.

Iglesia de Nuestra Señora de los Ángeles en Aras de Alpuente.

Aras de Alpuente es una de las poblaciones típicas de la zona del Alto Turia, en la comarca de los Serranos. La ganadería y la agricultura perfilan el paisaje que rodea esta localidad, ubicada en una planicie frente a la muela de Santa Catalina (1.511 m), que debe su nombre a un santuario erigido en el siglo XVIII en honor a su patrona. En Aras el visitante iniciará el último tramo de una ruta que tiene un final con rasgos aragoneses.

En la población se encuentra el **Museo Arqueológico Municipal** "Francisco Moreno Mesas" que cuenta con una colección de materiales arqueológicos encontrados en la zona desde 1981 hasta ahora, así como una colección de fósiles. El trabajo de Francisco Moreno y otras personas vinculadas a él y al museo han llevado a descubrir en estas tierras más de 150 yacimientos arqueológicos y una veintena de yacimientos paleontológicos. La Universidad de Barcelona investiga en la actualidad los restos de tres dinosaurios en uno de éstos.

➜ A ADEMUZ, 34 KM POR CV-35, CTRA. COMARCAL Y CTRA. LOCAL.

8

Ademuz

Plaza del Ayuntamiento, 1. ☎ 978 78 20 00. Virgen de Agosto (del 12 al 15 de agosto). Iglesia de San Pedro y San Pablo: Plaza Blas Máñez, s/n. ☎ 978 78 20 02. ✝ Invierno: de ma a vi, a las 7 h.; sa a las 8 h. y do a las 12.15 h.; verano: de ma a vi, a las 8 h.; sa a las 8 h. y do a las 12.15 h. Ermita de la Virgen de la Huerta: avda. de Valencia, 17.

Detalle de la iglesia de San Pedro y San Pablo en Ademuz.

Ademuz, población fundada por el rey visigodo Wamba a finales del siglo VII y denominada entonces Modus, es la capital de la comarca a la que da nombre: **el Rincón de Ademuz**. Es un enclave valenciano separado de su territorio administrativo por una franja de 15 kilómetros de tierras aragonesas y castellanomanchegas. Su arquitectura y el acento de sus habitantes nos recuerdan que estamos más cerca de Teruel que de Valencia. Otro factor que define la personalidad de esta villa es el paso del **río Turia** por su núcleo urbano.

"YO CHURRO"

A los habitantes del Rincón de Ademuz se les llama churros. El origen del sobrenombre, según ha contado en alguna ocasión el escritor Francisco Candel, natural de esta zona, hay que buscarlo en la época del rey Jaime I el Conquistador, quien les hizo jurar los fueros de Valencia con la expresión catalana "jo juro", que al ser pronunciada por la fonética castellana se transformaba en "yo churro".

Vista general de Ademuz.

En Ademuz se pueden ver los restos de un **antiguo castillo árabe**. Como la mayoría de las poblaciones de la zona, ésta nació en el período árabe estructurando sus calles alrededor del castillo. Fue Ademuz, sin embargo, una de las primeras conquistas (1210) de los cristianos en la Reconquista, aunque antes de caer en manos de Jaime I fue en un intervalo recuperada por los árabes.

Un paseo por la villa tiene que pisar la **plaza Mayor**. Casitas de dos o tres pisos con balcones de madera y aleros muy salidos, comparten la plaza con la casa Ayuntamiento, de la cual destacan los arcos góticos de la fachada.

La iglesia parroquial de Ademuz, data del s. XVII, y está dedicada san Pedro y a san Pablo.

En los aledaños de la población está la **ermita de la Virgen de la Huerta**, mandada construir por el mismo rey Jaime I. Como le corresponde a su época este edificio de tres naves es de estilo románico. Como introducciones del siglo XVII el visitante puede admirar unas pequeñas cúpulas. El interior alberga además una imagen de la santa titular, la Virgen de la Huerta. En el exterior se divisan unas columnas cilíndricas formando la base un bonito porche a tres aguas.

Las tierras colindantes, con un relieve accidentado y la cercana **sierra Javalambre** con el pico de Calderón (1.834 m de altura) conforman espacios idóneos para hacer excursiones y gozar de la naturaleza.

➜ A CASTIELFABIB, 12 KM POR CTRA. LOCAL, N-420 Y CTRA. COMARCAL.

9

Castielfabib

Plaza de la Villa, 1. ☎ 978 78 31 00. San Guillermo (10 de febrero) y la Vir-

Ermita de la Virgen de la Huerta en Ademuz.

Calle de Castielfabib.

gen de Gracia (8 de septiembre). Iglesia de la Virgen de los Ángeles: c. Iglesia, 9.

Castielfabib es, junto a su vecina Ademuz, la población más característica de esta comarca. Debe su nombre al **castillo de origen romano** que corona la cima (927 m) en la que se asienta: *Castiel* Favi (castillo de Fabio). Allí se encuentra la iglesia parroquial dedicada a la Virgen de los Ángeles, que separa la parte antigua de la parte moderna de la población, ambas comunicadas por un pasadizo bajo dicha iglesia-fortaleza. Las casas construidas, a veces a cuatro alturas, sobre una fuerte pendiente confieren un aspecto singular. De la antigua muralla medieval se conservan varios lienzos que ahora forman parte de las casas y tres torres de vigilancia y defensa.

Vista general de Castielfabib, en el Rincón de Ademuz.

Una curiosa tradición se repite cada año en los días de las fiestas patronales (alrededor del 8 de septiembre) y por Semana Santa: el volteo de campanas. Chicos de la población suben a las campanas y dan vueltas permaneciendo cogidos a ellas.

GUÍA PRÁCTICA

RESTAURANTES

Benissanó

LEVANTE: c. Virgen del Fundamento, 15. (A 1 km de Llíria). ☎ 96 278 07 21. *Los arroces más ortodoxos de la Comunidad Valenciana. Cierra martes no festivos, noches y del 15 de julio al 15 de agosto.*

Llíria

RÍOS: c. Llano del Arco, 99. Llíria. ☎ 96 278 12 34. *Cierra domingos.*

Chulilla

TERMAS FUENCALIENTE: Afueras, s/n. ☎ 96 165 70 13. *Cierra en Navidad. Situado en un espléndido paraje. Buena cocina tradicional valenciana.*

LA RUEDA: c. Ermita, 10. ☎ 96 165 70 25. *Cierra los martes. Ambiente agradable. Recetas tradicionales de la comarca.*

Chelva

GÓMEZ: c. Caballeros, 15. ☎ 96 210 09 35. *Cocina tradicional.*

RINCÓN DE LOS PACOS: avda. Mancomunidad del Alto Turia, 20. ☎ 96 210 92 12. *Cierra viernes noche, excepto en verano. Cocina regional y valenciana.*

Alpuente

BAR VICTORIA: avda. José Antonio, 9. ☎ 96 210 10 02.

BAR MARIANO: avda. José Antonio, 3. ☎ 96 210 10 06. *Cocina de la zona.*

Aras de Alpuente

LOS TORNAJOS: avda. País Valencià, s/n. ☎ 96 210 20 88. *Cierra los lunes no festivos.*

Ademuz

CASA DOMINGO: avda. Valencia, 1. ☎ 978 78 20 30.

HOSTAL RESTAURANTE EMILIO: ctra. de Ademuz a Teruel. ☎ 978 78 30 04.

ALOJAMIENTO

Hoteles

Tuéjar

ÁLVAREZ**: avda. Ramon Villanueva, 69. ☎ 96 163 52 82. *Abierto todo el año.*

Llíria

HOSTAL LES REIXES: Pla de l'Arc, 77. ☎ 96 278 07 87.

Chulilla

BALNEARIO DE CHULILLA**: Afueras, s/n. ☎ 96 165 70 13. *Cierra en Navidad.*

LOS PINOS*: c. Arca Mayor, s/n. ☎ 96 165 70 07. *Cierra octubre y noviembre.*

Chelva

LA POSADA**: avda. de la Mancomunidad del Alto Turia, 20. ☎ 96 210 01 04.

Ademuz

CASA DOMINGO**: avda. Valencia, 1. ☎ 978 78 20 30. *Ambiente familiar.*

HOSTAL RESTAURANTE EMILIO**: ctra. de Ademuz a Teruel. ☎ 978 78 30 04.

La Albufera

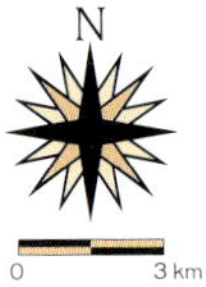

La presente ruta es un itinerario en torno al parque natural de la Albufera, pasando por los pueblos que están histórica y físicamente ligados a éste. El lago y sus alrededores configuran un ecosistema donde se concentran en un reducido espacio algunos de los tipismos más arraigados de la Comunidad Valenciana. La pesca, el cultivo del arroz y de la naranja, la actividad turística y el humedal más importante del Mediterráneo occidental son los pilares esenciales en los que se sustenta la cultura tradicional valenciana, entre los que hay que destacar también la gastronomía y la arquitectura típicas de la huerta.

ITINERARIO
1 DÍA / 56 KM

EL SALER → La Albufera	**5 km**
La Albufera → El Palmar	**4 km**
El Palmar → Cullera	**28 km**
Cullera → Sueca	**7 km**
Sueca → Algemesí	**12 km**

Playa de la Dehesa del Saler.

1

El Saler

crta. El Palmar, s/n. ☎ 96 162 73 45. De ma a do 9 h. a 14 h., mi y ju 15.30 h. a 17.30 h., festivos 15 h. a 17.30 h.; cerrado: 1 y 6 ene., 19 mar., 9 oct. y 25 dic.

El paraje natural de la **Dehesa del Saler** es el cordón litoral que separa el lago de la Albufera del mar Mediterráneo. Con una extensión de 10 km de largo por uno de ancho, está formado por un gran pinar, un ecosistema de dunas fijas y móviles y una playa que va desde El Saler hasta el Parador de Turismo Luis Vives. En la cara sur del canal del Pujol hay un área de recreo con lago, aparcamiento, zona de pic-nic y con paseos a lo largo de toda la zona. Sobre su superficie no muy extensa es posible observar diferentes paisajes asociados a distintos ecosistemas en los que habitan un gran número de especies tanto vegetales como animales.

Esta **riqueza natural** y la proximidad con la capital han propiciado el uso de la Dehesa para desarrollar varios proyectos educativos y de investigación científica.

El Saler es el nombre que recibe la población originaria de la Dehesa, que creció en torno a las barracas de almacenaje de sal en las salinas del Racó de l'Olla. Su desarrollo como villa se produce en el siglo XX. Son dos factores que dieron un impulso al pueblo: su atractiva ubicación tanto para los turistas que quisieran gozar del entorno y las playas, como para los cazadores. Alrededor del año 1926 se construye la iglesia del Saler. Más tarde se construye el paseo Marítimo. En la actualidad está planificado llevar a cabo un proyecto para recuperar la franja litoral, con cargo a un proyecto de la Unión Europea.

➔ A LA ALBUFERA, 5 KM POR CV-500.

2

La Albufera

crta. El Palmar, s/n. ☎ 96 162 73 45. De ma a do de 9 h. a 14 h., mi y ju 15.30 h. a 17.30 h., festivos 15 h. a 17.30 h.; cerrado: 1 y 6 ene., 19 mar., 9 oct. y 25 dic.). Asocia-

EL SAMARUC

El samaruc es un pequeño pez endémico del litoral mediterráneo ibérico y de ahí su nombre científico: *Valencia hispanica*. Sus últimas poblaciones mundiales se localizan en la Albufera y en el delta del Ebro. Según la Unión Internacional para la Conservación de la Naturaleza es una de las veinticuatro especies de vertebrados en mayor peligro de extinción de Europa y está "estrictamente protegida". Dentro del parque natural de la Albufera se ha establecido, en la partida del Barranco, la Reserva del Samaruc de Algemesí.

Pescadores en la Albufera.

ción Cultural Parc Natural de l'Albufera: c. Redolins, 37 B. ☎ 96 373 72 41 - 162 03 14. Visitas guiadas previa concertación. $ 1.000 ptas.

El parque natural de la Albufera tiene una superficie de 21.120 hectáreas y es una de las **lagunas litorales más importantes del Mediterráneo occidental** por su función de reserva de aves y por los arrozales que la circundan. La Albufera propiamente dicha tiene en la actualidad una extensión de 2.837 hectáreas de agua dulce –es el lago más grande de España–, pero en la época romana llegó a ocupar cerca de 30.000. Los más de 189 millones de metros cúbicos de agua dulce que nutren anualmente el lago provienen de más de un centenar de afluentes, arroyos y canales de aguas subterráneas, aparte, claro está, de las aguas procedentes de las lluvias. Su gran riqueza ha dado lugar a tres actividades tradicionales: el **cultivo del arroz, la pesca y la caza**. La transformación agrícola de la Albufera, sobre todo durante el siglo XVIII, fue ganando terreno al lago, formado por materiales de aluvión aportados por los ríos Turia y Júcar, con los campos de arrozales que hoy proveen el 30 % de la demanda española de arroz.

La Albufera, llamada por los árabes *Al buhayra* (pequeño mar), tiene una profundidad que oscila entre los 80 cm y los 2 m y conecta con el mar mediante tres canales que por un sistema de compuertas inunda los arrozales. Su diversidad faunística ha hecho que haya sido declarada Zona de Especial Protección para las Aves, y forma parte de la Lista de Zonas Húmedas de Importancia Internacional establecida en la Conferencia de Ramsar 1990. Hasta **250 especies de aves acuáticas** pasan por este humedal anualmente y cerca de 90 anidan en él. Algunas de éstas son únicas en el mundo. Cuenta también con algunos endemismos como crustáceos y peces, como el samaruc y el fartet.

Se sitúa su origen como lago a comienzos del Pleistoceno (era cuaternaria), cuando el hundimiento de la llanura valenciana provocó el cierre de un golfo. Desde entonces ha sufrido enormes transformaciones debidas tanto a fenómenos de la naturaleza como a la acción del hombre. La reciente construcción del puerto de Valencia y sus diques ha modificado el comportamien-

LA BARRACA

Además de la importancia concedida por Blasco Ibáñez a la barraca en sus libros, este tipo de construcción tiene para los pobladores de estas tierras un alto interés antropológico. En la Albufera se pueden contemplar aún algunas muestras, más como recuerdo pintoresco que como habitáculo. Algunos estudios han ligado la barraca con las antiguas cabañas de pescadores. La primera representación que se conoce de una barraca es del siglo XV, en el Retablo de Santa Marta del Maestro de Cabanes (en el Museo San Pío V, en Valencia). Su máxima implantación en el lugar fue en el siglo XIX, aunque su declive se vivió antes de cambiar de centuria. En la década de los años 70 del siglo XX, la mayoría de barracas habían perdido su función de vivienda y eran destinadas a establos o a almacenes.

Los mismos materiales y elementos de construcción de las barracas tienen un vínculo directo con su entorno. Su estructura se caracteriza por dos muros bajos: entre 1, 5 m y 2, 5 (antes unos 30 o 40 cm) que sostienen un techo a dos aguas muy oblicuo (forman un ángulo de 30 o 40 °). La base es rectangular (9 ó 10 m x 6,5 o 4,5 m). Los muros pasaron de estar hechos con madera, a otros más sólidos de adobe o barro mezclado con paja, y pintados de blanco con cal. La cubierta es de juncos sostenidos por cañizos.

Garza en la Albufera.

to de las corrientes naturales de tal modo que se ha observado una manifiesta pérdida de arena en la playa del Saler.

Dentro del lago el visitante podrá observar seis islotes, llamados por los lugareños "matas" (Mata del fang, Mateta de Baix, Mata de la Barra, Mata de l'Antina, Mata de Sant Roc, y Mata del Rey).

Dentro de los límites del parque natural existe además otra laguna, la Bassa de Sant Llorenç, de menores dimensiones que se alimenta por el flujo de aguas subterráneas.

Se tienen noticias de la admiración y del provecho que el hombre ha obtenido de la laguna y sus aledaños desde los romanos (la citan en sus obras personajes como Tito Livio, Plinio o Estrabón). También se conoce la importancia que tuvo la Albufera para los árabes, o para los reyes y señores que durante la Edad Media fueron dueños de estas tierras y regularon su utilización y explotación. Sin embargo, fue entre 1911 y 1927 cuando el lago y la Dehesa pasaron a formar parte del patrimonio público, al ser cedido al Ayuntamiento de Valencia, con el fin de convertirlo en un parque público para el recreo de los ciudadanos.

Los restos encontrados en la Muntanyeta dels Menissants o dels Sants de la Pedra han permitido datar los primeros establecimientos humanos en estas tierras en el pleistoceno medio. En el Alteró de Miquel, se han localizado vestigios de poblaciones neolíticas. Un legado insólito es la cuadrícula centuriada que servía a los romanos para ordenar su catastro mediante un trazado de líneas de partición del terreno en forma de sendas, caminos o acequias separadas entre sí por unos 700 metros.

➜ **AL PALMAR, 4 KM POR CTRA. LOCAL.**

3 El Palmar

Plaza del Ayuntamiento, 1. ☎ 96 351 04 17. El Cristo de la Salud (4 de agosto). Museo de la Asociación Cultural Parc Natural de l'Albufera: c. Redolins, 37 B. ☎ 96 373 72 41/162 03 14. Visitas guiadas previa concertación. **$** 1.000 ptas.

Pueblo de un millar de habitantes vinculado a la **pesca** en la Albufera, un privilegio que el rey Jaime I concedió a sus gentes en 1250. Con el tiempo, lo que fue una isla se ha ido rodeando de arrozales. Tiene una de las cofradías de pescadores más antiguas de la Comunidad Valenciana. De hecho, en el momento de la reconquista de las villas de la Albufera Jaime I recomendó el mantenimiento de un centenar de árabes en la población por su dominio de la pesca y conocimiento de ésta en la laguna. El Palmar es además un excelente punto de partida para realizar **paseos en barca** por el lago y una de las zonas donde mejor se conservan las **típicas barracas** de la huerta valenciana.

➜ **A CULLERA, 28 KM POR CTRA. LOCAL Y CV-500.**

4 Cullera

c. Riu, 38. ☎ 96 172 09 74. La Virgen del Castillo (sábado siguiente al día de

Vivero de anguilas en la Lonja de Pescadores de El Palmar.

Pascua). Santuario de la Virgen del Castillo: Santuario de la Virgen, s/n. De lu a do 8 h. a 13.30 h. y de 15.30 h. a 19 h. De lu a do 8.30 h. y do 10.30 h. y 18 h. Iglesia de los Santos Juanes: Patio de la Iglesia, 1-2. ☎ 96 172 09 09. Visitas concertadas. De lu a do 9 h. y 19.30 h., y do 12 h. Museo de Historia y Arqueología y Fallero: c. Cervantes, s/n. ☎ 96 173 26 43. De ma a sa 10 h. a 13 h. Cueva-Museo de Dragut: Plaza Dr. Fleming, s/n. ☎ 96 174 67 00. De lu a do 11 h. a 14.30 h. y de 16 h. a 21 h. $ 300 ptas. Torre del Marenyet: c. Riu, 38. ☎ 96 172 09 74. Visitas guiadas en grupo previa concertación.

Cullera es un claro ejemplo de confluencia de las cuatro actividades del litoral valenciano: la pesca, el cultivo de la naranja y el arroz y el turismo. Su emplazamiento en la desembocadura del río Júcar ha dado a esta villa el único puerto fluvial (pesquero y deportivo) de la Comunidad Valenciana, un litoral de **playas** de 14 km y las tierras donde se inició, a finales del siglo XVIII, el cultivo masivo de la **naranja**.

El visitante que se acerque a Cullera podrá gozar aparte de su importante patrimonio histórico y arquitectónico de sus numerosas y fantásticas playas (la del Mareny, nudista en parte; o las amplias y limpias playas como la del Dosel, la del Faro, o la de San Antonio que han sido galardonadas con la bandera azul de la UE).

Cullera tal como indica su etimología árabe (*culla*: cumbre, *aira*: tamaño) se encuentra en un bello emplazamiento formando un semicírculo en las laderas del monte de Oro y frente al mar.

En el **Museo Arqueológico Municipal** se pueden contemplar los testimonios de asentamientos en la *Cova* del Volcán del Faro en el Paleolítico Superior y de los romanos en la *Ileta dels Pensaments*.

EL PIRATA DRAGUT

El 25 de mayo de 1550, el conocido pirata turco Dragut, lugarteniente de Barbarroja, atacó por sorpresa la villa real de Cullera. El asalto, que tuvo lugar al amanecer, cogió desprevenidos a los cullerenses y Dragut hizo muchos prisioneros que después, según cuenta la leyenda, fueron intercambiados en la cueva que hoy alberga un ecléctico museo sobre el pirata.

Subida al santuario de la Virgen del Castillo desde una calle de Cullera.

En la época musulmana es cuando la villa deviene una zona de cierta importancia. La población se estructura en torno al castillo primitivo de Cullera (el actual es resultado de construcciones posteriores). Aún es posible encontrar en la montaña algunos lienzos de esa muralla para defender la ciudad árabe, o algunas torres en estado de ruina bastante avanzado, como la torre Octogonal, de planta octogonal, como su nombre indica.

El primer intento de conquista de Jaime I en 1235 no logró materializarse hasta 1240. Aún así, siete años más tarde los árabes toman la fortaleza en un conato de recuperar su villa, con pésimos resultados pues, por este hecho Jaime I ordena la inmediata expulsión de la villa de toda la población árabe.

Atardecer en los aledaños de Cullera.

Los piratas berberiscos también tuvieron su momento de protagonismo en la historia de Cullera, sobre todo en 1550 cuando el corsario Dragut atacó y saqueó violentamente la población. El visitante que quiera profundizar en este singular evento y en las historias de piratas que sucedieron en la costa valenciana durante la Edad Media puede hacerlo en la **Cueva-Museo Dragut**.

Escarmentado por esta sangrienta ofensiva Felipe II manda construir un conjunto de fortalezas defensivas para proteger la ciudad. De ellas se conserva en buen estado, a orillas del mar, la **torre Marenyet**. Una inscripción en la entrada narra las circunstancias y momento de su construcción.

Algunos lienzos de muralla que se pueden contemplar en la montaña, sobre todo detrás del castillo, fueron levantados en el siglo XVI, dentro del plan general de fortificación y defensa de la ciudad de Felipe II.

En lo alto de la colina y con extraordinarias vistas a la bahía de Cullera, el **castillo de Cullera** que el visitante puede visitar en la actualidad, pese a su estado significativo de deterioro está en proceso de rehabilitación. Fue reconstruido por Jaime I en el siglo XIII sobre la original fortaleza árabe, y posteriormente restaurado por Pedro IV el Ceremonioso. Son visitables el patio de armas y la capilla gótica. En la subida al castillo por el Calvario (un camino excavado en la roca el siglo XVIII) se encuentra

Torre Marenyet, en Cullera.

Cueva-Museo del pirata Dragut, en Cullera.

el **santuario de la Virgen del Castillo**, levantado en los últimos años del siglo XIX. De este templo de estilo neorrománico hay que destacar su torre de campanas y la cúpula cubierta por cerámica vidriada de color cobrizo. Cerca están también la ermita de Santa Ana y la torre de Santa Ana, antes llamada de la Reina Mora, de planta rectangular.

En el casco antiguo de la villa es interesante visitar la **iglesia parroquial de los Santos Juanes**, originalmente gótica (en la capilla aún se conservan elementos de los siglos XIII y XIV), reconstruida en estilo neoclásico en el siglo XVII.

En el **Museo Fallero**, ubicado en el edificio histórico de la Casa de Enseñanza (s. XVIII), compartiendo instalaciones con el Museo Arqueológico Municipal se recogen gran número de *ninots* y de elementos típicos de estas fiestas tan populares que son la Fallas. El edificio del Ayuntamiento es de la misma época que la Casa de Enseñanza.

Otro museo que aproxima al visitante a una de las actividades más características de las poblaciones de la Albufera es el Museo del Arroz. En él se desarrolla la evolución histórica de la producción de arroz en la zona, y se explican sus distintos ciclos. Se exponen, además, fotografías, objetos y documentos.

Un sosegado paseo por las calles de Cullera puede acercar al visitante hasta el mercado municipal para contemplar sus bonitos viales y jardines, o al paseo Marítimo, donde el mar explica su propia historia.

En las cercanías es posible también tomar un baño en aguas dulces, en un entorno virgen como el del Estany Gran, o en la laguna de Sant Llorenç, al norte del monte del Oro.

ARROZ EN LA ALBUFERA

El arroz fue introducido en la Albufera por los árabes. Desde entonces su cultivo está estrechamente ligado a la historia de la Albufera y los pueblos de su alrededor. Al expandirse las plantaciones se robó mucho espacio al lago, pero en la actualidad están tan integradas que forman parte del ecosistema. En las últimas décadas la producción se ha reducido en un 50 %. Con todo, esta provincia produce aún un 30 % del total estatal. La mitad de este arroz se cultiva en Sueca, villa que ha sido por esto denominada la capital del arroz. El arroz de la Albufera es del tipo "redondo" (pese a que en Europa tiene más aceptación el denominado "chino" o "largo") de mayor calidad y especialmente indicado para los platos valencianos. La riqueza de este cultivo no acaba aquí, pues es innegable la belleza paisajística que ofrece a lo largo de sus ciclos, desde estar inundado en invierno hasta los tonos que adquiere antes de la siega en septiembre.

➔ A SUECA, 7 KM POR N-332.

5 Sueca

pza. del Ayuntamiento. ☎ 96 170 00 50.

Sueca con una población de 24.893 habitantes es la capital de la comarca de la Ribera Baixa. Su núcleo urbano se extiende sobre una gran llanura cultivada de plantaciones de arroz, interrumpida únicamente por una pequeña elevación denominada Muntanyeta dels Sants. Como muchas de sus vecinas villas su origen es preciso buscarlo en el período árabe. Su nombre Sueca, viene del término árabe *suayqa* que significa zoco. Aún así, no fueron los árabes los primeros en poblar estas tierras. Se han hallado en la zona restos del Paleolítico Superior.

Tras la reconquista cristiana obtiene la carta puebla en 1245. En 1899 obtiene el título de ciudad.

Dentro de su término municipal está el **Perelló**, núcleo urbano junto al mar y a orillas del Llac de la Plana (dentro del

Típicas barcas de la Albufera.

parque natural de la Albufera) donde es posible disfrutar de **paseos en barca**.

Los monumentos arquitectónicos más significativos de Sueca se enmarcan sobre todo dentro de las corrientes estilísticas del neoclasicismo y el modernismo.

De estilo neoclásico es la **iglesia de Sant Pere** (s. XVII), declarada monumento histórico artístico nacional. En el exterior, merece la pena prestar atención a sus elegantes fachadas y a la cúpula con tejas de cerámica vidriada. El campanario, levantado un siglo después, hace gala de un curioso reloj donde no sólo se indican las horas y minutos, sino los días de la semana y el mes. El templo aloja entre sus paredes valiosas pinturas con firmas de Espert, Claros y Messeguer, interesantes tablas góticas, y esculturas de Beltrán, Frechina y Fuster.

Del mismo estilo arquitectónico es la **Real Iglesia de Nuestra Señora de Sales**, conocida popularmente como el Convent por su anterior uso como convento de los franciscanos (entre 1613 y 1836). En el interior de este edificio diseñado por Joan Ximeno se contemplan un bonito retablo en el altar mayor, y pinturas y frescos de miembros de la escuela de Juan de Joanes. La cúpula, como es muy propio en estas tierras, está rematada con cerámicas vidriadas.

En este caso una construcción civil fue levantada en 1784 en estilo neoclásico, el Ayuntamiento. De su fachada destaca una amplia balconada. En su interior, se guardan lienzos y esculturas de artistas tales como Claros o Messeguer, además de las obras ganadoras de los premios Pintor Claros y Escultor Beltrán. El despacho de alcaldía fue remodelado en estilo modernista.

En los Porxets (1793), antiguas carnicerías, se ha habilitado una sala de exposiciones. Los arcos de medio punto que la forman le dan un aspecto bonito y singular.

En el siglo XIX, con el título de ciudad en su poder, se construyen en Sueca los jardines de la estación. Se pueden contemplar distintos elementos decorativos como un monumento dedicado al escritor

CAÑAS Y BARRO

El Palmar fue el escenario escogido por el director de cine Rafael Romero para rodar en 1977 los seis capítulos de la serie televisiva *Cañas y barro*, basada en la novela homónima del escritor valenciano Vicente Blasco Ibáñez. Entre las barracas y las huertas que pueden verse a orillas de la Albufera, los actores Luis Suárez y Victoria Vera dieron vida a los personajes de Tonet y Neleta.

Casa de la Comunidad de Pescadores de la Albufera en el Perelló.

Bernat y Baldoví, otro al maestro Serrano, o un elegante quiosco de música.

Otro estilo arquitectónico con una presencia importante en la ciudad es el **modernismo**. A finales del siglo XIX y principios del XX se construyeron siguiendo los criterios de este estilo el **Asilo para Ancianos Desamparados** (1911), obra de Bonaventura Ferrando, con una capilla de estilo neomudéjar y llamativas vidrieras y aros, y el edificio del **Ateneo**, diseñado por Joan Guardiola, con unos murales de Alfredo Claros y Regino Mas, y una bonita lámpara modernista.

La ermita de Benissants de la Pedrade (1613) es un destino ideal para un **paseo** tanto por el edificio en sí, de estilo gótico tardío, con un altar neoclásico y imágenes de san Abdón y san Senén (s. XVII), o sus interesantes vidrieras, como por las espectaculares vistas del parque natural de la Albufera que desde aquí se obtienen. El 29 julio se celebra en este lugar una popular romería.

En el cercano pueblo del **Perelló**, perteneciente al municipio de Sueca, se celebra todos los viernes de julio y agosto un mercado medieval, desde 1337. En él, el visitante puede comprar desde especias hasta artesanías de cerámica, mimbre o telas.

Un **paseo marítimo** de unos 7 km se extiende desde el Perelló hasta el Mareny de Vilxes.

➡ A ALGEMESÍ, 12 KM POR C-3324.

6 Algemesí

(Sueca) pza. del Ayuntamiento. ☎ 96 170 00 50. Mare de Déu de la Salut (8 de septiembre). Semana de Bous (última semana completa de septiembre). San Onofre (12 de junio).

Como su nombre ya permite sospechar el origen de Algemesí se encuentra en una antigua alquería árabe que dependía de la villa de Alzira. Pertenecía además al conjunto de poblamientos que crecieron en torno al Camí Real, sobre el que en la antigüedad fue la vía romana de Valencia a Xàtiva por Alzira.

En el *Llibre del Repartiment* de 1243 se cita por primera vez en un documento escrito el nombre de este pueblo. Tres siglos más tarde, en 1574 consigue la Universidad y su independencia de Alzira.

La expulsión de los moriscos y un lento repoblamiento trae consigo un período de grave crisis económica. El motor del resurgimiento de Algemesí llega con las plantaciones de arroz.

El edificio más significativo de Algemesí es la **basílica de San Jaime Apóstol**, levantada en el siglo XVI sobre un templo anterior del que se conservan aún algunos elementos a sus pies. Su planta la forma una nave absidial con dos laterales convertidos en capillas. De su construcción merecen atención recursos arquitectónicos como el crucero de nervaduras, los arcos, los contrafuertes o las pilastras de piedra tallada. En el exterior el visitante podrá observar la decoración de es tilo renacentista platereresco de la puerta principal y el elegante campanario añadido en el siglo XVIII. Concertándolo con el párroco se puede visitar el Museo de Arte Sacro alojado en el interior del templo, donde se exponen algunos lienzos interesantes y objetos para el culto.

Otro edificio de interés es el antiguo convento de San Vicente Ferrer, hoy reconvertido en hospital.

El único espacio natural no cultivado dentro del término municipal es la *Xopera*, cuyo nombre perdió sentido al ser reemplazados muchos de los chopos que la formaban por una gran plantación de eucaliptos. Se encuentra en la confluencia de los ríos Magre y Júcar.

GUÍA PRÁCTICA

RESTAURANTES

El Saler

Casa Carmina: c. Embarcadero, 4. ☎ 96 183 02 54. *Cierra los lunes, domingos noche y mes de agosto. Uno de los restaurantes donde se comen los mejores arroces de la Comunidad Valenciana.*

Sidi Saler: Playa - km 3. ☎ 96 161 04 11. *En el hotel del mismo nombre. Cocina bien elaborada con productos de la zona.*

El Palmar

Racó de l'Olla: ctra. de El Palmar, s/n. ☎ 96 162 01 72. *Cierra los lunes (excepto en julio y agosto, que cierra en domingo). Excelente terraza con vistas a la Albufera.*

L'Establiment: c. Camino Estell, s/n. ☎ 96 162 01 00. *Cierra los martes.*

El Redolí: c. Arzobispo Aliaga s/n. ☎ 96 162 03 75. *Cierra los jueves desde el 1 de octubre al 31 de marzo.*

Bon Aire: c. Caudete, 41. ☎ 96 162 01 97. *Cierra los martes entre el 1 de octubre y el 30 de abril, excepto festivos.*

Cullera

Casa Salvador: L'estany de Cullera, s/n. ☎ 96 172 01 36. *Excelente terraza al estanque y buena cocina valenciana.*

Les Mouettes: Subida al Castillo, s/n. ☎ 96 172 00 10. *Restaurante de buena cocina francesa. Cierra lunes, domingos noche (excepto en verano) y del 12 de diciembre al 12 de febrero.*

Los Olivos: ctra del Faro, s/n. ☎ 96 174 62 63. *Buena vista a la bahía de Cullera.*

Ricardo: avda. Alicante, 6. ☎ 96 172 11 78. *Cierra del 1 de octubre al 31 de marzo.*

L'Entredcôte: pza. de Mongrell, 4. ☎ 96 172 04 19. *Abre del 15 de marzo al 15 de octubre y el resto del año los fines de semana.*

Amigos de los Pescadores: En el edificio de la Lonja. ☎ 96 172 56 40. *Epecialidades en recetas de pescado y arroces. Su calidad está garantizada.*

Scania***: ctra del Faro s/n. ☎ 96 172 01 43. *Situado en el hotel del mismo nombre. Cierra del 15 de diciembre al 27 de diciembre. Ubicación agradable cerca del faro de Cullera.*

Sueca

Sorrentinos: avda. Villa de Corbera, 4. ☎ 96 171 02 34. *Especialidad en paellas, arroces y otras recetas de la zona.*

Llopis: Ronda de España, 91. ☎ 96 170 00 52. *Local agradable. Especialidad en paellas y pescados.*

Algemesí

La Bodegueta: c. Valencia, 8. ☎ 96 242 11 39. *Cocina internacional de calidad.*

ALOJAMIENTO

Hoteles

El Saler

Parador de El Saler: avda. de los Pinares, 53. ☎ 96 161 11 86. *Excelente campo de golf a escasos metros de la playa.*

Sidi Saler: Playa - km 3. ☎ 96 161 04 11. *Con todo tipo de servicios y comodidades.*

Cullera

Scania***: ctra del Faro s/n. ☎ 96 172 01 43. *Cierra del 15 de diciembre al 27 de diciembre.*

Carabela II**: c. Diagonal del País Valencià, 61. ☎ 96 172 40 70.

I Latina**: c. Replà de Sant Antoni, 2. ☎ 96 173 16 00.

El Chalet**: ctra. del Faro, 7. ☎ 96 174 65 40.

Campings

El Saler

Cámping Devesa Gardens (2ª): ctra. El Saler, km 15. ☎ 96 161 11 36. *Cierra del 1 de enero al 31 de mayo y del 1 de octubre al 31 de diciembre, excepto fines de semana y festivos.*

El Palmar

Cámping El Palmar (1ª): ctra. El Saler, km 15. (El Palmar). ☎ 96 162 03 53. *Cerrado desde el 1 de octubre al 30 de junio.*

Cullera

Cámping Santa Marta (1ª): ctra. del Faro, s/n. ☎ 96 172 14 40.

La Plana de Utiel-Requena y el Valle de Ayora

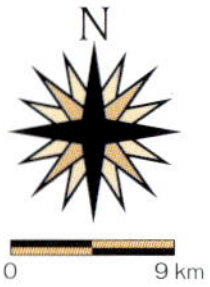

El triángulo Requena-Utiel-Ayora pertenece a la zona castellano-hablante de la Comunidad Valenciana. Estas tierras son el paso natural entre Castilla y el Mediterráneo y se han especializado en el cultivo de la vid. Sus bodegas están amparadas bajo la Denominación de Origen Utiel-Requena. También elaboran algunos de los embutidos más apreciados del territorio valenciano. Para visitar Ayora, principal enclave apícola peninsular, hay que abandonar la meseta y adentrarse en la fosa abierta por los ríos Júcar y Cabriel.

ITINERARIO
1 DÍA / 92 KM

UTIEL → Requena	**12 km**
Requena → Cofrentes	**36 km**
Cofrentes → Ayora	**24 km**
Ayora → Castellar de la Meca	**20 km**

Bodega y viñas de Utiel.

1

Utiel

Plaza del Ayuntamiento, 1. ☎ 96 217 05 04. Fiestas patronales de la Virgen del Remedio (del 6 al 15 de septiembre). Cooperativa Agrícola: avda. Marín Lázaro, 8. ☎ 96 217 14 68/217 01 33. Visitas concertadas. Museo del Vino: c. Sevilla, 12. ☎ 96 217 10 62. De lu a vi, de 10 h. a 14 h.; cierra sa y do. Iglesia de Nª Sª de la Asunción: c. Francisco Beato Gálvez, 1. ☎ 96 217 10 73. † De lu a vi, a las 10 h. y a las 20 h.; sa, a las 19 h. y a las 20 h., y do a las 9h., 13 h. y 19 h.

Utiel fue una aldea de Requena hasta el año 1355 y recibió el título de ciudad en 1645, cuando Felipe IV dijo su conocida frase: "Acompáñeme la ciudad". Al igual que Requena, en 1851 solicitó su adscripción a Valencia y dejó de pertenecer a Cuenca.

En los alrededores de la villa, los hallazgos de vestigios romanos, ibéricos e incluso anteriores demuestran los orígenes remotos de los primeros pobladores de la zona.

Las calles y casas del casco antiguo de Utiel mantienen aún el sabor árabe y medieval de su pasado.

La otra cara de Utiel, la que la define en la actualidad, es la **actividad vitivinícola**, la más relevante dentro del contexto de la Comunidad Valenciana. La mayor parte de su término municipal está compuesto de viñas, que permiten producir a la Cooperativa Agrícola los más de 30.000.000 de litros anuales. En 1986 se inauguró en Utiel el **Museo del Vino de la Comunidad Valenciana** y en él se establecería además el Consejo Regulador de la Denominación de Origen de Utiel-Requena. En el museo, en las dependencias del edificio llamado Bodega Redonda (1891), aparte de objetos y utensilios del proceso de producción del vino, se exhibe una gran colección de etiquetas y botellas de las cosechas más importantes de esta D.O.

En un elegante edificio de carácter típicamente castellano, del siglo XVIII, se encuentra la Casa Consitorial. En la fachada, de estilo neoclásico, se conserva el emblema heráldico de Utiel. El interior alberga documentos de gran interés histórico en pergamino, como la carta puebla de Utiel, otorgada por Pedro I, rey de Castilla, el 1355.

De las construcciones religiosas que existen en la población es la **iglesia parroquial de Nuestra Señora de la Asunción**, la más importante. Fue el arquitecto Juan Vidaña Almazora quien diseñó este edificio gótico. Consta de una gran nave central alargada, cuatro capillas a cada lado, una capilla central en la cabecera y dos ábsides. Son interesantes las portadas de estilo herreriano situadas en la calle de Santa María y en la plaza Mayor.

Otras dos iglesias de interés son el templo y convento de la Merced de estilo neoclásico con bellas pinturas al fresco decorando el presbiterio, y la iglesia del antiguo convento de San Francisco (s. XVIII), actualmente reconvertida en Centro de Salud, en la que destaca la esbelta torre del campanario.

En Utiel los aficionados a los toros podrán disfrutar durante la temporada taurina de un marco incomparable para ver corridas. La Uteliana, nombre que recibe la plaza, es la más grande de la provincia. Parte de la gradería está cubierta por un tejadillo sostenido por 108 columnas rematadas con capiteles de hierro con volutas jónicas.

A 12 kilómetros del núcleo urbano se encuentra el barroco **santuario de la Virgen**, a 1.090 m de altitud. De la ermita primitiva, levantada en 1564, poco queda de su aspecto original, pues fue remodelada en varias ocasiones y hoy, los elementos más interesantes a observar son los que se introdujeron en los siglos XVII y XVIII. Destaca la bóveda de arista y los azulejos de Manises que representan escenas del Vía Crucis y los Gozos y Dolores de la Virgen. En el camarín de detrás del altar, Félix Navarro pintó en 1728 unos bonitos frescos, como los de la cúpula donde se representa la Gloria. El 6 de septiembre, con motivo del inicio de las fiestas patronales de Utiel se celebra en el lugar una animada romería.

➜ **A REQUENA, 12 KM POR N-330, E-901 Y N-330.**

2

Requena

c. García Montés, s/n. ☎ 96 230 38 51. Fiesta de la Vendimia (última semana de agosto). **Iglesia del Salvador**: pza. del Salvador, s/n. ☎ 96 230 26 01. Siempre desde una hora antes de cada misa. † De lu a vi, a las 19.30 h. (excepto en verano); sa y vísperas de festivos, a las 20 h., y do, a las 12 h. **Cuevas de la Villa**: pza. de Albornoz, s/n. ☎ 96 230 38 51. De lu a vi, sólo visitas concertadas; sa, a las 10 h., 10.30 h., 11 h., 11.30 h., 12 h., 12.30 h., 13 h., 13.30 h., 17 h., 17.30 h., 18 h. y 18.30 h. Todas las visitas son guiadas en grupo. $ 300 ptas. **Museo de la Vendimia**: Cuesta del Castillo, s/n. ☎ 96 230 14 00. Sa, de 16 h. a 21 h. y do, de 10 h. a 14 h. **Museo Municipal**: c. Músico Sosa, 1. ☎ 96 230 14 00. De ma a do, de 11 h. a 14 h. Visitas guiadas previa concertación. $ 300 ptas.

Plaza de toros de Requena.

En un altiplano a 692 metros de altitud, el término municipal de Requena ocupa 816 km², lo que lo convierte en el más grande de la Comunidad Valenciana. *Rekina* o *Rakanna* ("la segura", "la fuerte") había pertenecido al reino taifa de Valencia desde el siglo XI, pero desde poco después de la reconquista cristiana de 1238 quedó adscrita a la Corona de Castilla. Sus cambios de adscripción geográfica y el mantenimiento de fueros propios le fueron de gran beneficio. La situación geográfica de los pueblos muchas veces tiene un papel importante en el desarrollo y la historia de éstos. El caso de Requena, situado durante siglos en una línea fronteriza, fue determinante en muchos aspectos. Desde 1021 se encontraba en la divisoria entre los reinos de Valencia y de Toledo. En 1264 recibía la concesión de Puerto Seco y Almojarifazgo convirtiéndose en la aduana entre Castilla y Aragón. Tras la conquista cristiana, bajo el reinado de Alfonso X el Sabio, pasó a formar parte del Reino de Castilla. Su emplazamiento estratégico hizo de Requena objeto de deseo y de enfrentamientos entre aragoneses y castellanos. La unificación de Castilla y Aragón conseguida con la boda de los Reyes Católicos permitió un período de paz y expansión comercial gracias a las exportaciones de trigo y ganado, y la importación de manufacturas, arroz y pescado desde las tierras va-

LA FIESTA DE LA VENDIMIA

Desde 1948, en Requena se celebra la Fiesta de la Vendimia, que es la más antigua de la península junto a la de Jerez siendo declarada fiesta de interés turístico. Una de las peculiaridades más sorprendentes de esta celebración asociada a la recolecta de los primeros racimos de uva es una fuente de la que mana vino ininterrumpidamente y de forma gratuita.

lencianas litorales. A finales del siglo xv y principios del xvi, bajo el reinado de los Reyes Católicos llegó la decadencia. Más tarde, la orden de expulsión de los moriscos ocasionó una gran pérdida de población. El inicio del siglo xviii abriría una nueva etapa, la de la expansión de la agricultura, de la industria sedera y su exportación a América, con la consiguiente recuperación de las cifras demográficas y económicas. En el siglo xviii, Requena tenía 800 telares de seda, pero las moreras fueron sustituidas progresivamente por cepas de vid, una producción que hoy se ha convertido prácticamente en monocultivo. La ciudad, que había obtenido en 1836 el título de "muy noble, leal y fidelísima" por su apoyo a Felipe V de Borbón en la guerra de Sucesión, solicitó su adscripción voluntaria a Valencia en 1851.

Su evolución queda claramente reflejada en las edificaciones y en el desarrollo urbano. El **barrio de la Villa**, declarado conjunto histórico-artístico en 1966, es el núcleo originario del municipio. La expansión demográfica dio lugar a la formación de los barrios de La Peña y el Arrabal.

En el **Museo Arqueológico** de Requena se pueden contemplar muestras de los más antiguos pobladores de la zona. Se exponen objetos de la Edad de Bronce, ibéricos y romanos. En el **Museo Histórico Artístico**, junto a la iglesia del Carmen, además de admirar los restos arqueológicos encontrados en los aledaños de la población se puede hacer un recorrido por los oficios artesanales que han tenido relevancia en la villa (la elaboración de la seda, la ollería, y el oficio colmenero). En las instalaciones del edificio se encuentra también el Museo del Vino (actualmente en proceso de remodelación), en el que se explica el proceso de obtención de este prestigioso producto.

En el paseo por su casco antiguo el visitante irá encontrando paso a paso elementos testigos de la historia de la villa. En la calle de Santa María se observan casonas que lucen en sus fachadas blasones de los Caballeros de la Nómina del Rey. En la plaza de la Villa (s. xvi), bajo su suelo, se puede visitar un hallazgo insólito: unos silos emplazados en unas **cuevas subterráneas** que sirvieron para el almacenaje de productos, especialmente en el siglo xvii. Se conservan unas tinajas del siglo xii. Estas cuevas se comunicaban con las casas de la plaza y calles colindantes mediante escalerillas. A lo largo de los siglos estas cuevas se utilizaron también como bodegas de vino o como refugio en períodos de guerra. Arriba, pisando la plaza, se conservan los que fueron en su momento importantes edificios: la casa del Corregidor, la casa de la Santa Inquisición (con un escudo de armas pontificias), la casa del Consejo, o la antigua cárcel.

Cuevas de la Villa, bajo el suelo de la plaza Mayor de Requena.

LAS HIJAS DEL CID

Según cuenta la tradición, en el antiguo solar donde hoy se encuentra el denominado palacio del Cid, en Requena, se encontraba la residencia que habitó el Campeador. Al parecer, fue en este lugar donde se produjo el encuentro entre éste y el rey Alfonso VI para concertar las bodas de sus hijas, Doña Elvira y Doña Sol, con los Infantes de Carrión.

Más reciente es la **Plaza de Toros**, que se levantaba el año 1901 en estilo neomudéjar.

La fuente de los Regidores era el lugar donde se hacían las recepciones oficiales de los personajes importantes que visitaban el pueblo. En la cuesta de Carnicerías estaba una de las puertas de acceso a Valencia. Su forma de zeta tenía como objetivo dificultar las intrusiones musulmanas a la ciudad. Como su nombre indica, en el siglo xviii se instalaban en esta calle los puestos de venta de carne. Otro callejón interesante es el callejón Paniagua, que conserva aún su origen y carácter moruno.

La puerta del Ángel, al extremo de la cuesta del mismo nombre era otra de las puertas de salida del recinto amurallado. En este caso se encontraba orientada hacia Albacete o Almansa. La escalinata y los balcones colgantes le dan un aspecto pintoresco y atractivo.

En cuanto a lo que se refiere al pasado árabe de la ciudad hay varias construcciones que el visitante puede conocer. En la parte alta del barrio de la Villa están las ruinas de la antigua alcazaba (s. VIII), lo que fue la residencia del Califa y dos torres defensivas.

La fortaleza de Requena, muy codiciada por distintos reinos y poderes durante su historia por su emplazamiento fronterizo y estratégico, es también de origen musulmán (s. X). Del conjunto que fue conserva la torre del Homenaje.

La Casa del Arte Mayor de la Seda tomó como sede un edificio del siglo X, de origen árabe, en cuya fachada se aprecia hoy día un retablo dedicado a san Jerónimo (patrón de los sederos).

La judería es el barrio donde estaban la mayoría de talleres artesanales de Requena. Las calles tomaron los nombres de los distintos gremios que se encontraban en ellas.

Dan fe de la importancia del vino en la villa otras dos edificaciones, la Estación de Viticultura construida en estilo racionalista (dos fases: 1910 y 1936), y el monumento Universal a la Vendimia, realizado por el arquitecto Ricardo Roso y el escultor Esteve Edo con piedra noble y bronce, en 1972.

La **iglesia del Carmen** (s. XIII) es uno de los templos más antiguos que se mantiene en pie en Requena. Originalmente de estilo gótico, las reformas efectuadas en el siglo XVIII se plasman en su ornamentación interior barroca. Destaca el zócalo de azulejos valencianos, decorando los muros. Del mismo siglo que la anterior es la iglesia de San Nicolás, de estilo gótico con una fachada decorada al gusto neoclásico a principios del siglo XVIII a raíz de los destrozos de que fue víctima en 1702, durante la guerra de Sucesión. Su estructura es de una nave con capillas laterales adosadas a los contrafuertes.

La **iglesia arciprestal del Salvador** (s. XV) fue declarada monumento nacional en 1931. En ella se observan algunos elementos del estilo arquitectónico llamado gótico isabelino. La estructura principal, con una gran nave central, otras dos en sus laterales y las capillas entre los contrafuertes, responde a la remodelación realizada en el siglo XVIII en estilo barroco. Y la capilla de la Comunión y el campanario de 40 metros de altura, son dos elegantes muestras del estilo neoclásico. En la portada, decorando las tres arquivoltas hay imágenes de vírgenes y ángeles.

Un convento, el de San Francisco (s. XVI), tuvo en los distintos siglos funciones tan diversas como fuerte defensivo, presidio u hospital. En la actualidad está en desuso.

En el barrio de las Peñas se halla la iglesia de San Sebastián levantada en el siglo XIV y remodelada en 1786.

➔ **A COFRENTES, 36 KM POR N-330.**

3 Cofrentes

ℹ (Ayora). ☎ 96 219 10 25.

Cofrentes, con una población de 893 habitantes, fue, durante el período de do-

Balneario del Manantial de Hervideros, en Cofrentes.

Ruinas del castillo medieval de Cofrentes.

Castillo de Cofrentes.

minio borbónico, capital de lo que hoy es el Valle de Ayora y entonces Gobernación de Cofrentes. Su nombre, como su castillo, es de origen romano (*Confluentem*) por su emplazamiento en la confluencia de los ríos Cabriel y Júcar.

Fue bajo la ocupación árabe cuando el pueblo se desarrolló como villa a los pies del **castillo**. Esta fortaleza, situada en un cerro de 394 m altura y junto a un vertiginoso acantilado hasta el río, ofrece una espectacular imagen al visitante que se acerca a la población. Las ruinas del castillo conservan los elementos suficientes para hacerse una idea de lo que fue. Flanqueando la puerta de entrada dos torres albarranas semicirculares custodiaban el interior del recinto. Destaca por su estado de conservación la torre del homenaje en la que se añadió un reloj hace más de cien años.

Las empinadas calles de Cofrentes, de trazado árabe, conducen al visitante hasta la iglesia San José, alzada en 1621 sobre una mezquita, o hasta el mirador de la Era del Chulo, donde la tradición manda que se acerquen las parejas de recién casados en búsqueda, quizá, de buenas perspectivas.

No muy lejos del pueblo está la ermita de la Dehesilla, de 1878, donde vivió el último ermitaño de la Comunidad Valenciana.

Otro atractivo importante de Cofrentes es el **Balneario de Hervideros**, un edificio modernista en medio de un bello paisaje. Las aguas sulfurosas llegan calientes y burbujeantes al establecimiento del próximo volcán llamado Cerro Agrás (527 m). El tratamiento con las aguas forma parte de los programas de recuperación de numerosas enfermedades (reuma, problemas respiratorios, circulatorios, del sistema nervioso, o de obesidad).

La Central Nuclear de Cofrentes es otro elemento significativo del término. En el interior, un centro de información ofrece al visitante que lo desee visitas guiadas por las instalaciones de este complejo.

➔ A AYORA, 24 KM POR N-330.

4

Ayora

c. Marquesa, 60. ☎ 96 219 10 25. Fiesta de la Virgen de la Asunción (15 de agosto). Iglesia de la Asunción: c. Santiago, s/n. ☎ 96 219 13 65/210 10 31. ✝ Invierno: de lu a vi, a las 19.30 h. (excepto mi); verano: de lu a vi, a las 20 h. (excepto mi); todo el año: sa a las 19 h. y a las 20 h., y do y festivos, 11 h. y 12 h. (el día de Santa Lucía, laborales a las 9 h. y festivos a las 9.30 h.).

Ayora es la capital del Valle (aquí denominado "la valle"). Su castillo, punto de resistencia de los partidarios del archiduque Carlos, sufrió el ataque de Felipe V en 1707. La victoria de las tropas borbónicas tuvo lugar el día 23 de

Paisaje de Ayora visto desde Castellar de la Meca.

Restos del castillo de Ayora.

abril de aquel año, dos días antes de la batalla de Almansa que supuso la abolición de los fueros del antiguo Reino de Valencia.

Como han demostrado los numerosos abrigos prehistóricos encontrados, para llegar hasta las primeras poblaciones humanas hay que trasladarse hasta tiempos inmemoriales.

La villa como tal, surgió bajo el dominio árabe y puede

Detalle de una casa de Ayora.

decirse que estuvo a punto de desaparecer cuando Felipe II decretó la expulsión de los moriscos en 1609. Los moriscos eran la mayoría de la población y al abandonar sus casas se hicieron fuertes en las montañas de la Muela de Cortes y Bicorp. Desde allí, probaron un último y fracasado intento de recuperar lo que les pertenecía.

El edificio civil más importante de la Edad Media en Ayora es lo que queda del castillo que perteneció a los marqueses de Zenete, señores de la villa. Las partes mejor conservadas son la torre del homenaje y una gran puerta del siglo XVI con un arco de piedras labradas.

En lo que construcciones religiosas se refiere son tres las iglesias más importantes de la villa. La **iglesia de San Blas**, del siglo XIII, conserva bastantes elementos de su factura inicial. Destacan los arcos góticos que soportan las vigas del techo de su nave única. Esta iglesia es también conocida en la población como la de Arriba, por su emplazamiento en el barrio de los Altos (en la parte alta de la villa).

La **iglesia parroquial de Ayora**, en el centro del pueblo, está dedicada a Nuestra Señora de la Asunción. Fue construida en estilo gótico y se le añadió una portada herreriana. Actualmente se trabaja para recuperar su aspecto original ocultado por unas reformas poco sensibles realizadas hace unos años. En el interior destacan unas pinturas de Yáñez de la Almedina y un cuadro de Vicente López.

La tercera es la **iglesia de Santa Lucía**, de pequeñas dimensiones. Está ubicada en el barrio árabe, sobre una antigua mezquita.

En Ayora se trata el 80 % de la **miel** producida en la península.

El visitante que quiera hacer alguna **excursión** por los alrededores podrá ver antiguas casas de labranza, la ermita del Rosario, o, ya más lejos (a 12 km) la cueva don Juan en cuyo interior la naturaleza ha creado un llamativo conjunto de estalactitas y estalagmitas. Restos encontrados han permitido comprobar que fue habitada en el Mesolítico y en la Edad de Bronce.

➜ AL POBLADO IBÉRICO DE CASTELLAR DE LA MECA, UNOS 20 KM POR N-330, CTRA. COMARCAL Y PISTA FORESTAL.

5

Castellar de la Meca Poblado ibérico

(Ayora). ☎ 96 219 10 25.

A 1.058 m de altitud está el poblado ibérico de Castellar de la Meca. Se llega después de un **recorrido a pie** y sólo se puede visitar los **jueves** y los **domingos**. El camino de acceso de los carros, cuyas marcas se quedaron para la posteridad, y sus más de cien cisternas dan una idea de la importancia que llegó a tener en su momento este poblado declarado monumento histórico-artístico de interés nacional. Ocupaba una superficie de unos 800 metros de largo por 35 de ancho.

Huellas de carros en el poblado ibérico de Castellar de la Meca.

GUÍA PRÁCTICA

RESTAURANTES

Requena

MESÓN DEL VINO: avda. Arrabal, 11. ☎ 96 230 00 01. *Cierra los martes y en septiembre. Buena relación calidad-precio.*

MESÓN SAN JOSÉ: ctra. Madrid-Valencia, km 284. ☎ 96 230 50 32.

MESÓN FORTALEZA: pza. del Castillo, 3. ☎ 96 230 52 08.

ARRABAL 6: avda. del Arrabal, 6. ☎ 96 230 17 01.

Utiel

CASA LA ABUELA: ctra. Madrid-Valencia, km 264. ☎ 96 217 00 55.

EL POTAJERO CHICO: ctra. Madrid-Valencia, km 271. ☎ 96 217 00 09. *Cierra sábado tarde.*

EL CARRO: c. Héroes del Tollo, 25. ☎ 96 217 11 31. *Cierra miércoles noche y domingos.*

Ayora

EL RINCÓN: c. Parras, 10. ☎ 96 219 17 05. *Cierra lunes. Merece la pena probar el gazpacho típico de la villa.*

LOS BAÑOS DE SAN ANTONIO: ctra. de Ayora a Almansa, km 7. ☎ 96 219 15 76. *Gazpachos y brasería.*

LOS MOLINOS: c. Ciudad Jardín, 24. ☎ 96 219 19 24.

BAR-RESTAURANTE 77: c. Virgen del Rosario, 64. *Cocina mediterránea y especialidades de cocina vasca.*

ALOJAMIENTO

Hoteles

Requena

MOTEL SOL II**: ctra. Madrid-Valencia, km 272. ☎ 96 230 00 50.

AVENIDA*: c. San Agustín, 10. ☎ 96 230 04 80.

FONDA LA FAVORITA: c. Norberto Piñango, 21. ☎ 96 230 08 74.

Utiel

EL POTAJERO CHICO**: ctra. Madrid-Valencia, km 271. ☎ 96 217 00 09.

HOSTAL EL VEGANO II**: c. Isabel la Católica, 2. ☎ 96 217 23 55.

Cofrentes

HERVIDEROS DE COFRENTES***: Balneario, s/n. ☎ 96 189 40 25. *Cierra del 21 de diciembre al 19 de febrero. Balneario con todas las comodidades.*

TORREBLANCA*: Santa Ana, 3. ☎ 96 189 42 43. *Abierto todo el año. Agradable ambiente familiar.*

Ayora

MURPIMAR**: c. Virgen del Rosario, 58. ☎ 96 219 10 33.

Viaje al corazón de la Comunidad Valenciana

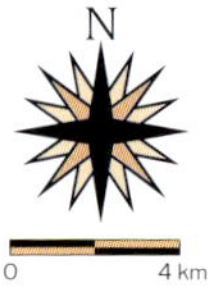

En esta ruta se recorrerán tres importantes capitales de comarca: Gandia, Alzira y Xàtiva, además de algunos de los enclaves más relevantes de la historia de esta tierra, cuna de algunos de los nombres más ilustres de su cultura (Ausiàs March y Joanot Martorell), la religión y la política europeas: la famosa familia Borja, que dio dos Papas y personajes legendarios como César o Lucrecia Borja. La visita al monasterio cistercense de la Valldigna es recomendable

ITINERARIO
2 DÍAS / 111 KM

GANDIA → Santa María de la Valldigna	**22 km**
Santa María de la Valldigna → Alzira	**16 km**
Alzira → Xàtiva	**19 km**
Xàtiva → Albaida	**26 km**
Albaida → Ontinyent	**9 km**
Ontinyent → Bocairent	**9 km**
Bocairent → Banyeres de Mariola	**10 km**

Palacio Ducal de Gandia.

1

Gandia ☼☼

c. Marqués del Campo, s/n. ☎ 96 287 77 88. Fiesta de San Francisco de Borja (3 de octubre). Palacio Ducal: c. Santo Duque, 1. ☎ 96 287 12 03. De lu a vi; cierra sa tarde, do y festivos. A las 11 h. y a las 18 h.; sa sólo a las 11 h. $ 250 ptas. Colegiata de Santa María: Plaza Constitución, s/n. ☎ 96 287 19 51. En horas de misa. † De lu a sa, a las 8.30 h., 9.30 h. (ambas, excepto en julio, agosto y septiembre), 11.30 h. y 19.30 h.; los sa y vísperas de festivos por la tarde, también a las 20.30 h.; y do y festivos, a las 10.30 h. 11.30 h., 12.30 h., 19.30 h. y 20.30 h.

Los primeros establecimientos humanos en la zona se remontan al Paleolítico como muestran los hallazgos de las cuevas del Parpalló y de las Maravillas, y es sabido, que también los íberos y los romanos habitaron aquí. Sin embargo, la villa como núcleo estable y agrupado no se desarrolló hasta la etapa posterior a la conquista de Jaime I.

La estructura de la ciudad medieval, aún observable, se trazaba a partir de tres ejes paralelos al río, unidos entre sí por estrechas callejuelas.

El período de esplendor de Gandia se inicia cuando el duque real de Gandia, Martín el Humano fija su residencia en la población con su corte. En estos años florecen escritores en lengua valenciana que llegarán a tener reconocimiento mundial como **Ausiàs March**, **Joanot Martorell** o **Roís de Corella**, y se construyen numerosos edificios relevantes en Gandia.

Otro momento decisivo en la historia de la ciudad es en 1485, cuando Rodrigo Borja compra el ducado de Gandia a Fernando el Católico para cedérselo a su hijo Pere Lluís Borja. El edificio que representa ese poderío valenciano en la Europa de la época es el palacio Ducal. En la Gandia del li-

UNA FAMILIA MAQUIAVÉLICA

Los Borja — o Borgia— fueron una familia de origen aragonés que se estableció en Xàtiva en el s. XIII. En los siglos XV y XVI tuvo un importante papel en la vida política del papado y de Italia; un territorio dividido en reinos, repúblicas y ducados en que la corrupción y las invasiones eran una constante. Los Borja dieron a la Iglesia dos papas: Alfons de Borja (Calixto III) y Roderic de Borja (Alejandro VI), su principal característica fueron el nepotismo y la corrupción. No obstante los dos miembros de la familia más populares fueron César Borja y Lucrecia Borja, a la sazón hermanos e hijos del Papa Alejandro VI. César Borja fue arzobispo de Valencia, responsable del ejército pontificio y un político sin escrúpulos. Su conducta inspiró al florentino Maquiavelo su tratado político y filosófico *El Príncipe*. Lucrecia Borja se casó numerosas veces. Desde el ducado de Ferrara se destacó como protectora de las artes y las letras.

Capilla en el interior de la colegiata de Gandia.

Monumento a Ausiàs March en Gandia.

naje de los Borja, sobre todo a lo largo del siglo XVI, se levanta la segunda muralla que permite la expansión de la ciudad, la iglesia de Santa María se convierte en colegiata, y se construye el colegio que después será la universidad.

En el siglo XVIII, tras la crisis generalizada de la centuria anterior, Gandia encuentra en la producción y comercio de la seda, el motor de su desarrollo económico.

A finales del siglo XVIII y principios del siguiente el pueblo, sobre todo la burguesía floreciente, comienza a manifestar su oposición al dominio señorial. El proceso reivindicativo concluirá en 1812 con la abolición del régimen señorial aprobado en las Cortes de Cádiz. En la fachada del Ayuntamiento de Gandia, construido en 1778, es manifiesta esta voluntad de renovación. Cuatro bustos sobre la balaustrada simbolizan las virtudes que deben tener los gobernantes de la ciudad: prudencia, justicia, fortaleza y templanza.

El siglo XIX, será el período de los grandes cambios en todos los ámbitos. En lo que se refiere a Gandia se llevan a cabo numerosas acciones para la mejora de la ciudad (adoquinado de las calles, construcción del teatro, del mercado, servicio de correos y telégrafos y vías de comunicación). Poco antes de cambiar el siglo se derruyen las murallas, se construye el puerto, se inaugura el ferrocarril que lo comunicará con Alcoy y se introduce en la zona el cultivo de la naranja.

En el recorrido por la ciudad el visitante podrá contemplar el importante legado que guarda de su rica historia. Desde 1998 gran parte del casco antiguo es peatonal, para el mayor goce del turista. El **palacio Ducal**, es uno de los monumentos más significativos de Gandia. Se trata de un gran palacio señorial cuyas dependencias se estructuran en torno a un patio central. Destacan el **Saló Corones**, la **Sala dels Carròs i Centelles**, la **Sala Daurada**, decorada con cerámica de Manises del siglo XVIII, representando los 4 elementos, o la Celda oratorio de San Francisco de Borja. En 1890 los jesuítas compraron el edificio y llevaron a cabo numerosas obras de restauración.

El otro poder de la ciudad, contrapuesto al que había tenido como centro el palacio Ducal, fue el **Ayuntamiento**. Después de la remodelación sufrida en 1982 sólo se puede contemplar de su original aspecto exterior la fachada principal de estilo neoclásico.

En la misma **plaza de la Constitución**, presidida en el centro por un monumento dedicado al Santo Duque Francisco de Borja, además del Ayuntamiento se encuentra el edificio religioso más importante de Gandia, la colegiata de Santa María.

La **iglesia de Santa María**, se convertía en colegiata el año 1499, gracias a la bula concedida por el papa Alejandro VI. Los elementos más interesantes que el visitante puede contemplar en el templo son los de los siglos XIV y XV, del estilo gótico desarrollado en la corona catalano-aragonesa. Las líneas horizontales, la decoración más bien austera y pocas aberturas al exterior son los principales aspectos que distinguen a esta corriente gótica de la que se desarrolló en el resto de península, el llamado gótico internacional. El interior de la nave, es amplio y elegante. Consta de una sola nave con cinco tramos, entre cuyos contrafuertes se ubicaron las capillas laterales. El presbiterio tiene planta rectangular. Los accesos al templo son dos, la puerta de la plaza de la Constitución y la puerta de los Apóstoles. Su elegancia la hizo merecedora en 1931 de la catalogación de monumento histórico-artístico nacional.

Otros dos edificios destacados de Gandia son el **hospital de Sant Marc** y el de la antigua Universidad de Gandia. El primero lo mandó construir a finales del siglo XIV el primer duque real, Alfonso el Viejo. Su función original era la de un centro sanitario y benéfico para los habitantes de Gandia. El edificio que se contempla en la actualidad es el resultado de la remodelación realizada en el siglo XVI. Está previsto que se convierta en la sede del Museo Arqueológico Municipal. Las distintas dependencias están dispuestas en torno a un patio central. Las dos salas principales son las que servían para la convalecencia de los pacientes. Una para hombres y otra para las mujeres, estaban unidas por un extremo, en el que se emplazaba la capilla.

La **antigua Universidad de Gandia** fue regentada desde 1549 por la Compañía de Jesús, hasta 1767 (año en que los jesuitas serían expulsados del territorio español). En 1810 tomaron las riendas de esta institución educativa los padres escolapios. Actualmente es la sede de la UNED, la Universidad Nacional de Educación a Distancia.

➜ AL MONASTERIO DE SANTA MARÍA DE LA VALLDIGNA, 22 KM POR CTRA. COMARCAL.

2 Santa María de la Valldigna

Plaza Constitución, 2. ☎ 96 281 16 36 / 281 00 10. De lu a vi, de 11 h. a 13 h.; sa, do y festivos, de 10 h. a 14 h. Visitas guiadas en grupo previa concertación.

Monasterio de la Valldigna.

Tras cruzar el valle de la Drova, a los pies del Mondúver (841 metros), se aparece al visitante una extensión de naranjos que llega hasta el mar. Y en ella, el monasterio cistercense de Santa María de la Valldigna (en valenciano, valle es de género femenino), fundado en 1297 y que llegó a ser uno de los más importantes del Reino de Valencia. Según la tradición, el rey Jaime II pasó por aquí acompañado de Boronat de Vila-seca, abad del monasterio catalán de Santes Creus, a quien le dijo: "Valle digno para un monasterio de vuestra religión". El abad

Monasterio de la Valldigna, en el municipio de Simat de Valldigna.

contestó: "Señor, valle digno". Puede visitarse, pero está en proceso de restauración. Las distintas dependencias se organizaban en torno a los principales espacios del monasterio: el claustro y la iglesia.

El cenobio situado dentro del término municipal de **Simat de Valldigna** fue fundamental en la historia de este municipio y de tantos otros de la zona durante siglos. Si bien el valle estuvo poblado desde tiempos remotos gracias al paso del río Vaca y los numerosos manantiales y fuentes que lo proveen de agua, fue durante la ocupación árabe cuando Simat tomó forma de pueblo y se desarrolló la agricultura. El primer crecimiento demográfico experimentado en el período musulmán nada tuvo que ver con la expansión y los cambios en todos los sentidos que supuso el establecimiento del monasterio a las puertas del pueblo a finales del siglo XIII.

➜ **A ALZIRA, 16 KM POR CV-50.**

3

Alzira

c. San Roque, 6. ☎ 96 241 12 16. Fiesta de los Santos patronos Bernardo, María y Gracia (últimos diez días de julio), Virgen de Lluch (último domingo de septiembre). Museo Arqueológico Municipal: c. Escuelas Pías, 4. ☎ 96 241 74 07. De ma a sa, de 11 h. a 13 h. y de 18.30 h. a 20 h., do, de 11 h. a 13.30 h.; lu. cerrado. Visitas guiadas en grupo previa concertación. Iglesia de Santa Catalina: Plaza Constitución, 8. ☎ 96 240 09 64 / 241 02 22.

Alzira, capital de la comarca de la Ribera Alta, es de origen musulmán: *Al-Yazirat Suquar*, que significa "la isla del Júcar" por estar rodeada por el río. Hoy, desecada una parte del Júcar, está rodeada de naranjos y palmeras. El rey Jaime I la conquistó el 30 de diciembre de 1242 y pasó largas temporadas en ella. Y aquí renunció al trono, el día 26 de junio de 1276, en favor de su hijo, veinticuatro horas antes de morir en Valencia.

Santuario de Nuestra Señora de Lluch, en Alzira.

Los primeros poblamientos de la zona se han atribuido a los restos prehistóricos encontrados en la montaña Assolada y en las Casas de Montcada, así como las necrópolis de la Escola Pía o de la Cova dels Gats.

Del período musulmán, en que Alzira llegó a tener gobernación propia, se conservan aún restos de torres defensivas y 255 metros de **murallas** en el núcleo antiguo de Alzira, en lo que era la isla. Las construcciones cristianas se empiezan a levantar a partir del 1242, cuando los árabes pactan la entrega de la ciudad a Jaime I.

Fachada de la iglesia de Santa Catalina, en Alzira.

Durante la Edad Media proliferan en Alzira las construcciones religiosas como los conventos de San Agustín (1270), el de Santa María de la Murtra (1401) el de Santa Lucía (1536), o el de San Francisco (1539).

La ubicación de Alzira en relación al **río Júcar**, ha sido determinante en el gran desarrollo agrícola, a la vez que ha constituido en distintos momentos su peor enemigo, convirtiéndose la villa en víctima de terribles inundaciones. La que padeció en noviembre de 1473 supuso la destrucción de 900 de las 1.500 casas en que vivían sus ciudadanos. Pavorosos desbordamientos del río acontecían a lo largo del crítico siglo XVI (añadiéndose a la despoblación padecida tras la expulsión de los moriscos), como en el siglo XX, en 1982 y 1987, con gravísimas consecuencias. El estado de deterioro de muchas casas es patente en toda la ciudad.

Una parte fundamental del patrimonio de Alzira se encuentra en el Archivo Municipal, en el que se conservan documentos claves de la historia de la villa desde el siglo XIII hasta la actualidad. Destaca es-

EL PANTANO DE TOUS

Alzira ha sufrido graves inundaciones a lo largo de su historia: en 1472 (la riada destruyó 900 casas de las 1.500 que tenía), 1590, 1864, 1916 y la más reciente, la de 1982, que causó graves daños personales y materiales al unirse las fuertes lluvias con la rotura de la presa de Tous, cercana a la población. Esta última catástrofe es conocida por los valencianos como *la pantanà de Tous*.

pecialmente la colección de pergaminos donde se redactaron los *Llibres del Actes dels Jurats e Concell* de la Cancillería Real, las Ordenanzas de la villa, o los códices del siglo XV *Aureum Opus Privilegiorum Regni Valencie*.

Otro punto importante para conocer y comprender la historia de Alzira es el **Museo Municipal**. En él se muestran desde planos de la ciudad desde el siglo XVII, hasta cientos de hallazgos arqueológicos del Paleolítico, Neolítico, de los íberos, romanos, musulmanes o cristianos. Un espacio dedicado a la etnología exhibe y reproduce viviendas antiguas, vestidos, herramientas de los oficios tradicionales y de la agricultura, etc.

La **Casa Consistorial**, construida durante la segunda mitad el siglo XVI, recoge elementos de varios estilos (góticos, renacentistas y barrocos). Fue declarado monumento nacional en 1930. Destaca especialmente el salón Noble, decorado con un bello artesonado de estilo mudéjar, y con lienzos de firmas como la del lugareño Teodor Andreu Sentamans (1870-1935), o el retablo de San Silvestre de 1597. También en el salón de Actos el visitante podrá contemplar interesantes obras de arte, procedentes en gran parte de los premios de pintura organizados por la villa, o cuadros del pintor Boix. En el interior del edificio se halla el Archivo Municipal.

Patio de la casa de Cultura en Alzira.

Como ya se ha mencionado, son muchas las construcciones religiosas de Alzira. La **iglesia de Santa Catalina** se construía unas décadas después de la reconquista cristiana de la villa sobre una mezquita. De su estilo gótico inicial poco se conserva en la actualidad. Destacan en el interior los altares dedicados a santa Catalina y a los santos Patronos, y en el exterior la sólida torre del campanario con tres arcos ojivales, así como la fachada barroca del templo, fruto de remodelaciones posteriores.

Muralla árabe de Alzira.

FELIPE V Y XÀTIVA

El retrato de Felipe V cuelga boca abajo en el Museo de l'Almodí. El artífice del gesto fue Carlos Sarthou, conservador del museo, quien lo invirtió en 1943 en represalia por el incendio ordenado por el rey, que destruyó la ciudad en 1707. El cuadro, obra del pintor setabense José Amorós, se ha convertido en el símbolo de la lucha de los valencianos por su identidad.

La **iglesia de la Encarnación** (s. XVIII) perteneció en su momento al convento de los Padres Capuchinos fundado el siglo XVII. En el interior merecen la atención el coro alto, y elementos decorativos como el friso cerámico. En el exterior una imagen de la santa titular preside un retablo cerámico de la fachada del siglo XVIII.

De más reciente factura se observan en la plaza de la Constitución edificios de estilo modernista (principios del siglo XX).

El **templo de San Juan Bautista** merece una visita por el conjunto de piezas escultóricas que lo decoran.

A su vez, el templo de los Santos Patronos destaca por la belleza de la vidrieras realizadas por Antonia Mir, en las que se relata la biografía de Hammad Ibn al Mansur, Zaida y Zoraida.

Saliendo del núcleo urbano se encuentran el **santuario de la Virgen del Lluch** y el monasterio Jerónimo de Santa María de Murtra. El primero ubicado en la cima de San Salvador, ofrece unas espectaculares vistas de la ciudad. Dedicado al santo patrono de Alzira se levantó entre los años 1924 y 1965 en el solar donde en el siglo XIV se había establecido un eremitorio.

El **monasterio Jerónimo de Santa María de Murtra** se consagraba el 1401 en un paraje privilegiado a pocos kilómetros de la ciudad, en el denominado valle de los Milagros (por las hierbas medicinales que allí crecían). La desamortización de los bienes inmuebles de la iglesia ordenada por Mendizábal en 1835, fue la razón del abandono progresivo del monasterio. En pie sólo queda la llamada torre de las Palomas, construida en 1550 ante el temor por los constantes ataques berberiscos de la época, para garantizar la defensa del cenobio.

También en los aledaños de la villa está la Cruz Cubierta, en la carretera entre Alzira y Algemesí. Se trata de una cruz de término de estilo gótico con influencias mudéjares.

➡ **A XÀTIVA, 19 KM POR CV-41.**

4 Xàtiva

Alameda Jaime I, 50. ☎ 96 227 33 46. Fiesta: Feria de agosto (del 15 al 20 de agosto). Museo L'Almodí: c. Corretgeria, 6. ☎ 96 227 05 97. Del 15 de junio al 15 de septiembre: de ma a do, de 10 h. a 14 h. Del 16 de septiembre al 14 de junio: de ma a vi, de 10 h. a 14 h. y de 16 h. a 18 h.; sa y do, de 10 h. a 14 h.; lu cerrado. $ 300 ptas. Ma, entrada gratuita. Colegiata de Santa María: Plaza Calixto III, s/n. ☎ 96 227 38 36. De lu a sa, de 10.30 h. a 13 h. y de 18.30 h. a 19.30 h.; do y festivos, de 11 h. a 13 h. y de 18.30 h. a 19.30 h. † De lu a vi, a las 8 h. y 10 h.; sa a las 8 h., 10 h. y 20 h., y do y festivos a las 10.30 h., 13 h. y 20 h. (en verano, a las 19.30 h.). Castillo: Castillo, s/n. ☎ 96 227 33 46. Invierno: de ma a do, de 10 h. a 18 h.; verano: de ma a da, de 10 h. a 19 h.; lu cerrado. Visitas guiadas previa concertación ☎ 96 228 07 23. $ 300 ptas.

Xàtiva es uno de los municipios más atractivos de la Comunidad Valenciana y un símbolo imprescindible a la hora de analizar su identidad. Protagonista de algunos de los acontecimientos históricos más destacables de esta tierra, simbolizados en su castillo, situado en el monte Vernissa. La fortaleza, de origen romano, comprendía la antigua *Saetabis* y con treinta torres de vigilancia era considerada la más importante de la Corona de Aragón. Jaime I tenía una predilección por Xàtiva sólo supe-

Fachada del Hospital, en Xàtiva.

Vista general de Xàtiva.

rada por Valencia y, en consecuencia, planteó la conquista de la árabe *Xateba* como una obsesión. El 25 de abril de 1707, poco después de ganar la batalla de Almansa, Felipe V arrasó Xàtiva, la incendió durante siete días y la refundó como Colonia Nueva de San Felipe. Desde entonces, a sus habitantes se les conoce por el apodo de *socarrats* (resquemados). En Xàtiva nacieron los papas Borja, **Calixto III** (1378-1458) y **Alejandro VI** (1431-1503), el reconocido pintor **José de Ribera** (1591-1652), **Francisco Paula y Martí**, introductor de la taquigrafía en España e inventor de la pluma estilográfica, y ya en el siglo xx el popular cantautor **Raimon** (n. 1940). La colegiata, con rasgos góticos, renacentistas y barrocos; el Museo de l'Almodí; la fachada del hospital, de estilo gótico florido; las fuentes góticas de sus calles (se la llamó "ciudad de las mil fuentes") y el mismo castillo, que conserva el sepulcro de Jaume d'Urgell, son el mejor testimonio de la grandeza de esta ciudad.

Como en tantos otros casos el origen del primitivo núcleo urbano de Xàtiva se desarrolló en torno al **castillo**. Se sabe que ya en época romana e ibérica existía el castillo o una inicial construcción fortificada. La importancia estratégica de este lugar se debe a su localización en la Vía Augusta o Hercúlea. En los siglos que siguieron estuvo en manos de árabes y cristianos. Era un lugar seguro que no todos se atrevían a atacar. Sin embargo, en él tuvieron lugar importantes escenas bélicas en períodos de guerras. Durante la guerra de Sucesión el general austriacista Basset reforzó la fortificación construyendo las murallas y las torres de vigilancia (1705). Finalmente pasó a ser propiedad particular, siendo víctima de penosas reconstrucciones. En la actualidad se puede visitar. Se mantienen en pie las murallas, muchas de las torres, las puertas medievales y otros elementos.

Aunque no muy bien conservados se pueden vislumbrar en la copa con forma de prisma octogonal de la Fuente Real de la Trinidad (s. xv) diversos escudos policromados de Xàtiva y del Reino de Valencia.

El edificio religioso más importante de Xàtiva es la **colegiata o Seu**, un templo catedralicio empezado a construir en 1569, mayormente de estilo manierista. Consta de tres naves, con crucero y girola. Vale la pena prestar atención a

Las chumberas forman parte del paisaje de Xàtiva.

Cuadro de Felipe V puesto al revés, en el Museo de l'Amodí de Xàtiva.

la puerta dels Escalons por lo que respecta a su aspecto exterior y en los bonitos altares: el nazareno del crucero y el altar mayor.

Son numerosas las referencias a la familia Borja en la ciudad. La plaza Alejandro VI, se dedicó a Rodrigo de Borja, que tomaría el nombre de Alejandro al ser elegido Papa. Su casa natal se halla en esta plaza.

Otras iglesias interesantes de Xàtiva son la de Sant Feliu y la de Sant Pere, ambas construidas inicialmente en el llamado estilo de la Reconquista.

En la **iglesia de Sant Feliu**, de 1269, se guarda una valiosa colección de pinturas de los siglos XIV, XV y XVI. Destacan las columnas romanas de mármol rosa que sostienen un bonito atrio, y la portada románica de la fachada.

La **iglesia parroquial de Sant Pere** (s. XIV) goza de un interesante artesonado gótico mudéjar, decorado en franjas polícromas, motivos geométricos y con una centena de escudos heráldicos.

Entre 1788 y 1804 se instaló en la villa la que se llamaría **Fuente Real** de los Veinticinco Caños, de estilo neoclásico. Llama la atención, principalmente, por la característica que ya expresa su nombre, las 25 cánulas por las que brota el agua.

El **Museo Municipal de l'Amodí** merece una visita no sólo por su contenido sino también por el propio continente. El museo se halla en las dependencias del almudín renacentista realizado por Joan Ribera y Martí Xibalbo entre los años 1545 y 1548. Su elegancia se percibe ya en la fachada de un sobrio estilo gótico. El claustro lo forman un conjunto de arcos de medio punto y columnas jónicas.

El fondo expuesto en el museo está principalmente dedicado a las **colecciones arqueológicas** ibéricas, romanas y árabes encontradas en el término municipal. Destacan una pila islámica y la sala Pinohermoso, de época almohade. El visitante podrá gozar además de una importante colección de **pintura y escultura** gótica y barroca, y ver el insólito lienzo retrato de Felipe V puesto del revés a modo de protesta por la quema de la ciudad que este monarca ordenó en 1707.

Dos construcciones de carácter público de la ciudad de Xàtiva son el **Hospital Real** y el teatro municipal, de momentos y estilos bien diferenciados. El edificio del hospital muestra los estilos arquitectónicos de los siglos XV y XVI. Lo más interesante en su interior es la bóveda de la capilla de la Asunción. Desde la calle, se

POBLAMIENTOS PREHISTÓRICOS EN LA SIERRA DE ENGUERA

En el término municipal del pueblo de Enguera, en la sierra del mismo nombre, se han encontrado distintos establecimientos prehistóricos. Algunos de estos puntos son la cueva de los Muertos o de las Maravillas, en el barranco del Horno, con restos del Neolítico (3000-1500 a.C.); en Castillarejo, situado en la partida de Faracuat con vestigios de la Edad de Bronce (1500-500 a .C.); la cueva Santa, donde se han encontrado estrellas y cruces grabadas en las paredes y techo, o el poblado ibérico del cerro de Lucena, el que fue el principal núcleo de población en la comarca entre los siglos III y I a.C. Numerosas fuentes y manantiales favorecieron el establecimiento humano en la sierra de Enguera.

observa la combinación de estilos gótico flamígero y del primer Renacimiento que constituyen la decoración de la fachada.

El **Teatro Municipal** acoge los principales actos teatrales de Xàtiva desde su construcción, a principios del siglo XX, en estilo modernista.

Una pequeña excursión que merece la pena hacer es la que llega a la **ermita de Sant Josep** (s. XVIII). Su planta es de cruz latina con capillas laterales y con un ábside semicircular. Lo más destacado del templo no es la construcción en sí, sino las espléndidas vistas panorámicas que se divisan desde este lugar.

➜ **A ALBAIDA, 26 KM POR N-340.**

5 Albaida

Plaza Mayor, 7. ☎ 96 290 09 60. Fiesta de la Virgen del Remedio (7 de octubre). Museo Internacional de Marionetas: Plaza Mayor, s/n. ☎ 96 239 01 86. De ma a sa, de 16 h. a 20 h., y do, de 11 h. a 14 h.; cierra lunes. Visitas guiadas en grupo previa concertación. $ 250 ptas. Domingos gratuita. Museo Segrelles: Plaza Pintor Segrelles, 13. ☎ 96 239 00 40. De ma a sa, de 10 h. a 13 h. y de 16 h. a 18 h.; do, de 10 h. a 13 h.; cierra lu. $ 400 ptas. Iglesia Arcipestral de la Asunción: Plaza Mayor, s/n. ☎ 96 290 15 65. A concertar. † De lu a do, a las 8 h. y a las 20 h.

El campanario de la iglesia corona el pueblo de Albaida.

Albaida (conocida como La Blanca, por el color del pequeño cerro sobre el cual se emplazó), antigua capital de la comarca a la que da nombre, tiene su origen en época musulmana y fue conquistada por Jaime I en 1244. Hoy, su principal actividad es la industria textil, pero hasta hace pocas décadas compartía con Barcelona una exclusiva industrial: la fabricación de cirios y velas. La parte antigua del pueblo, situado a los pies de la sierra de Benicadell (citada en el *Cantar del Mío Cid*) constituye un bonito conjunto de **callejuelas** con casas blancas y palacios señoriales de los siglos XVIII y XIX. En la actualidad, el antiguo palacio de los Marqueses de Albaida alberga un centro único: el interesante **Museo Internacional de Marionetas**. Del edificio destacan las tres grandes torres defensivas.

En esta villa nació el pintor impresionista, discípulo de Joaquín Sorolla, **José Segrelles** (1885 -1969). Aquí desarrolló buena parte de su obra en un antiguo palacete árabe que hoy alberga la casa-estudio-museo dedicado a él y su arte. El visitante podrá conocer la trayectoria del artista y admirar más de 120 cuadros con su firma.

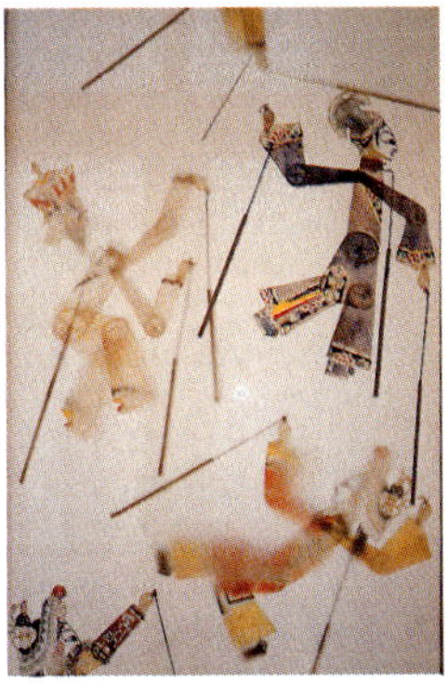

Marionetas orientales del Museo Internacional de Marionetas de Albaida.

También es posible disfrutar de la obra de Segrelles en el interior de la **iglesia arciprestal de Nuestra Señora del Remedio**, justo al lado del museo. Cabe destacar el retablo mayor del presbiterio, presidido por una talla de la Virgen de 1740. El templo fue levantado en estilo gótico valenciano en el siglo XVI. El **campanario** de la iglesia sobresale por su inusitada altura.

➜ **A ONTINYENT, 9 KM POR CV-81.**

6 Ontinyent

Plaza Santo Domingo, 13. ☎ 96 291 60 90. Fiesta de Moros y Cristianos (última o penúltima semana de agosto). Fiestas patronales de la Purísima (de 1 al 10 de diciembre).

Ontinyent, como otros municipios de la comarca, lleva siglos dedicado a una industria, la textil. Son conoci-

Majestuoso campanario de la iglesia de Santa María en Ontinyent.

das las mantas y productos textiles para el hogar fabricados en esta villa. Su emplazamiento en la cuenca del río Clariano, un valle entre sierras, le brindó la oportunidad ya en los siglos X y XI de desarrollar esta industria con la energía hidráulica obtenida de la corriente de este río.

El privilegio de su ubicación lo convirtió en objeto de deseo y víctima de numerosas luchas entre moros y cristianos.

Aun sabiéndose de la existencia de íberos en la zona, el núcleo urbano se desarrollo en el tiempo de los árabes (s. XI), alrededor de la fortificación que coronaba la villa, llamada *Hisn Untinyan*. Lo que hoy se puede visitar en la villa nada tiene que ver con el desarrollo de la cultura árabe. Un terremoto destrozó por completo Ontinyent en 1258, y la población tuvo que ser totalmente reconstruida por los cristianos a veces influenciados, eso sí, por la aún próxima civilización musulmana. A finales del siglo XVI era ya, gracias a su importante industria, la tercera población en número de habitantes del Reino de Valencia.

El **casco antiguo**, el barrio de la Vila, con sus callejuelas estrechas y salpicado de fuentes y placitas, fue declarado en 1974 conjunto de interés histórico-artístico. Poco conserva, sin embargo, de lo que fueron sus murallas y puertas de acceso a la ciudad. La **puerta de Sant Roc** (1256), es la única que permanece en pie. De la muralla cristiana se pueden reconocer algunos tramos de lienzo. En la calle Callarís se puede observar alguna muestra de ellos, así como el palacio de la Duquesa de Almodóvar, donde antes estuvo el alcázar árabe.

De la parte antigua destaca la tradicional **calle Mayans**, donde se alzan el templo barroco de San Carlos y varios palacios, como el de los Barones de Santa Bárbara (s. XVIII); la calle Mayor, donde también abundan las casas señoriales, o la plaza de la Concepción, donde se halla la Paduana, una fábrica textil con fachada de estilo modernista.

En el centro se encuentra la **iglesia de Santa María** (s. XIII), con la torre campanario más alta de toda la Comunidad Valenciana, con 71 m de altura. Pese a sus trazos principalmente góticos, es interesante su portada renacentista. En el interior, al final de su nave única (con tres tramos abovedados), el altar mayor está ornamentado por unos lienzos de José Segrelles en los que se representan a los apóstoles. También forman parte de la decoración pinturas de firmas como **Francisco Ribalta** y **Vicente López**, entre otros.

Otro sitio de interés en Ontinyent es el **claustro del convento de los Padres Franciscanos**. En él se encuentra un jardín botánico y un insólito museo de ciencias naturales en el que se da cuenta de la fauna española, africana y americana, con colecciones tan variadas como una de arte precolombino y otra con obras del antiguo Egipto.

Es recomendable además que el visitante realice alguna excursión por las cercanías. A seis kilómetros de la ciudad y sobre un monte de 780 m de altura, está junto a la **ermita de San Esteban**, el mirador del mismo nombre, desde el que se divisa una espectacular **panorámica**. Otra salida atractiva es la que llega hasta el Oasis del Pou Clar donde las rocas y el río crean una maravillosa combinación natural. El efecto de la corriente del río en la piedra a lo largo del tiempo dio lugar a unas curiosas cavidades llamadas las Finestres dels Moros (las ventanas de los árabes), en las que parece que los árabes almacenaban alimentos.

Otro factor que ha dado a conocer Ontinyent más allá de su comarca son sus espectaculares fiestas de **moros y cristianos**, declaradas de interés turístico nacional. Desde 1860 durante las fiestas patronales dedicadas al Cristo de la Agonía se celebran toda clase de actos que rememoran las batallas entre moros y cristianos. Un desfile de comparsas con más de 6.000 participantes, al son de pasodobles y marchas moras y cristianas, o la interpretación de la lucha entre embajadores por un castillo de madera instalado en la plaza del Ayuntamiento son los eventos más destacados de estas fiestas.

➔ A BOCAIRENT, 9 KM POR CV-81.

7

Bocairent

pl. Ajuntament, 2. ☎ 96 290 50 62. Fiesta de Moros y Cristianos (del 2 al 5 de febrero).

Bocairent, en lo alto de un promontorio rocoso cuenta con un patrimonio de gran valor artístico, cuando no de llamativa singularidad. Desde el Puente de Sant Blai, en la carretera se divisa la graciosa **ubicación** del municipio.

Su principal actividad, como muchas de sus vecinas, es la industria textil. Miles de artesanos y muchísimos talleres han ambientado las pintorescas calles empinadas de Bocairent, a lo largo de los siglos. Un monumento de hierro dedicado a la manta, del escultor aragonés José Gonzalvo, recuerda el producto estrella de la población.

El **barrio medieval** fue declarado conjunto histórico-artístico de interés nacional en 1975. La gran pendiente de las calles hace que pueda accederse a las antiguas casonas de 4 o 5 pisos desde distintos niveles. En distintos rincones se encuentran gran número de ermitas, fuentes y palacios renacentistas y casonas góticas. Otro importante atractivo para el visitante que pasea por el casco antiguo de Bocairent son las **Covetes dels Moros** de cara al núcleo original de la villa. Se trata de 53 cavidades excavadas en la roca del barranco del Fos de las que se desconoce la datación exacta y su utilización. Diferentes hipótesis barajan la posibilidad que fueran viviendas o sepulcros trogloditas. Pese a estar a una altura razonable del suelo, unas escaleras exteriores permiten el acceso. Fueron declaradas monumento histórico-artístico nacional.

Un monumento interesante de Bocairent es la **iglesia parroquial de la Virgen de la Asunción**, construida a principios del siglo XVI sobre un templo anterior. Pese a haber sido remodelada un siglo después, el terremoto que sacudió a la comarca en 1748 ocasionó terribles destrozos, sobre todo en el campanario. En 1766 se volvió a reconstruir, levantando el campanario barroco de planta cuadrada que se puede admirar en la actualidad. Sobresale por su belleza la capilla de la Comunión, con una planta rectangular sin cúpula ni crucero, y los retablos del presbiterio de Juan de Joanes, que falleció mientras los pintaba. Es interesante también la capilla de Sant Blai, dedicada al patrono de la ciudad.

Vista general de Bocairent.

Vista panorámica de la sierra de Mariola.

En cuanto a museos, son dos los que atesoran piezas valiosas en la ciudad: el **Museo Parroquial** y el Museo Arqueológico Municipal. El primero, especializado en arte sacro, cuenta entre su fondo con la última obra de **Juan de Joanes**, el retablo de la Purísima; con una pintura al óleo de **Joaquín Sorolla** (1902), titulada *Guió de Sant Blai*, o el Cáliz realizado por **Benvenuto Cellini**, escultor de Florencia.

El **Museo Arqueológico Municipal** recoge objetos de la historia escrita y no escrita de Bocairent y su término desde el Paleolítico Superior hasta la Edad Media. El abrigo de la Cova de Sarsa ha sido considerado uno de los más importantes de todo el Neolítico mediterráneo. En él se encontró el famoso león ibérico (s. v a.C.) hoy expuesto en el Museo Provincial de Bellas Artes de Valencia. En el Museo de Bocairent se puede contemplar una reproducción exacta del original.

Otra significativa y peculiar construcción de la villa es la **Plaza de Toros** (1843) que se construyó en la ladera de la montaña, ajustándose a la irregularidad del terreno excavando la gradería en la roca como solía hacerse en la construcción de los anfiteatros romanos. Tiene capacidad para albergar a 4.000 espectadores. En ella no sólo se celebran corridas de toros, también se realizan toda clase de espectáculos.

Las fiestas patronales de San Blas, como las de Ontinyent, han sido declaradas de interés turístico nacional. Comienzan el día 1 de febrero y durante cuatro días toda clase de actos rememorativos de las luchas entre moros y cristianos se suceden en la ciudad. En la llamada Nit de les Caixes cientos de personas con tambores y faroles llenan las calles.

➜ A BANYERES DE MARIOLA, 10 KM POR CV-81 Y CTRA. COMARCAL.

8 Banyeres de Mariola

Plaza Ajuntament, 1. ☎ 96 656 73 15. Moros y Cristianos de Sant Jordi (del 22 al 25 de abril). Fiestas patronales de Santa Magdalena (22 de julio). Moros y Cristianos dedicados a la reliquia de Sant Jordi (primer domingo de septiembre). Santa Lucía (13 de diciembre). **Museo Arqueológico:** Torre Font Bona. c. de la Torre, 5. ☎ 96 656 73 15. De lu a vi, de 10.30 h. a 13.30 h.; sa y

La fortaleza árabe corona la villa de Banyeres de Mariola.

do, de 12 h. a 14 h. y de 17 h. a 19 h. Museo del Papel: Parque Municipal Villa Rosario. ☎ 96 656 73 15. De lu a vi, de 10.30 h. a 13.30 h.; sa y do, de 12 h. a 14 h. y de 17 h. a 19 h.

Banyeres de Mariola, en un cerro de 816 m de altitud, se encuentra ya en territorio alicantino. Adaptándose a los desniveles del terreno, el casco antiguo lo conforma un trazado de calles empinadas concéntricas en torno al castillo. La **fortaleza** de origen árabe corona el municipio sobre un espolón rocoso a 830 m. En bastante buen estado de conservación –después de varias remodelaciones– se puede distinguir el doble recinto que enmarcaba esta construcción de planta poligonal y la torre mayor. Actualmente es la sede de la Asociación Española de los Amigos de los Castillos. Visto de lejos, el promontorio sobre el que descansa el castillo ofrece una singular silueta, el de un perfil humano, llamado por los lugareños la Cara del Moro.

En el siglo XV se construyó la torre Font Bona, situada en el barrio que lleva el mismo nombre. Se trata de una torre fortificada de cuatro plantas, en cuyo interior está el **Museo Arqueológico de la villa**.

En el parque municipal de Villa Rosario se puede visitar el **Museo del Papel**.

De factura muy posterior es la **parroquia de Santa María** (s. XVIII) de estilo barroco, con la bonita capilla de la Comunión, levantada el 1899.

Otras dos edificaciones religiosas de la villa son la ermita de Santa María Magdalena, de estilo gótico, y al final de un camino de curvas la ermita del Santo Cristo realizada el siglo XIX en estilo neogótico.

Un espacio dedicado a mostrar a niños, interesados y visitantes la vegetación, fauna y flora de las sierras cercanas es el Aula naturaleza en el parque municipal de Villa Rosario.

En la margen del río Vinalopó se observan aún algunos edificios de lo que fue la ancestral industria papelera.

GUÍA PRÁCTICA

RESTAURANTES

Gandia

As de Oros: paseo de Neptuno, 26. Ed. Bonaire. ☎ 96 284 02 39. *Cierra lunes (excepto julio, agosto, septiembre y festivos).*

Emilio: avda. de Vicente Calderón, bloque F-5. ☎ 96 287 07 61. *Cierra los miércoles.*

Gonzalo: c. Castilla la Vieja, s/n. ☎ 96 284 58 68. *Cierra lunes y primera quincena de octubre.*

Alzira

Reino: plaza del Reino, 10. ☎ 96 241 26 99. *Cierra domingos en verano y lunes noche todo el año.*

Xàtiva

Casa la Abuela: c. Reina, 17. ☎ 96 227 05 25. *Cierra domingos.*

Murta: c. Catedrático Ángel Lacalle, 3. ☎ 96 227 66 11.

Albaida

El Bessó: avda. Romeral, 7. ☎ 96 239 02 91. *Cierra domingos noche y del 10 al 31 de agosto.*

Tarifa: ctra. Alcoy, 6. ☎ 96 239 06 16. *Cierra domingos noche.*

ALOJAMIENTO

Hoteles

Gandia

Borgia***: avda. República Argentina, 5. ☎ 96 287 81 09.

Los Naranjos**: avda. Pío XI, 57. ☎ 96 287 31 43. *Cierra en Navidad.*

Bayrén I****: Paseo Marítimo de Neptuno, s/n. Grao de Gandia. ☎ 96 284 03 00. *Buena situación.*

Bayrén II****: c. Mallorca, 19. Grao de Gandia. ☎ 96 284 07 00. *Cierra del 15 de octubre al 30 de mayo.*

Alzira

Avenida Plaza**: avda. Santos Patronos, 36. ☎ 96 241 11 08.

Xàtiva

Hostería de Mont Sant**: Subida al Castillo, s/n. ☎ 96 227 50 81. *Antiguo monasterio cistercense de principios del siglo XIV.*

Vernisa**: c. Académico Maravall, 1. ☎ 96 227 10 11.

Turismo Rural

Enguera

Casa el Borreguero: c. Santa Bárbara, 21. ☎ 96 222 41 58. *Casa señorial del siglo XIX con seis habitaciones exteriores y entorno natural.*

Campings

Gandia

Cámping L'Alquería (2ª): ctra. Grao de Gandia, s/n. ☎ 96 284 04 70. *Cierra del 1 de marzo al 13 de octubre.*

Xàtiva

Cámping Xàtiva (2ª): ctra. Genovés-Xàtiva, km 0,5. ☎ 96 227 14 62

La Marina Alta

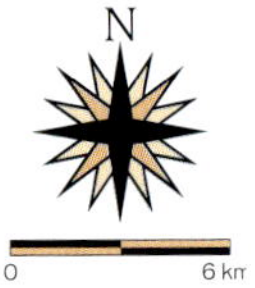

Los cabos de San Antonio y de la Nao convierten la Marina en la tierra valenciana más oriental y próxima a las Islas Baleares, con las que mantiene una estrecha relación marinera. La proximidad del Montgó y de la sierra de Bernia al mar confirman el carácter abrupto de este territorio, cuyo clima ha propiciado que más de 60.000 residentes extranjeros lo hayan escogido para pasar aquí un retiro dorado. Entre los acantilados que nacen en las Rotas (Dénia) y los del Morro del Toix (Calpe) el visitante puede perderse por sus calas y recorrer su buque insignia: el peñón de Ifach.

ITINERARIO
2 DÍAS / 91 KM

CUEVAS DE LAS CALAVERAS → Denia	**16 km**
Dénia → Jávea	**9 km**
Jávea → Cabo de la Nao	**12 km**
Cabo de la Nao → Gata de Gorgos	**22 km**
Gata de Gorgos → Teulada	**7 km**
Teulada → Calpe	**14 km**
Calpe → Altea	**11 km**

Vista general del puerto de Dénia.

1

La cueva de las Calaveras de Benidoleig

Padre Caselles, 3 (Benidoleig). ☎ 96 640 42 05. Romería de San Vicente Ferrer (17 de abril).

La cueva de las Calaveras es el principal atractivo de la villa de origen musulmán de **Benidoleig**. La cueva, situada en la margen derecha del río Girona fue habitada y utilizada para múltiples actividades a lo largo de la historia desde tiempos inmemoriales. Los más antiguos vestigios de establecimientos humanos encontrados en ella pertenecen al **Paleolítico**, hace más de 100.000 años. Asimismo se han localizado en la cueva enterramientos de hace 5.000 años, del período Neolítico. Tanto íberos como romanos la utilizaron al parecer como **lugar sagrado** para hacer ofrendas y celebrar rituales en torno a la fertilidad y a la tierra.

En 1768 unos vecinos de la villa descubrieron en el interior huesos humanos de 12 personas que más tarde se atribuirían a la época musulmana –de ahí el nombre de la cueva y la leyenda según la cual en el lugar se escondían reyes árabes con sus tesoros y harenes. Mucho más recientemente, en 1936, la enorme cavidad se utilizó durante la guerra civil como almacén de explosivos. Actualmente el espacio de la entrada y la cueva se han habilitado para la **visita turística**. El visitante podrá observar las estalactitas, estalagmitas y las cúpulas naturales que se forman en la roca de hasta 20 metros de altura. Sin embargo la cavidad se prolonga a lo largo de 300 metros de recorrido donde se encuentran también aguas subterráneas.

➜ A DENIA, 16 KM POR CTRA. COMARCAL Y CTRA. LOCAL.

2

Dénia

Plaza Oculista Buigues, 9. ☎ 96 642 23 67. Fiesta de la Santísima Sangre (1ª quincena de julio) y San Roque (14, 15 y 16 de agosto). Castillo. Museo Arqueológico: c. San Francisco, s/n. ☎ 96 642 06 56. De noviembre a marzo: de 10 h. a 13 h. y de 15 h. a 18 h.; de abril a mayo: de 10 h. a 13.30 h. y de 15.30 h. a 19 h.; junio: de 10 h. a 13.30 h. y de 16 h. a 19.30 h.; julio y agosto: de 10 h. a 13.30 h. y de 17 h. a 20.30 h.; septiembre: de 10 h. a 13.30 h. y de 16 h. y 20 h.; octubre: de 10 h. a 13 h. y de 15 h. a 18.30 h. Visitas guiadas en grupo previa concertación (sólo julio y agosto). $ 330 ptas (con coche 660 ptas). Museo Etnológico: c. Caballeros, 1. ☎ 96 642 02 60. De 10.30 h. a 13 h. y de 16 h. a 19 h.; cierra los do tarde y los lunes. Iglesia de Nª Sª de la Asunción: Plaza Constitución, s/n. ☎ 96 578 01 76. De lu a do, de 8.30 h. a 13 h. y 18 h. a 20 h. ✝ Invierno: de lu a sa, a las 9 h. y a las 19.30 h; do, a las 9 h., 11 h., 12 h. y 19.30 h.; verano: de lu a sa, a las 9 h. y a las 19.30 h.; do, a las 9 h., 12 h., 19.30 h. y 20.30 h.

Dénia, a los pies de un **gran castillo** entre las playas de Las Marinas (norte) y de Les Rotes (sur), es una **referencia turística** desde fi-

Ruinas del castillo de Denia.

nales del siglo XIX. Su importancia se remonta a la época romana, primero, y a la dominación árabe, después. Fue la famosa *Dianium* romana, levantada en honor a Diana, diosa de la caza. A partir del año 1010 fue un importante reino de taifas, independiente del Califato de Córdoba, que contaba con las Islas Baleares entre sus dominios. Su puerto pesquero y comercial es uno de los más destacados del litoral oriental peninsular por su comunicación directa con Ibiza y Mallorca. A poca distancia del mar se alza el parque natural del Montgó (cuya cima se eleva a 753 m sobre el nivel del mar), desde el que en los días claros se divisa Ibiza.

En 1244 con la conquista cristiana empieza un período de decadencia para la villa, que con la expulsión de los moriscos queda prácticamente despoblada. En 1609, cuando Felipe III de Castilla ordena la expulsión definitiva de todos los moriscos del territorio son más de 25.000 personas las que van llegando al puerto de Dénia para embarcar hacia Berbería.

El verdadero auge del municipio no llega hasta mediados del siglo XIX. El cultivo de la vid y la elaboración y comercio de las pasas suponen el motor del crecimiento económico de Dénia, así como el de la floreciente burguesía local.

En la actualidad y desde los años 60 del siglo XX el turismo es la principal fuente de riqueza de la población. En estos años el número de habitantes de Dénia se triplica hasta llegar a los 30.000 que la forman hoy en día. El incentivo de sus **playas de fina arena** –muchas de ellas galardonadas con la bandera azul de aguas limpias de la Unión Europea– y las pequeñas y **pintorescas calas** en la roca (al sur de la villa) se unen en este lugar con el del **maravilloso clima**. La media anual de 19-20 °C es un indicativo de calidad de vida y el tema que ha motivado el monumento en honor al buen clima, situado en el puerto.

El **macizo del Montgó**, declarado **parque natural** en 1987, complementa con su riqueza natural los ya mencionados encantos de esta población costera. Las 2.150 hectáreas de extensión del parque se encuentran dentro de los términos municipales de Denia y Jávea. Los lugareños describen la montaña como una gran tortuga dormida con patas y cabeza dentro del caparazón. El centro de información del parque está en la finca Torrequemada en Dénia. Allí el visitante que guste de los paseos campestres puede informarse de las excursiones por el parque hasta lugares como el Racó del Bou, la Cova de l'Aigua, la Cova del Gamell o la Creueta. En la Cova Ampla y en la Cova de l'Aigua se han ha-

Lápida romana en el Ayuntamiento de Dénia.

Viñedos a los pies del Montgó.

llado restos neolíticos. Asimismo, en la Punta Benimaquia y en el Pico Águila el visitante podrá observar restos ibéricos.

En lo alto de un pequeño cerro corona la ciudad el antiguo **castillo árabe** de Dénia. La construcción inicial se sitúa en los siglos XI y XII, en el estratégico lugar en el que los romanos ya habían establecido siglos antes una fortificación defensiva (alrededor de la cual surgía un pequeño núcleo urbano). En el siglo XV, bajo el dominio almohade se introducen elementos como la torre Roja o la torre del Consell (hoy oficina y sala polivalente). Posteriormente se introducen reformas en estilo renacentista, y bajo el poder del Marqués de Dénia, duque de Lerma, se reconstruye la torre del Gobernador, actualmente sede del **Museo Arqueológico**.

Así pues, la visita a la emblemática fortificación goza de un doble atractivo: el arquitectónico que ofrecen los recintos del castillo, y el del fondo del museo, que cuenta con cientos de objetos encontrados en las distintas excavaciones arqueológicas del término, así como otros elementos que permiten al visitante hacerse una idea clara de la historia de la villa.

El otro espacio museístico que habla del pasado que ha permitido a Dénia convertirse en la ciudad que es hoy es el **Museo Etnológico**. Éste se centra sobre todo en el proceso de producción y de comercialización de la pasa, desarrollado en la villa y en la comarca a partir de la segunda mitad del siglo XIX.

Otro edificio de interés en Dénia son sus antiguas **atarazanas**, construidas a principios del siglo XX, sobre unos edificios de origen musulmán remodelados en el siglo XVIII. Originalmente tenía una planta de 48 por 13 metros. En una población como Dénia, totalmente de cara al mar, intensamente dedicada al comercio marítimo, las atarazanas eran el lugar donde se construían y reparaban las embarcaciones. El edificio fue declarado monumento de interés histórico-artístico.

La **iglesia de la Asunción** es el templo más importante de la ciudad. Se encuentra junto al edificio del Ayuntamiento. Se levantaba en el siglo XVIII con mampostería y ladrillo. En el zócalo se utilizó piedra sillar. Además de la cubierta a dos aguas, sobresale una cúpula central acabada con cerámica vidriada de color azul, sobre un tambor octogonal. Dos entradas en la fachada

EL *RIURAU*

El *riurau*, casa de campo típica de la Marina, es un edificio de planta baja, cubierto de teja y con arcos a uno de los lados. Estos porches, generalmente encalados, permiten una buena ventilación para el secado de las pasas en una zona donde la recolección de la uva moscatel tuvo y tiene una gran importancia. También es una vivienda destinada al veraneo.

dan acceso al templo y a la capilla del **Roser** o de **Sant Roc**, respectivamente. La capilla es un interesante ejemplar de arquitectura popular barroca, en cuya decoración se utilizan recursos como pináculos y frontones. En el interior de la iglesia se conservan algunos interesantes retablos renacentistas y barrocos.

El claustro y la fachada son lo único que se mantiene del antiguo **convento de San Antonio de Padua**, fundado a finales del siglo XVI, por la orden de recoletos de San Francisco. También se conserva la iglesia del convento, construida más tarde y remodelada en el siglo XVIII.

El mayor de los conventos de Dénia, fue sin duda, el de **Nuestra Señora de Loreto**, que a excepción de dos casas ocupaba una manzana entera. Se consagró al culto en 1604. Destacan los arcos de medio punto del claustro, y la valiosa colección de retablos que decoran las paredes de la iglesia.

En las **proximidades** de la ciudad se conservan algunas ermitas levantadas sobre la primera mitad del siglo XV, del llamado estilo de reconquista. La **ermita de Sant Joan**, en la vertiente meridional del macizo del Montgó, es la más destacada. Merece la pena fijarse en los elementos góticos de construcción, en su portada, y en los porches. En 1979 fue declarada monumento histórico-artístico local. El fin de semana próximo al 24 de junio (San Juan) se celebra en su honor una animada fiesta con verbenas y castillos de fuegos de artificio.

Otras dos ermitas del mismo estilo y período de construcción son la **ermita de Santa Paula** y la **ermita de Santa Lucía**. La primera, a sólo un kilómetro y medio del núcleo urbano consta de una sola nave dividida por arcos ojivales. En la segunda un arco central apuntado señala dos tramos diferenciados en una planta rectangular con nave única. El campanario de espadaña fue construido en una etapa posterior.

También en los aledaños se encuentran numerosos vestigios de tiempos remotos encontrados en Dénia. En el yacimiento arqueológico de la Almadrava se puede observar la reconstrucción de un horno de cocción de arcilla, restos de cuatro talleres y de viviendas pertenecientes al período entre los siglos I y V d.C.

Un monumento al toro certifica la afición de los dianeses a estos animales, protagonistas de la fiesta llamada Bous a la Mar, declarada de interés turístico nacional. Esta fiesta en la que los jóvenes corren delante de los toros hasta el mar, tiene lugar durante las fiestas patronales de la Santísima Sangre, en la primera quincena de agosto.

➜ **A JÁVEA, 9 KM POR CV-736.**

3

Jávea/Xàbia ☼

Plaza Iglesia, 9. ☎ 96 579 43 56. Jesús Nazareno (del 28 de abril al 3 de mayo), San Juan (del 15 al 24 de junio) y Nuestra Señora de Loreto (del 1 al 8 de septiembre). Iglesia de San Bartolomé: Plaza de la Iglesia, s/n. De lu a do, de 11.30 h. a 13.30 h. y de 18 h. a 20.30 h. (los jueves está cerrada). † De lu a ju, a las 8 h. y 20 h.; vi a las 8 h., 18.30 h. y 20 h.; sa a las 8 h., 19.30 h. y 20.30 h. y do, a las 8 h., 10 h., 12 h., 13 h. y 18 h. Museo Etnológico Soler Blasco: Placita de los Hermanos Se-

Una plaza de Jávea.

Molinos en el cabo de San Antonio.

garra Llamas, 1. ☎ 96 579 10 98. ⌚ De lu a vi, de 10 h. a 13 h. y de 18 h. a 20 h.; sa, do y festivos, de 10 h. a 13 h. 🏛 Parque natural del Montgó: (Jávea y Dénia).

Al salir de Dénia hacia Jávea es recomendable desviarse a la izquierda, a la altura del kilómetro 7,5, al **cabo de San Antonio** (163 metros), desde donde se divisa una **excelente panorámica** de la bahía de Jávea. Próxima al cabo se puede contemplar la **torre del Gerro**, edificada en el siglo XVII para la vigilancia de la costa, y los once molinos que se construyeron alrededor del siglo XVIII para moler trigo, en un emplazamiento idóneo para aprovechar los vientos. Al parecer, en su momento estuvieron cubiertos por maderas formando un cono y contaron con seis aspas cada uno. Actualmente, después de que en el 1911 dejaran de funcionar, sólo se observa lo que fue la estructura de los edificios.

Jávea, en la ladera sur del Montgó, entre los cabos de San Antonio y de la Nao, surgió a partir de una antigua alquería árabe, y dependió de Dénia hasta el 1397, cuando devino municipio. Estuvo fortificada entre los años 1306 y 1877 debido a los numerosos ataques piratas sufridos. El barrio histórico, a unos dos kilómetros del mar, se extiende alrededor de la **iglesia-fortaleza de San Bartolomé**, declarada monumento nacional. Su doble carácter religioso y bélico la convierten en una pieza única del gótico isabelino. El término municipal de Jávea contiene los tramos de litoral más escarpados de la Comunidad Valenciana.

Hay que destacar el cuidado que sus ciudadanos han tenido en lo que respecta a la planificación del trazado urbano de la ciudad y el mantenimiento de las casas, encaladas y con acabados en piedra "tosca". Jávea, con una población cercana a los 22.000 habitantes, conserva el **encanto** de los

MIMBRE Y JUNCO

En el trayecto que discurre entre Jávea y Benissa, la N-332 cruza Gata de Gorgos. Merece la pena hacer una parada meramente comercial porque se trata de uno de los principales centros productores de artículos de mimbre, caña, junco, esparto y otras fibras. Muebles, cestos, capazos, sombreros y esterillas ocupan ambas aceras de la calle principal. Merece también la pena, comprar moscatel de la zona.

Típico *riurau* en Jávea.

pueblos marineros. Consta, sin embargo de tres "barrios" diferenciados, el casco antiguo, el de las Aduanas de Mar y el del Arenal. El segundo, es el barrio marítimo de la ciudad. Creció por la importante actividad del puerto que se desarrolló a partir del siglo XVI. En la zona se encuentra la **iglesia de Nuestra Señora de Loreto** (1969). Se trata de una construcción elegante con la peculiaridad de su planta ovalada en forma de quilla de barco. En el exterior doce columnas simbolizan a los apóstoles.

El último barrio, el del Arenal, es en la actualidad un centro residencial y de ocio, junto a la playa del Arenal. Al extremo de esta playa se alza hoy un **parador de turismo**, en el lugar donde antaño hubo un asentamiento romano.

Lo que fue el recinto amurallado, hoy el **casco antiguo**, guarda en su interior los principales monumentos arqueológicos de la villa.

A la **iglesia de San Bartolomé**, de finales del siglo XIV, se le añadió a principios del siglo siguiente una sólida torre cuadrangular; posteriormente a finales del siglo XVI, para fortificarla, se introdujo un nuevo y gran cuerpo. En el exterior se pueden contemplar las dos fachadas, de dimensiones y decoración diversa, pese a pertenecer a un mismo estilo. Fue declarada monumento histórico-artístico nacional.

Junto a la iglesia está el **Mercado de Abastos**, erigido en 1946 donde antes del año 1936 había un convento de monjas agustinas. Se ha tratado de mantener en sus líneas un estilo que concuerde con el de la iglesia.

El **Ayuntamiento** tiene como sede la antigua **Sala dels Jurats** o **Consell**. Se trata de una construcción del siglo XIV en la cual destaca su fachada con un pórtico de cinco arcos de medio punto. La puerta principal, con salida a la plaza de la Iglesia, es de esti-

Cabo de la Nao.

BAÑOS DE LA REINA

Éste el nombre dado a un recinto rectangular de origen romano (siglos IV-V d.C.) dividido en seis compartimentos dedicados a viveros de pescado y ubicado cerca del peñón de Ifach. El topónimo Baños de la Reina responde a una leyenda popular según la cual esta instalación tendría la función de balneario reservado a una reina mora que se bañaba aquí alejada de cualquier indiscreta impertinencia.

lo neoclásico. A principios del siglo XX se añadió a la construcción original una nueva planta.

Otro edificio interesante de Jávea es el que antiguamente se construyó para hacer la función de hospital. De pequeñas dimensiones, se conserva la **capilla de San Joaquín y Santa Ana** del hospital levantada el 1502. Son destacables el arco de medio punto de la entrada y la bóveda de crucería.

Los principales tesoros de la historia de la villa y sus cercanías, encontrados en distintas excavaciones, se pueden contemplar en el **Museo Arqueológico Soler Blasco**. El nombre del museo homenajea a su fundador. En las salas del museo se pueden ver muchos objetos de la etapa ibérica recogidos en el macizo del Montgó, restos de la factoría romana descubierta en el Arenal y una reproducción del conocido tesoro ibérico de Jávea (consta de piezas de oro y plata del s. III a.C.), ya que el auténtico se exhibe en el museo arqueológico de Madrid. En la segunda planta se contemplan materiales árabes del siglo XII y cerámicas cristianas de entre los siglos XIII y XIX. Asimismo, en las instalaciones del museo se puede ver una maqueta de la antigua villa amurallada de Jávea. Otro atractivo importante de la visita al museo es el edificio en sí. Se trata de una construcción que mandó erigir en el siglo XVII Felipe III para su mayordomo, Antonio Banyuls. En lo que se puede contemplar en la actualidad hay que tener presentes las reformas que se le hicieron la segunda mitad del siglo XIX.

En las cercanías son interesantes las visitas a los numerosos **yacimientos arqueológicos** en los que de alguna manera el visitante puede imaginarse la vida en estas tierras hace siglos. Destacan los de la Punta Arenal, donde se encontraron lo que fueron viveros construidos en la roca y restos de la industria salazonera, los llamados Baños de la Reina. Muy cerca, en Montañar, se hallaron hasta 900 fosas excavadas en la roca.

En cuanto al período árabe, poco queda de la primera etapa, pero se han encontrado catorce yacimientos de entre los siglos XII y XIII.

➡ A CABO DE LA NAO, 12 KM POR CTRA. LOCAL.

4

Cabo de la Nao

Plaza Iglesia, 9. ☎ 96 579 43 56.

Estrabón llamó a este tramo de costa *promontorium Ferrarium*, por albergar unas supuestas minas de hierro de las que no queda constancia. En el cabo de la Nao (120 metros) está el **punto más oriental** de la Comunidad Valenciana y si se dispone de tiempo es recomendable, de regreso a Jávea, recorrer los 4 kilómetros que la separan de La Granadella, una pequeña cala a la que se accede tras cruzar un pinar.

Faro en el cabo de la Nao.

Peñón de Ifach.

➜ A GATA DE GORGOS, 22 KM POR CTRAS. LOCALES Y CV-734.

5

Gata de Gorgos

Duquesa de Almodóvar, 3. ☎ 96 575 60 89. Santísimo Cristo del Calvario (del 25 de julio al 6 de agosto). San Antonio (17 de enero). San Miguel Arcángel (29 de septiembre).

Esta villa a la que los romanos llamaban *Gata sole vestinus* (Concha hermosa) fue conocida más tarde como el Bazar de la Costa Blanca, por el gran número de talleres-tienda de muebles y objetos de caña y mimbre que proliferan en sus calles.

Nacida como pueblo a partir de una alquería árabe, datada en 1023 dependió de Dénia hasta obtener su carta puebla. De la época musulmana se conservan aún algunos restos en el término, como los de la Font de la Mata o los de la Murtra.

En los alrededores el paisaje lo marcan los extensos **cultivos de vid, olivo y almendros**, en medio de los cuales perviven los típicos ***riusraus***, viviendas rurales con las paredes encaladas y con acabados en piedra tosca.

➜ A TEULADA, 7 KM POR N-332.

6

Teulada

ctra. Moraira-Calpe, 22 A. Centro Comercial Cristal Mar, loc.11. ☎ 96 574 51 68. San Vicente Ferrer (abril). Moros y Cristianos (junio). Fiesta del Moscatel (septiembre). Fiesta de la Dama (3 de febrero).

Como todos los municipios vecinos, el lugar que ocupa Teulada estuvo poblado desde tiempos remotos. Los primeros pobladores fueron los hombres y mujeres del Paleolítico Superior, tal como lo indican los restos encontrados en la **Cova de la Cendra**. En el Morro del Castellar y en la Punta Moraira se han hallado vestigios de establecimientos ibéricos y romanos.

Su origen como pueblo, sin embargo, hay que buscarlo en la población que se desarrolló alrededor de la **iglesia parroquial de Santa Caterina Mártir**, formada por repobladores cristianos. La iglesia es de estilo gótico tardío. Destaca la elevada torre campanario de planta hexagonal.

Baños de la Reina.

Peñón de Ifach y Jávea desde el Morro del Toix.

Otros dos templos del municipio son las **dos ermitas** dedicadas a San Vicente Ferrer. Una se encuentra en el mismo centro de Teulada, la otra conmemora la hazaña del santo haciendo brotar agua de la que hoy es la **Font Santa**.

Un tiempo después, se creó un segundo núcleo a unos 6 km, a orillas del mar, el llamado Moraira (o Al-Moraira), en torno al castillo de Moraira, una torre de vigilancia para proteger la costa de los ataques de piratas berberiscos, situada a 200 metros sobre el nivel del mar.

En **Moraira** el visitante podrá disfrutar de sus **playas** de fina arena y **aguas cristalinas**, galardonadas en muchos casos con la bandera azul de la Unión Europea. La más extensa de todas es la playa de la Ampolla, a los pies del castillo. En el puerto además se pueden tomar embarcaciones que hacen un recorrido por los alrededores del cabo.

Mientras en el núcleo de interior la actividad principal es la agricultura, en concreto el cultivo de la vid y la producción de pasas y mistela, en Moraira la tradición se ha dedicado a las actividades que proporciona el mar: primero el comercio marítimo y la pesca, y actualmente el turismo.

El **puerto deportivo** de Moraira es uno de los más importantes de la Comunidad Valenciana.

➜ **A CALPE, 14 KM POR N-332.**

7

Calpe/Calp

Plaza del Mosquito, s/n. ☎ 96 583 85 32. Santísimo Cristo del Sudor (22 de octubre). Aula de la Naturaleza: Isla de Formentera, s/n ☎ 96 597 20 15. Verano: de lu a do, de 8 h. a 19 h.

El **peñón de Ifach** (328 metros) justifica por sí solo el paso por Calpe. Es el símbolo turístico de la costa alicantina y su gran valor paisajístico y medioambiental (alberga más de 300 especies entre las que se pueden observar claveles autóctonos y orquídeas robertinas) le valieron la declaración de **parque natural** en 1987. Con una extensión de 50.000 m² se une a la península por un istmo detrítico. Los fenicios lo llamaron roca del norte en contraposición a la roca del sur, que era Gibraltar.

Ya en la Edad de Bronce hubo pobladores en el lugar. En las laderas del peñón se han encontrado restos de establecimientos íberos y romanos. Siglos más tarde, entrada la Edad Media, Roger de Llúria impulsaba la construcción de un pueblo en Ifach.

Lo que hoy constituye la ciudad de Calpe, tiene su origen en una alquería árabe.

El episodio más significativo de la historia de Calpe parece tomada de una película épica. En 1633 la villa de Calpe era violentamente atacada por piratas berberiscos y más de 290 personas (la mayoría del pueblo) eran víctimas de un secuestro masivo, viajando como prisioneras hasta el Alguer (Cerdeña). Durante 5 años la población permaneció casi desierta. Poco a poco los calpinos secuestrados fueron volviendo tras ser canjeados por prisioneros piratas y por pagos en oro.

Evidentemente tras esta dura experiencia decidieron reforzar las murallas de la ciudad, de tal modo que cuando en 1744 recibieron un nuevo ataque de los tune-

Altea, un pueblo de casas blancas coronado por la iglesia del Consuelo.

cinos, consiguieron ganar la batalla. Un héroe recordado por su virtud en esa lucha es Jerónimo Ferret Mulet (llamado el **Caragol**).

El motivo principal de estas constantes ofensivas era el privilegiado emplazamiento en que se encontraba la villa y por su fortaleza en lo alto del peñón de Ifach.

Una de las construcciones más interesantes de la población es la **iglesia vieja**, el único templo que se conserva en la Comunidad Valenciana de estilo mudéjar. A su lado destaca el torreón de la Peça y el lienzo de la muralla.

De lo que fue el castillo árabe poco queda mas que sus ruinas. En el paseo marítimo recientemente se han descubierto restos de la antigua villa romana. Para saber más de la historia de Calpe resulta interesante la visita al **Museo Arqueológico Municipal** donde se pueden ver restos de los yacimientos romanos de los Baños de la Reina, las ánforas púnicas halladas en las profundidades del mar, los vestigios ibéricos encontrados en el peñón, o objetos encontrados en el castillo árabe.

Otro museo de la ciudad es el llamado **Museu Fester**, donde se exhiben trajes y complementos usados en las fiestas y desfiles de moros y cristianos.

➜ **A ALTEA, 11 KM POR N-332.**

8

Altea ☼

c. San Pedro, 9. ☎ 96 584 41 14. San Blas y Cristo del Sagrario (3er domingo de mayo) y Virgen del Consuelo (último domingo de septiembre). **Iglesia de Nª Sª del Consuelo**: Plaza de la Iglesia, 2. ☎ 96 584 04 18. Media hora antes de cada misa. † De lu a vi, a las 19.30 h.; sa, a las 19 h. y do, a las 8 h. y 12 h.

Altea es el punto más pintoresco de este itinerario y su proximidad a Benidorm lo convierte en uno de los más visitados de la costa alicantina. El **barrio antiguo** está conformado por casas blancas y calles que ascienden hasta la **iglesia de Nuestra Señora del Consuelo**, a 68 metros sobre el nivel del mar, lo que la convierte en un atractivo **mirador** desde el que se observa una amplia panorámica marítima. El rasgo distintivo de Altea es la cúpula de su iglesia, cuyas tejas azules y blancas son de una gran plasticidad. Se trata de un lugar con una larga **tradición marinera**: más de 300 de sus habitantes servían en la Marina Real en el siglo XVIII.

Escultura en el paseo marítimo de Altea.

GUÍA PRÁCTICA

RESTAURANTES

Gata de Gorgos

CORRAL DEL PATO: Partida Trossets-ctra. de Jalón. ☎ 96 575 68 34. *Cocina casera, sencilla pero de calidad.* ✦

AVENIDA: Paseo Alicante, 19. ☎ 96 575 64 89. *Especialidades en marisco y arroz.* ✦✦✦

CUADROS: ctra. Jávea-Gata. Partida Cuadros, 45. ☎ 96 575 60 92. *Especialidades de la tierra.*

Dénia

EL PEGOLÍ: Playa de les Rotes. ☎ 96 578 10 35. *Cierra los domingos noche y los lunes y en Navidad.* ✦✦

DRASSANES: c. Puerto, 15. ☎ 96 578 11 18. *Cierra lunes y mes de noviembre.* ✦✦

LA BARQUETA: c. Bellavista, 10. ☎ 96 642 16 26. *Cierra jueves (excepto de Pascua a octubre).* ✦✦

Jávea

PARADOR DE JÁVEA: avda. del Mediterráneo, 7. ☎ 96 579 02 00. ✦✦

OLIGARUM: c. Las Barcas, 9. Puerto de Jávea. ☎ 96 546 17 14. *Cierra miércoles, jueves noche y del 20 de enero al 28 de febrero. En julio y agosto cierra por la noche.* ✦✦

CHEZ ÁNGEL: Jávea Park. ctra. del Cabo de la Nao, km 3. ☎ 96 579 27 23. *Cierra martes y del 15 de enero al 15 de febrero.* ✦✦

Calpe

EL BODEGÓN DE CALPE: Delfín, 8. ☎ 96 583 01 64. *Cierra domingos de noviembre a mayo y mes de febrero.* ✦✦

BAYDAL: avda. del Puerto, 12. ☎ 96 583 11 11. *Cierra los lunes.* ✦

Altea

RACÓ DE TONI: c. La Mar, 127. ☎ 96 584 17 63. *Cierra en noviembre.* ✦✦

EL CRANC: Playa de la Olla. ☎ 96 584 34 39. ✦✦

Teulada-Moraira

LA SEU: Dr. Calatayud, 24. ☎ 96 574 57 52. *Cierra los martes y del 24 de diciembre al 8 de enero. Cocina de la tierra. Platos mediterráneos imaginativos. Buena carta de postres.* ✦✦✦

GIRASOL: ctra. Moraira-Calpe, km 1,5. ☎ 96 574 43 73. *Cierra los lunes, excepto en verano y en noviembre. Excelente cocina mediterránea de autor a manos de Joachim Koerper, cuidada hasta el más mínimo detalle.* ✦✦✦

LA SORT: avda. Madrid, 1. ☎ 96 574 51 35. *Cierra los domingos de invierno y las primeras quincenas de diciembre y de marzo. Regentado por la familia Moll. Excelente cocina creativa. Especialidad en arroces.* ✦✦✦

ALOJAMIENTO

Hoteles

Gata de Gorgos

AVENIDA*: Doctor Moratall, 21. ☎ 96 575 64 89. *Habitaciones con televisión, baño y teléfono. Precios asequibles.*

Dénia

LOS ÁNGELES**: ctra. las Marinas, km 4. ☎ 96 578 04 58. *Cierra desde el 1 de diciembre al 8 de enero.*

Jávea

EL RODAT****: ctra. Cabo de la Nao. ☎ 96 647 07 10. *Con todas las comodidades.*

MIRAMAR**: c. Almirante Bastarreche, 12. ☎ 96 579 01 00. *Cierra en Navidades.*

Calpe

ROCA ESMERALDA***: c. Ponent, 1. Playa de Levante. ☎ 96 583 01 61.

VENTA LA CHATA**: ctra. N-332, km 172. ☎ 96 583 03 08.

Altea

CAP NEGRET***: ctra. Alicante-Valencia, km 158. Partida Cap Negret, 7. ☎ 96 584 12 00 - 584 12 50.

SAN MIGUEL*: c. La Mar, 65. ☎ 96 584 04 00. *Cierra en noviembre.*

Teulada-Moraira

SWISS HOTEL MORAIRA****: Haya, 175 (Urb. Club Moraira). ☎ 96 574 71 04. *Cierra en enero. Lujoso y tranquilo hotel situado cerca de la playa pero alejado del turismo playero.* ✦✦✦

GEMA**: Cabo Estaca de Bares, 11. ☎ 96 574 71 88. *Abierto todo el año.* ✦✦

Campings

Teulada

MORAIRA (1ª): ctra. Moraira-Calpe, km 1,5-acc. N-332 y salida 63 de la A-7. ☎ 965 74 52 49.

Dénia

LOS LLANOS (1ª): ctra. N-332, km 203-204. ☎ 96 575 51 88. *Abierto todo el año.*

Jávea

JÁVEA (2ª): ctra. Cabo de la Nao, km 1. ☎ 96 579 10 70.

Calpe

IFACH (2ª): ctra. Calpe-Moraira, km 5. ☎ 96 583 04 77.

Altea

CAP BLANCH (1ª): Playa Cap Blanc, 25. ☎ 96 584 59 46.

De la Marina al Alcoià

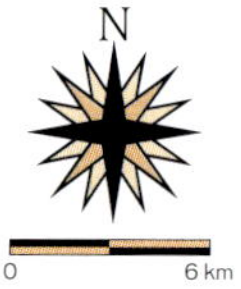

Esta ruta sorprende por su curioso paisaje conformado por la gran cantidad de terrazas dedicadas al cultivo del níspero. El denominador común del itinerario es la uniformidad del trazado urbano de todas las poblaciones, que mantiene su carácter musulmán originario. No en vano en estas tierras se produjeron las principales rebeliones de los moriscos que se oponían a su expulsión; los enfrentamientos se ven rememorados en la fiesta de Moros y Cristianos de Alcoy. Tárbena, repoblada por mallorquines, elabora sobrasada y en el largo recorrido que la une con Cocentaina se cruza el Coll de Rates, que ofrece una vista panorámica que se extiende hasta el mar.

ITINERARIO
2 DÍAS / 109 KM

VILLAJOYOSA → Benidorm	**10 km**
Benidorm → Terra Mítica	**3 km**
Terra Mítica → Polop	**9 km**
Polop → Callosa d'en Sarrià	**5 km**
Callosa d'en Sarrià → Tárbena	**11 km**
Tárbena → Guadalest	**23 km**
Guadalest → Cocentaina	**30 km**
Cocentaina → Alcoy	**6 km**
Alcoy → Santuario de la Font Roja	**12 km**

Calles coloridas de Villajoyosa.

1

Villajoyosa/ La Vila Joiosa

Costera de Mar, s/n. ☎ 96 658 13 71. Moros y Cristianos (Santa Marta, del 24 al 30 de julio). Museo Etnográfico: c. Barranquet, s/n. ☎ 96 589 16 98.

Llamada tradicionalmente la Joya, esta ciudad hace todos los honores al epíteto. El visitante quedará agradablemente sorprendido paseando por sus **coloridas calles**, con las casas pintadas de todos los colores y con decenas de flores adornando los balcones. La desembocadura del río Amadiorio en el puerto pesquero y el paseo marítimo flanqueado por señoriales palmeras le harán sentir de verdad que se encuentra de vacaciones. Al parecer el origen de tal policromía urbana surgió entre los pescadores que desde el mar querían identificar su casa.

Las **playas** de fina arena junto con las pintorescas calas de guijarros constituyen el atractivo natural de este municipio.

El **casco antiguo**, encerrado tras su muralla –de la que aún se conservan importantes trozos de lienzo y torres defensivas– creció alrededor de la fortificada iglesia de Nuestra Señora de la Asunción. En este templo se rinde culto a Santa Marta, la patrona de la villa. Esta parte de la ciudad ha sido declarada conjunto histórico artístico.

La zona del puerto y barrio marinero recibe el nombre del Arsenal. La vida cotidiana ligada al mar se vive en cada uno de sus rincones. Cada tarde, sobre las seis, el puerto se convierte en escenario de una costumbrista escena: los pescado-

FINESTRAT, MAR Y MONTAÑA

La villa de Finestrat goza de una característica singular. En su término el visitante encontrará un paisaje absolutamente contrastado, que en sólo 7 km de distancia se sitúa de 0 a 1410 m de altitud (del mar a la cima del monte Puig Campana). Originalmente el pueblo fue colgando sus casas sobre un promontorio rocoso a los pies del Puig Campana. Los constantes ataques piratas que la costa alicantina sufrió entre los siglos XIV y XVI llevaron a una distribución de la costa entre pueblos, con el fin de que cada uno se responsabilizara de la protección mediante fortificaciones y vigilancia de su correspondiente parte. Hoy en día, a falta de piratas, esta peculiaridad permite a los lugareños bañarse en las cristalinas aguas de sus playas y practicar la escalada o el senderismo hasta lugares en plena montaña como la Font del Molí, donde el agua mana de 15 caños, todo, sin abandonar su término municipal.

res regresan a sus casas después de su jornada con el premio de sus capturas. Los amantes de la navegación cuentan con un club náutico. Un taller naval se encarga del mantenimiento de las embarcaciones del puerto y de la construcción de otras nuevas.

La histórica vinculación de la villa con el mar y con el comercio marítimo de ultramar y la importación de cacao desde América explica el desarrollo de la conocida industria chocolatera de Villajoyosa. Para conocer el proceso de elaboración de este producto se puede visitar alguna de las **fábricas de chocolate** o bien dirigirse hasta el Museo Municipal de Arqueología, donde se muestran instrumentos y objetos relacionados con este procedimiento. En el museo, materiales y restos romanos e íberos hablan del pasado más lejano de estas tierras.

Entre el 24 y el 31 de julio se celebran, desde hace unos 250 años, las fiestas de Moros y Cristianos. Uno de los actos más significativos de estos días es el desembarco de las tropas moras en el puerto. Estas fiestas que mantienen la memoria histórica de muchas poblaciones ocupadas en su momento por los árabes, tienen un arraigo especial en la provincia de Alicante.

➔ **A BENIDORM, 10 KM POR N-332.**

2

Benidorm ☼☼

avda. Martínez Alejo, 11. ☎ 96 585 13 11. Virgen del Sufragio (segundo domingo de noviembre) Iglesia de San Jaime: Plaza de San Jaime, 1. ☎ 96 585 40 24. De lu a do, de 9 h. a 21 h. † Invierno: de lu a sa, a las 10 h. y a las 19 h. y do, a las 9 h., 10 h., 11 h., 12 h. y 19 h.; verano: de lu a vi, a las 10 h. y a las 20 h.; sa, a las 10 h., 19 h. y 20 h., y do, a las 9 h., 10 h., 11 h., 12 h., 19 h. y 20 h.

Benidorm con la playa de Levante.

Benidorm es, sin duda, el enclave **turístico** del Mediterráneo occidental más conocido internacionalmente y sus **playas de Levante y Poniente** se encuentran entre las siete primeras del ránking mundial. La actual configuración urbana tiene su origen en la aplicación, el año 1956, del Plan General de Ordenación Urbana, que dio lugar al boom que hoy arroja el siguiente balance: **cuatro millones de visitantes** disfrutan cada año de su agradable microclima. Pero hasta 1940, Benidorm era una villa asentada sobre el promontorio Canfali y entre sus habitantes se encontraban expertos marineros y pescadores, muy solicitados en el arte de las almadrabas (complicado sistema de pesca del atún con redes).

Sería un desatino hablar de la belleza de Benidorm, pero innegable es también que se trata de un conjunto urbano que deja con la boca abierta a cuantos lo ven por vez primera. Su aspecto recuerda la repetida imagen cinematográfica de las ciudades americanas pobladas por edificios que compiten por alcanzar el cielo.

Cientos de bares, restaurantes, terrazas, discotecas, tiendas de todo tipo y establecimientos de todo lo imaginable ofrecen una ciudad con una actividad incesante, de día y de noche. Sus dos grandes playas, de arena fina y aguas limpias, son junto con toda esta oferta lúdica, el principal atractivo de Benidorm. Entre la playa de Levante y la de Po-

El balcón del Mediterráneo, en Benidorm.

ISLA MEDIANA

Cuenta la leyenda que el caballero Roldán golpeó con su espada la cima del Puig Campana (1.406 metros), el imponente monte que se levanta detrás de Benidorm, y arrancó un pedazo de roca provocando la hendidura que allí se encuentra. El trozo de roca desprendido por el mítico héroe francés, en su lucha contra los moros, rodó hasta el mar y dio lugar al Islote de Benidorm o Isla Mediana.

niente, el emblemático promontorio rocoso que en la Edad Media ocupó el castillo defensivo. Sólo las ruinas de este edificio mantienen su memoria. En su lugar se halla en la actualidad un bonito mirador, el denominado **Balcón del Mediterráneo**. La cala del Mal Pas, junto al puerto forman parte de este espacio que separa las dos playas de la ciudad. Desde el puerto embarcaciones turísticas permiten a los visitantes hacer una pequeña travesía hasta la **isla de Benidorm**, llamada también la Isla Mediana o de los Periodistas. Se trata de una ínsula de poca superficie, con forma triangular, cuyo punto más alto se eleva a 73 m de altura. Separada de la costa por 2,5 millas de mar, se conoce la presencia humana en ella desde el Neolítico, pero al parecer nunca ha sido habitada.

Frente a la playa de poniente se encuentra un gran paseo, llamado parque de Elche porque las palmeras que lo decoran fueron traídas desde este municipio vecino.

La cara marítima, situada delante de la otra gran playa, se conforma con otro paseo marítimo donde tiene lugar parte del esparcimiento y la actividad nocturna de Benidorm.

Un espacio destacado dentro del trazado urbano de la ciudad es el **parque de L'Aigüera**, diseñado por el arquitecto Ricardo Bofill. En él se combinan los grandes espacios verdes con los edificios culturales más significativos de la ciudad, los dos auditorios en los que se celebra cada año el Festival de la Canción de Benidorm. Un elegante paseo central constituye la espina dorsal del parque.

El **Centro Cultural Marítimo**, con una exposición completa sobre la historia de la navegación y la pesca en la ciudad, permite al visitante forjarse una idea de las enormes transformaciones que ha experimentado la ciudad en su larga existencia. Maquetas de barcos, pinturas con motivos marítimos, instrumentos náuticos y objetos de pesca son algunos ejemplos del fondo del museo.

Tratar de rememorar los siglos pasados en una ciudad como Benidorm no es completamente imposible. En el casco antiguo se puede pasear por calles de trazado medieval como la típica calle de los Gats, o visitar la iglesia de San Jaime, cuya fundación se remonta al siglo XVIII. El hallazgo en 1740 de la virgen del Sufragio, hoy patrona de la ciudad, fue, según dice la leyenda, el motivo del importante desarrollo que tuvo la almadraba, y la prosperidad de la actividad pesquera en la villa.

Cerca del núcleo urbano, en la sierra Helada y en las peñas del Albir la naturaleza ha formado acantilados de más de 400 metros, los más altos del Mediterráneo junto con el peñón de Ifach y el de Gibraltar.

Dentro del término, el visitante podrá disfrutar de otros centros pensados especialmente para el entretenimiento y la distensión. Son el parque acuático de Aqualandia; Mundomar, donde se hace un recorrido por el mundo marino, y el recientemente inaugurado parque temático de Terra Mítica.

➔ A TERRA MÍTICA, 3 KM POR CV-70.

3 Terra Mítica ☼☼☼

ctra. de Benidorm a Finestrat, camino del Moralet, s/n. ☎ 902 020 340. Del 10 de nov. al 31 de ene., sa y do, de 10 h. a 18 h.; del 1 al 15 de mar., sa y do de 10 h. a 18 h.;

Espectáculo audiovisual de Terra Mítica.

del 15 de mar. al 15 de jun., todos los días de 10 h. a 20 h.; del 16 de jun. al 16 de sept., de 10 h. a 24 h.; del 17 de sept. al 4 de nov., de 10 h. a 20 h.; feb. cerrado. **$** Temporada baja: 3.600 ptas. (adultos) y 2.600 ptas. (5-12 años y más de 65 años). Temporada alta: 4.800 ptas. (adultos) y 3.500 ptas. (5-12 años y más de 65 años).

Área del Antiguo Egipto, en el parque temático Terra Mítica.

Tomando como marco la sierra Cortina y ambientado por la brisa de las playas de Benidorm se encuentra Terra Mítica, el parque temático con **mayor extensión** dentro de España, ocupando una superficie de 1.050.000 m^2.

Inaugurado en julio de 2000 su construcción se proyectó en 1997 como un nuevo espacio para el entretenimiento y la diversión.

Como su nombre indica, todas las instalaciones del parque (atracciones, ambientación urbana y espectáculos) están dedicados a esas **civilizaciones antiguas** cuya importancia fue capital para el desarrollo del mundo occidental. De este modo, se combinan en Terra Mítica los aspectos más legendarios y bellos de la historia con las últimas tecnologías audiovisuales y de ingeniería.

Una gran lámina de agua, simbolizando el mar Mediterráneo, reúne a su alrededor cuatro de las cinco áreas que forman el parque. Son **Egipto**, Tierra de Faraones; **Grecia**, el Lugar de los Dioses; **Roma**, la Frontera, e **Iberia**, la Orilla Cálida. La quinta área temática es la dedicada al mitológico **viaje de Ulises**. Se encuentra en la extensión de tierra del interior del lago, en el espacio llamado Las Islas, el Gran Viaje.

Animación de calle (el faraón, el escriba, los atletas, el inventor), espectáculos en los teatros, 30 atracciones, tiendas, restaurantes y toda clase de servicios integran a los visitantes en un paraíso de la diversión dentro de una constante máquina del tiempo.

Gente de todas las edades y gustos podrá disfrutar por igual. Los más atrevidos podrán generar adrenalina en atracciones de auténtico vértigo como el **Magnus Colossus**, la mayor **montaña rusa** de madera de Europa, con un kilómetro y medio de longitud; en el **Vuelo del Fénix**, una caída desde los 60 metros de altura de la columna romana, o en el veloz e ibérico **Tren Bravo**, que consta de dos circuitos con casi mil metros de vías.

Para sofocar el intenso calor del verano alicantino nada mejor que atracciones de agua como las **Cataratas del Nilo**, una montaña rusa situada en la cuenca del río Nilo en el área de Egipto; en Grecia, donde está la **Furia de Tritón**, un *splash* con dos grandes caídas y 500 metros de recorrido, o los **Rápidos de Argos**, de las Islas, fuertes corrientes de agua con remolinos que hacen sentir al visitante como si estuviera haciendo ráfting. Los más pequeños cuentan también con instalaciones hechas a su medida con atracciones tematizadas y espectáculos divertidos e instructivos.

En **Egipto**, el visitante podrá conocer a fondo el mundo de los faraones, con las pirámides y monolitos decorados con jeroglíficos, o situarse en Alejandría, regentada por Cleopatra y su corte.

Toda la riqueza de la **mitología griega**, los Juegos Olímpicos y el entorno social que se desarrollaba en el ágora de Atenas, el laberinto del minotauro de Creta o el templo de Zeus, convierten al visitante en protagonista de la civilización embrionaria del mundo mediterráneo.

Roma, a la que se llega después de pasar por **Grecia**, siguiendo un orden casi crono-

Reproducción del Partenón en el área de Grecia, en Terra Mítica.

lógico de la historia, distingue su espacio en los dos grandes aspectos de esta cultura: la Roma colonizadora, el Imperio, con el ambiente militar y los mercados de esclavos; y por otro lado, se acerca también a esa **Roma** esplendorosa, donde el lujo y el refinamiento dieron destacadas construcciones arquitectónicas y un importante desarrollo cultural como el teatro romano.

También a orillas del mar, se encuentra **Iberia**, representada por un pequeño pueblo cristiano como los que se encontraban en la Comunidad Valenciana hace siglos. Aquí los ataques piratas o las históricas luchas entre moros y cristianos hablan del verdadero pasado de las tierras en que se encuentra el parque, nacidas de las recíprocas influencias de sus habitantes, árabes y cristianos.

Polop de la Marina.

➜ A POLOP, 9 KM POR CV-70 Y C-3318.

4

Polop

c. Sagi-Barba, 34. ☎ 96 587 01 50/689 55 40. San Francisco de Asís (del 4 al 6 de octubre).

Polop de la Marina se ubica en el centro del valle que cierran los montes Bernia (1.129 metros) y Puig Campana (1.410 metros). Fue la plaza fuerte del musulmán al-Azracq hasta la conquista de Jaime I. El escritor alicantino **Gabriel Miró** (1879-1930) escogió esta población para pasar largas temporadas. Sobre lo que fue el castillo se asienta el cementerio, al que conduce un calvario que el propio Miró bautizó como "huerto de cruces".

En la calle Pósito, tomando como marco un sótano medieval, se halla una exposición de tipo etnológico con una colección de cerámica, herramientas, utensilios y juguetes antiguos.

El Museo del Alambre recoge un conjunto de piezas ensambladas que representa monumentos y figuras.

Como edificios religiosos de interés destacan la iglesia de San Pedro, de 1723, recientemente restaurada, y el santuario de la Divina Aurora, situado junto a la primera.

Plantaciones de nísperos.

➜ A CALLOSA D'EN SARRIÀ, 5 KM POR C-3318.

5

Callosa d'en Sarrià

Plaza España, 1. ☎ 96 588 00 50. Virgen de las Injurias (2° sábado de octubre). Museo del Agua: Fuentes de Algar. ☎ 96 597 21 29. Visitas guiadas en grupo previa concertación. $ 350 ptas.

Callosa d'en Sarrià es un importante cruce de los caminos entre Alcoy y Altea y entre Pego y Benidorm. La calidad del agua de las **fuentes del Algar**, situadas a tres kilómetros de la población, es conocida desde antiguo. Su fama hizo que en otras épocas los marineros recalasen en estas costas para proveerse de ella. Con el caudal de estas fuentes se riegan hoy las grandes extensiones de nísperos que se cultivan en la zona.

En el **Museo Etnológico y Arqueológico municipal**, se recuerdan los elementos propios de la vida tradicional de la villa desde los primeros años del siglo XX hasta la década de los 60.

Los restos de muralla que rodeaban el castillo medieval, seguramente levantado en el siglo XIV por Bernat de Sarrià, en la plaza del castillo, son los vestigios que el visitante puede ver de esos tiempos más

Toll del Baladre en la Vall d'Algar.

Plantaciones de nísperos entre Polop y Callosa d'en Sarrià.

cercanos a la formación de la villa. El crecimiento natural de la población comportó que en el siglo XVIII se aprovecharan los muros y torres de la muralla para la construcción de viviendas.

Otro elemento típico de los pueblos que perdió su función con la llegada de innovaciones como el agua corriente es el lavadero público, aquí denominado el Poador. En él las mujeres lavaban la ropa y recogían el agua para sus menesteres cotidianos, de modo que era, principalmente para el género femenino, un importante espacio de interacción social.

La edificación más destacada de Callosa de Sarrià es la **iglesia arciprestal de San Juan Bautista**, reconstruida en estilo de transición del barroco al clasicismo por el arquitecto valenciano D. Antonio Gilabert Fornés (1716-1792). El templo alberga un valioso órgano del siglo XVIII, protagonista de tanto en tanto de audiciones musicales.

De excursión al **valle del Algar** el visitante gozará con el paisaje salpicado por las numerosas fuentes y manantiales, creando bellos rincones con piscinas naturales. Cerca de la Font de Fonts, con un espacio para el recreo y el relax, se encuentra el Museo de Medioambiente, donde se muestra el proceso de destilación de esencias naturales a partir de las plantas aromáticas que crecen en estos parajes. También se muestra un sistema de fecundación *in vitro* de plantas autóctonas.

➜ **A TÁRBENA, 11 KM POR C-3318.**

6

Tárbena

San Miguel, 1. ☎ 96 588 42 34. Santa Bárbara (del 6 al 9 de agosto).

Tárbena se sitúa a 560 metros de altitud entre olivos y almendros y cerca de los restos de un castillo musulmán. El lugar quedó despoblado a principios del siglo XVII como consecuencia de la expulsión de los moriscos y fue repoblada nuevamente con colonos procedentes de la isla de Mallorca, súbditos del virrey de Palma de Mallorca. De ahí el peculiar acento de sus habitantes, que conservan algunos apellidos y la costumbre de elaborar la famosa sobrasada mallorquina.

Sobrasadas de Tárbena.

De la villa merece la pena destacar las ruinas de las **casitas moras** de las que fueron desalojados los árabes a principios del siglo XVII, y la iglesia parroquial, con una curiosa fachada policromada.

Situado en el límite de la Marina Baixa, por el próximo Coll de Rates se accede a la vecina comarca de la Marina Alta.

➜ **A GUADALEST, 23 KM POR C-3318 Y CV-755.**

Campos de Tárbena.

7

Guadalest

avda. de Alicante, s/n. 96 588 52 98. Virgen de la Asunción (del 14 al 17 de agosto). **Museo Casa Orduña**: c. de la Iglesia, 2. 96 588 53 93. De lu a do, de 10.15 h. a 13.45 h. y de 15.15 h. a 19 h. (en verano el horario de tarde se prolonga hasta las 21 h.). $ 400 ptas. **Museo de Microminiaturas Manuel Ussà**: c. de la Iglesia, 5 96 588 50 62. Invierno: de lu a do, de 10 h. a 19 h.; verano: de lu a do, de 10 h. a 19.30 h. (en agosto el horario de tarde se prolonga hasta las 21 h.). $ 500 ptas.

Guadalest, población de origen musulmán, es quizás el mejor ejemplo de la capacidad de adaptación al terreno de cuantos pueden verse en la zona. La villa originaria se asienta encima de una **peña inexpugnable**, una fortaleza natural coronada por el campanario, separado de la iglesia, que garantizaba la seguridad de sus pobladores contra cualquier adversidad y a la que se accede por un túnel. Junto al portal, un balcón servía para arrojar armas y aceite caliente a los enemigos que trataban de entrar en la villa. Guadalest tuvo un papel primordial en la revuelta de 1609 protagonizada por los moriscos, que se oponían a ser expulsados de sus tierras. Diversos terremotos —en 1644 y en 1742— y la guerra de Sucesión causaron graves daños al castillo de origen musulmán, llamado castillo de San José o del Rey. En 1848 fue definitivamente destruido y convertido en cementerio municipal.

En el interior del **casco antiguo**, declarado conjunto histórico-artístico en 1974, se alza la **iglesia de Nuestra Señora de la Asunción**. El templo fue construido el siglo XVIII sobre uno anterior de la época de la reconquista. En 1962 sufrió una remodelación en la que se perdió el crucero y la cúpula.

Panorámica del pintoresco pueblo de Guadalest.

El **palacio Orduña** es un edificio emblemático del municipio. Perteneció a la familia de los Orduña, gobernadores y gente de confianza de los marqueses de Guadalest. Adquirido por el Ayuntamiento, ha sido rehabilitado como Casa de Cultura y Museo Municipal, por su interés arquitectónico y por su propio valor histórico. En sus instalaciones se puede contemplar una destacada colección de pintura religiosa, así como las obras ganadoras del concurso de pintura que se celebra en la villa. Las salas nobles se han mantenido tal y como pudieron estar en siglos pasados, para situar al visitante en el espacio cotidiano de estos antepasados de Guadalest. En el **Museo Etnológico**, en la calle de la Iglesia, se da constancia también de los modos de vida de otros tiempos, así como de los procesos de elaboración tradicional de aceite y otros productos.

Otro vestigio de la Edad Media en Guadalest son las mazmorras que se han conservado en los bajos del Ayuntamiento.

En la **plaza de San Gregorio** el visitante podrá admirar unas **vistas** magníficas de todo el valle de Guadalest y del pantano (construido entre 1953 y 1971).

En la parte del Arrabal, fuera del recinto amurallado, al otro lado de la puerta de San José, Guadalest hace gala de su insólita variedad de espacios museísticos. En el Museo de Antonio Marco, se exhiben maquetas de viviendas e iglesias realizadas con elementos

Embalse de Guadalest.

naturales. En el Museo de Instrumentos de Tortura, una colección de espeluznantes artilugios de tortura muestra las peores perversiones que ha creado la mente humana. Y los **museos de Microminiaturas** y **Microgigante** asombran a sus visitantes con obras tan curiosas como una reproducción del Guernica de Picasso pintado en una semilla, la Maja Desnuda de Goya en el ala de una mosca, la estatua de la libertad en el ojo de una aguja, y una Biblia en la sección de un cabello, entre otras. Todas estas impresionantes obras casi microscópicas se ven a través de potentes lupas.

➡ A COCENTAINA, 30 KM POR CV-70 Y CTRA. COMARCAL.

8

Cocentaina

El Pla, s/n. ☎ 96 559 01 59. San Hipólito (2° domingo de agosto). Palacio Condal: El Pla, s/n. ☎ 96 559 01 59. De ma a do, de 10 h. a 14 h., y sa, también de 16 h. a 18 h.; lu. cerrado. Castillo. ☎ 96 559 01 59. De lu a vi, concertar, sa y do, de 10 h. a 13 h. y de 16 h. a 19 h. Iglesia de la Virgen del Milagro: El Pla, s/n. ☎ 96 559 03 22. De lu a do, de 9 h. a 12 h. ✝ De lu a do, a las 7.30 h.

Convento de los Padres Franciscanos.

Cocentaina es la capital de la comarca del Comtat y se levanta a los pies de la vertiente oriental del Montcabrer (1.390 metros). La población, de origen romano, tuvo su auge a partir del siglo XI, durante la dominación árabe, a la cual debe su nombre: *Qustantaniya*. El día 8 de julio de 1258, el caudillo al-Azracq capituló ante Jaime I el Conquistador. El rey Alfonso el Magnánimo le concedió la categoría de condado. El nombre que reciben a menudo sus habitantes *socarrats* recuerda el ataque de los musulmanes de Granada, el 1304, durante el cual quemaron la ciudad. El término de la villa es uno de los más prolíficos en **yacimientos prehistóricos** dentro de la Comunidad Valenciana. Se han encontrado restos de poblamientos desde el período musteriense (hace 40.000 años), del Neolítico final, de la Edad de Bronce, de romanos, tardorromanos y musulmanes.

En la **Casa Museo del Comtat** se admira una interesante colección arqueológica, así como una exposición etnológica en la que se explican los procesos de producción agrícola. Otro museo es el **Fester**, haciendo honores al importante arraigo que tienen las fiestas de Moros y Cristianos en la zona.

Del antiguo castillo, construido entre los siglos XIII y XIV, recientemente restaurado, destaca especialmente su torre del Homenaje. En lo que refiere a las murallas que en su momento protegieron la ciudad, se pueden observar aún bastantes trozos de lienzo y algunas torres.

El **palacio Condal**, pasó de ser el edificio militar levantado originalmente en el siglo XIII a residencia de los condes de Cocentaina en el siglo XV. En su decoración se pueden reconocer elementos góticos y renacentistas. Del conjunto destaca el patio de armas, el

Palacio Condal, en Cocentaina.

Pinturas en el techo de la sala Dorada del palacio Condal, en Cocentaina.

MOROS Y CRISTIANOS

En 1276, treinta y dos años después de la conquista de Alcoy por Jaime I, mosén Torregrosa, ante la amenaza del moro al-Azracq, invocó a san Jorge, que hizo su aparición en la antigua puerta de San Marcos. El milagro dió origen a la fiesta de Moros y Cristianos, tres días durante los cuales las *filaes* de unos y otros hacen su entrada y se enfrentan en un indescriptible alarde de pólvora.

salón de los embajadores, la capilla de San Antonio y la **sala Dorada**. Ocupando parte del espacio del palacio Condal se encuentra el convento y monasterio de la Virgen del Milagro, construido en estilo barroco napolitano. En la iglesia se contemplan unas pinturas de Mattei, y varias obras de estilo barroco.

Las dos **iglesias** más importantes de la ciudad son la de Santa María, del siglo XIII y reconstruida en el XVI, en la que se guarda una interesante colección de orfebrería y de objetos de culto, y la iglesia del Salvador, levantada el siglo XVI sobre la antigua mezquita del Raval.

Otro edificio religioso es el convento de los Padres Franciscanos, erigido en el siglo XVI sobre la ermita de San Sebastián, del que sobresale una altísima cruz gótica de 10 m de altura. En su interior se admiran unos bellos lunetos pintados al fresco en el siglo XVII.

El visitante que desee hacer alguna excursión por las cercanías de la villa para conocer su entorno, es recomendable que se acerque hasta alguna de las ermitas que salpican el paisaje del término como la ermita de Santa Bárbara (s. XIII) o la de San Cristóbal (s. XV) en la cumbre de la sierra de Mariola.

➡ **A ALCOY, 6 KM POR N-340.**

9 Alcoy/Alcoi

Plaza de España, 1. ☎ 96 554 52 11. Moros y Cristianos (del 21 al 23 de abril). Museo Arqueológico Municipal: Plaza del carbón, s/n. ☎ 96 554 03 02. De lu a vi, de 9 h. a 14 h.; sa, do y festivos, de 10.30 h. a 13.30 h.; cierra del 22 al 24 de abril. Museo de la Fiesta: San Miguel, 60-62. ☎ 96 554 05 80. De lu a vi, de 11 h. a 13 h. y de 17.30 h. a 19.30 h.; sa, do y festivos, de 10.30 h. a 13.30 h. $ 100 ptas. Iglesia de San Jorge: c. Santo Tomás, s/n. ☎ 96 554 11 97. De lu a vi, de 11 h. a 13 h. y de 18 h. a 20 h. ✝ De lu a do, a las 10.30 h. Iglesia de San Mauro y San Francisco: c. San Mateo, 1. ☎ 96 554 39 57. De lu a do, de 9 h. a 13 h. y de 18 h. a 20 h. ✝ De lu a do, a las 9 h., 13 h. y 20 h.

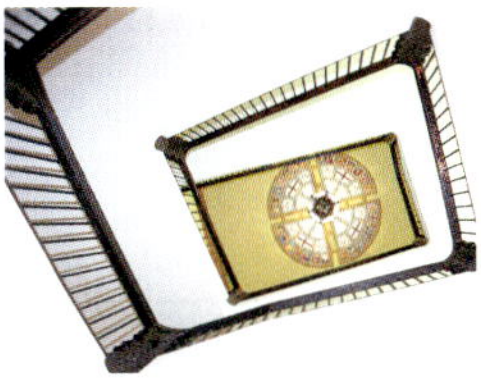

Casal Sant Jordi, en Alcoy.

Alcoy, ciudad ubicada en el canal que forma el río Serpis a su paso entre las sierras de Mariola, Serreta y Carrascar, no ha perdido todavía el carácter industrial que la caracteriza desde la época medieval. La industria textil, las conservas, la maquinaria agrícola e industrial, el papel, etc. sitúan a Alcoy en el origen de la industrialización en la Comunidad Valenciana. La ciudad es conocida por ser también el origen de uno de los espectáculos más impresionantes que puede verse en todo el territorio valenciano: la **fiesta de Moros y Cristianos**, que conmemora la intervención de san Jorge ante la amenaza del musulmán al-Azracq.

La conquista cristiana cambió absolutamente la configuración del término de Alcoy. Los musulmanes, igual que los

Puente de San Jorge en Alcoy.

ACEITUNAS RELLENAS DE ANCHOA

El espíritu emprendedor de Alcoy fue descrito así por el escritor Rafael Coloma: "Ni aquí hay mar donde pescar anchoas, ni en los aceituneros de la hoya se ordeña la manzanilla, ni se produce la hojalata para el envasado, ni el frío deja crecer el limonero, pero se elaboran las mejores aceitunas rellenas de España y hasta del mundo. Con lo único que se cuenta para este producto es con agua bastante".

moradores anteriores, se encontraban distribuidos por distintos puntos del territorio. En 1256 se funda la villa construyéndose dentro de un recinto amurallado. Más adelante, en el siglo XIV, se produce ya el primer ensanche extramuros de la primera ciudad, el llamado Raval o Pobla de Sant Jordi.

En las proximidades los restos prehistóricos más significativos son los de los abrigos de Sarga, con pinturas rupestres que representan escenas de caza, de recolección y motivos figurativos.

El **Museo Parroquial de San Mauro** y **San Francisco**, al lado del templo del mismo nombre, acoge una valiosa colección de pintura devocional y de objetos de culto. Destacan las pinturas de Francisco Laporta.

En Casa de la Vila (s. XVI), un edificio renacentista declarado monumento de interés histórico-artístico nacional alberga en sus salas el **Museo Arqueológico municipal** "Camilo Visedo Moltó". El museo abrió por primera vez sus puertas en 1945, gracias a la colección donada por Camilo Visedo Moltó. Objetos y materiales de distintas épocas permiten hacerse una idea de la historia de estas tierras desde el Paleolítico hasta la Edad Media.

El Ayuntamiento guarda también una interesante colección pictórica y escultórica de artistas locales como Fernando Cabrera Cantó, Antoni Miró, Adolfo Durà Abad...

Los aficionados a los temas festivos encontrarán una completa colección de complementos y vestimentas de las fiestas de Moros y Cristianos de la ciudad, en el **Casal Sant Jordi**. Esta casona señorial del siglo XVIII es la sede de la asociación San Jorge.

La Font Roja se encuentra dentro del término municipal de Alcoy.

Las fiestas de Moros y Cristianos tienen gran arraigo en estas tierras.

Dedicada al mismo santo, patrón de la ciudad, es la iglesia de San Jorge, construida entre 1913 y 1921 en estilo neobizantino sobre un templo anterior.

Muestras de la antigua muralla del siglo XIII, trozos de lienzo o de torres se van encontrando a cada paso en el recorrido por la ciudad (Na Valora en la calle Comèdies, La Barbacana en la placita de Les Xiques, y el portal y la torre Riquer en la calle Purísima).

Otro tipo de construcción abundante en Alcoy son los **puentes**. La gran mayoría son obras de los siglos XIX y XX. El más destacado es el llamado Viaducto Canalejas (1901-1907), una gran estructura metálica que en su momento fue una auténtica innovación técnica. Comunica el centro con el barrio del Tossal.

➜ AL SANTUARIO DE LA FONT ROJA, 12 KM POR CRTA. COMARCAL Y CTRA. LOCAL.

10 La Font Roja

Plaza de España, 1 ☎ 96 554 52 11.

El parque natural del Carrascal de la Font Roja,

cerca de la cima del Menejador (1.352 metros), alberga un bosque de encinas único en tierras valencianas que le ha valido la consideración de paraje natural protegido. En este mirador se asienta una ermita de la Virgen de los Lirios. Sobre el muro del templo puede leerse una informativa placa: "2'10 metros. Hasta aquí llegó la nieve. 27 de diciembre de 1926".

Una imponente reproducción de la Virgen de diez metros de altura corona el edificio. La tradición popular cuenta un milagro ocurrido el 21 de agosto de 1653, día en que se encontró la imagen de la virgen reflejada sobre los bulbos de lirios salvajes. Éste es el origen del templo dedicado a la Inmaculada Concepción, Virgen de los Lirios.

Virgen de los Lirios, en la Font Roja.

GUÍA PRÁCTICA

RESTAURANTES

Villajoyosa

EMPERADOR: Montíboli, s/n. ☎ 965 89 02 50. *Restaurante del hotel Montíboli. Cocina internacional y platos de la tierra.*

HOGAR DEL PESCADOR: avda. del País Valencià, 33. ☎ 965 89 00 21. *Abre mediodías y viernes y sábados noche. Especialidad en arroces y pescados.*

Benidorm

LA PALMERA: Casa Paco Nadal. Avenida de Severo Ochoa, s/n. Rincón de Loix. ☎ 96 585 32 82.

AITONA: c. Ruzafa, 2. ☎ 96 585 30 10.

LA LUBINA: avda. de Bilbao, 3. ☎ 96 585 30 85. *Cierra del 20 de noviembre al 15 de febrero.*

Polop de la Marina

CA L'ÀNGELS: c. Gabriel Miró, 16. ☎ 96 587 02 26. *Cierra martes y del 16 de junio al 16 de julio.*

Callosa d'en Sarrià

EL POBLE: c. Jaume Roig, 4. ☎ 96 588 12 90.

LAS FUENTES: Partida Algar, 74. ☎ 96 588 02 31. *Cierra sábados en julio y agosto.*

CASA PINET: Plaza Mayor, s/n. ☎ 96 588 42 29. *Cocina de la tierra en un local regentado por 'Pinet', nieto de uno de los últimos bandoleros de la Marina. Cierra los martes.*

Cocentaina

LA MONTAÑA: c. Gustavo Pascual, 1-3. ☎ 96 559 08 32. *Cierra domingos, lunes noche, Semana Santa y segunda quincena de agosto.*

EL LAUREL: c. Juan María Carbonell, 3. ☎ 96 559 17 38. *Cierra martes, miércoles y domingos por la noche; del 15 de agosto al 7 de septiembre.*

Alcoy

LOLO: c. Castalla, 5. ☎ 96 533 69 42. *Cierra los lunes.*

Guadalest

XORTA: ctra. Callosa-Alcoy, km 12. ☎ 96 588 51 87. *Cierra noches (excepto julio y agosto) y del 15 de mayo al 15 de junio.*

CASA PATRICIO: c. Arriba, 37. ☎ 96 588 53 10. *Cierra los lunes.*

ALOJAMIENTO

Hoteles

Benidorm

AGIR****: avda. Mediterráneo, 11. ☎ 96 585 51 62.

AVENIDA****: c. Gambo, 2. ☎ 96 680 58 88.

NEREO***: avda. L'Ametlla del Mar, 12. ☎ 96 585 07 07.

LA CALA**: Cala de Finestrat (avda. Marina Baja). ☎ 96 585 46 62. *Cierra de noviembre a Semana Santa.*

Callosa d'en Sarrià

FONDA AVENIDA: ctra. Alicante, 9-11. ☎ 96 588 00 53. *Cierra mes de octubre.*

Cocentaina

ODÓN***: avda. País Valencià, 145. ☎ 96 559 12 12.

Alcoy

RECONQUISTA***: avda. Puente de San Jorge, 1. ☎ 96 533 09 00.

Villajoyosa

EUROTENNIS***: partida Montíboli, 33. ☎ 96 589 12 50. *Situado en una pequeña playa semiprivada.*

MONTÍBOLI*****: ptda. Montíboli, s/n. ☎ 96 589 02 50. *Abierto todo el año. Arquitectura con toques árabes. Situado en lo alto de un acantilado con vistas al Mediterráneo y con todo lujo de comodidades.*

Campings

Finestrat

ALONE***: avda. Marina Baixa, 4. ☎ 965 85 57 50. *Abierto todo el año.*

LA CALA**: la Cala, s/n. ☎ 965 85 46 62.

Alicante

Alicante es la capital de la comarca de l'Alacantí y de la provincia del mismo nombre. Con una población de 285.000 habitantes, es la segunda ciudad valenciana más importante. Está situada a los pies del monte Benacantil, en el centro de una bahía limitada por los cabos de la Huerta y de Santa Pola. Se abre al mar a través del paseo de la Explanada, frente a la playa urbana del Postiguet. Durante todo el año disfruta de un clima excepcional y de una importante actividad cultural.

El antecedente más inmediato a la ciudad actual es la población de Lucentum, fundada en el Tossal de Manises durante la romanización del Levante. La villa se originó y creció en torno al recinto musulmán que se extiende entre el cerro de Benacantil y el mar. A lo largo de la dominación musulmana se la conoció como Al-lecant, lugar activo y con varias mezquitas. Durante los siglos XIII, XIV y XV estuvo bajo distintos poderes: de la Corona de Castilla, al poder del Islam, al Reino de Valencia para volver a pertenecer a la Corona de Aragón. En 1490 Fernando el Católico le concedió el título de Ciudad y en 1524 obtuvo el Toisón de Oro del rey Carlos I por su fidelidad durante el conflicto de las Germanías. En el siglo XVI se convierte en el puerto natural de Castilla y en la tercera ciudad mercantil de España. Gracias al activo comercio marítimo y al tráfico portuario, se incrementa su población y su actividad económica, que declinará con la expulsión de los moriscos en 1609. En 1691, durante el reinado de Carlos II, la ciudad es bombardeada por la armada francesa y en la posterior guerra de Sucesión ocupada por las tropas inglesas partidarias del archiduque Carlos de Austria. En 1833 Alicante se convirtió en capital de la provincia. Su prestigio aumentó tras la inauguración, en 1858, del ferrocarril Madrid-Alicante; el primero que unía la capital de España con el mar. Su actividad económica creció con el comercio, la industria y el turismo.

LA GOTETA
ARRABAL ROIG
SAN ROQUE
SANTA CRUZ
SAN BLAS
POLIGONO SAN BLAS
MAR MEDITERRÁNEO
CASTILLO DE STA. BÁRBARA
CASTILLO DE SAN FERNANDO
MUSEO ARQUEOLÓGICO PROVINCIAL
ERMITA DE S. ROQUE
POZOS DE GARRIGÓS
MUSEO MPAL. DE LA ASEGURADA
IGLESIA DE STA. MARÍA
PALACIO GRAVINA
PALACIO MUNICIPAL AYUNTAMIENTO
PASEO EXPLANADA DE ESPAÑA
CONVENTO DE LAS HERMANAS DE LA SANGRE
ERMITA DE STA. CRUZ
MUSEO DE BELENES
PALACIO MAISONNAVE
CONCATEDRAL DE SAN NICOLÁS
CASA DE LAS BRUJAS
PLAYA DEL POSTIGUET
Plaza Puerta del Mar
Pl. Topete
Pl. Estrella
Pl. Dr. Magro
Pl. de la Pipa
Pl. de España
Pl. de los Luceros
Pl. Muntañeta
Pl. Calvo Sotelo
Pl. Camino de Ronda
Glorieta V. Mojica
Avenida de Villajoyosa
Avenida de Denia
C. Sta. Ana
C. Virgen del Socorro
C. Hnos. López de Osaba
Avda. Vázquez de Mella
C. Torres Quevedo
Calle San Carlos
Calle de Sevilla
Calle de Alcalá Galiano
Avda. de Jijona
Avenida de Alcoy
C. Alférez Díaz Sanchís
C. del Pintor Murillo
C. del Parisó
Calle Jaime II
C. San Vicente
C. Calderón de la Barca
C. Capitán Segarra
C. García Morato
Calle Carmelo Calvo
C. Pablo Iglésias
Calle Belando
Calle Segura
C. Marqués de Molins
Av. Gral. Marva
Av. de Alfonso X el Sabio
Rbla. de Méndez Núñez
Av. Médico Pascual Pérez
C. Médico Pascual Pérez
Calle del Teatro
C. Mayor
C. Gerona
C. San Francisco
C. San Fernando
Explanada de España
Paseo Conde de Vallellano
P. Explanada
Paseo de Gomiz
C. Juan B. Lafora
Av. Federico Soto
Av. Dr. Gadea
Av. de Maissonare
C. Portugal
Calle Reyes Católicos
C. Gen. Lacy
Av. de la Estación
C. San Juan Bosco
C. Tucumán
Avenida de Salamanca
Calle Churruca
Avenida Aguilera
C. Carratalá
Calle de Pardo Jimeno
C. E. Ortega
C. Bono
C. Dr. Santaolalla
Calle Pintor Gisbert
C. W. F. Flores
Av. Condes de Soto Ameno
Camino de Ronda
Av. A. Muñoz Alonso
C. Murcia
Calle Albacete
Avenida Doctor Rico
C. Fogerer Ramón Gilabert
Calle Ciudad Real
TAXI

Vista panorámica de Alicante.

Del mar al castillo de Santa Bárbara

1 Paseo Explanada de España ☼☼

La desaparición de los recintos amurallados, los almacenes portuarios y la aduana en el frente marítimo permitió la urbanización de este paseo que, junto con el parque de Canalejas, constituyen la imagen de la **ciudad volcada al mar**.

Paseo de la Explanada.

Una imagen que se fue configurando con sucesivas plantaciones de palmeras, formación de terrazas, inauguración de monumentos (como el de Canalejas), etc. En los años 40 y 50 se prolongó la Rambla hasta la Explanada, se reordenó la plaza del Mar, se construyó el **auditorio** (una lámina nervada de hormigón armado en forma de concha) y se reurbanizó el paseo, adquiriendo su configuración actual. Una nueva reforma llevada a cabo entre 1984 y 1990 convirtió en terrazas la vía entre el paseo y la edificación. El pavimento de bandas onduladas formadas por teselas de mármol se inspiró en el de Río de Janeiro. Cerca de la Explanada se encuentra el **Casino de Alicante**, en el que se conservan unos frescos del siglo XIX y una fastuosa decoración de estilo modernista.

2 Concatedral de San Nicolás

Plaza Abad Penalva, s/n. ☎ 96 521 26 62. ⌚ De lu a do, de 7.30 h. a 13 h. y de 17.30 h. a 20.30 h (invierno);de lu a do, de 9 h. a 12 h. y de 18 h. a 21 h. (verano). ✝ De lu a vi, a las 8 h., 9 h., 10 h., 11 h., 12 h. y 19.30 h.; sa, a las 9 h., 10 h., 11 h., 18 h., 19 h. y 20 h.; do, a las 9 h., 10 h., 11 h., 12 h., 13 h., 18 h. y 20 h.

Templo construido entre 1616 y 1660, a excepción de la capilla de la Comunión, del siglo XVIII. Resuelto con planta de cruz latina, capillas laterales comunicadas entre sí y una girola en la cabecera. Preside el conjunto una cúpula casetonada en negativo. La

Interior de la concatedral.

planta se duplica en el nivel superior al convertirse las capillas en tribunas que se comunican con la girola mediante una galería. Cabe destacar dos imponentes **portadas** en el exterior; la renacentista, que sirve de acceso al claustro, y la barroca de la capilla de la Comunión, así como la escultura de la Virgen del Remedio, en el presbiterio, y la del Cristo de la Buena Muerte. En la decoración interior, característica de la primera mitad del siglo XVIII, abundan los mármoles y estucos de gran variedad cromática. Las calles y plazas de sus alrededores se llenan de gente, especialmente por la noche, por la buena oferta de pubs, bares, mesones, etc.

Fachada del Ayuntamiento.

3

Palacio Municipal

Plaza del Ayuntamiento, s/n. ☎ 96 514 91 00. De lu a vi, de 9 h. a 14 h.; sa, de 9 h. a 13 h.; cerrado: do.

Sede del **Ayuntamiento** de Alicante y excelente muestra de arquitectura civil barroca. El palacio se construyó entre 1700 y 1780; se amplió en 1967 y fue rehabilitado en 1994. Es una construcción en torno al núcleo central de escalera rematada con cúpula, característica de los palacios del entorno geográfico, como los de Orihuela. En la fachada que da a la plaza del Ayuntamiento, la planta baja se abre mediante tres grandes puertas, la central, con columnas exentas salomónicas, y las dos laterales con arcos de medio punto y semicolumnas; dos puertas más con pilastras en los extremos (una de ellas convertida hoy en ventana). Hacia el centro, el gran escudo, símbolo de la ciudad. En la planta principal se suceden unos balcones iguales. La última planta está separada de la inferior por un gran paño de muro ciego. Las torres, que terminan con un cuerpo achaflanado de dos alturas, limitan lateralmente el edificio. La fachada posterior, que da a la plaza de la Santa Faz, muestra una portada ricamente trabajada. En el interior, un disco metálico situado en el primer peldaño de la escalera principal sitúa la "**cota cero**", el punto de referencia para medir la altitud sobre el nivel del mar en cualquier lugar de España. Se recomienda visitar el salón Azul, el salón de Plenos y la capilla.

Salón Azul dentro del Ayuntamiento de Alicante.

4

Museo de Belenes

C. San Agustín, 3. ☎ 96 520 22 32. De 10 h. a 14 h. y de 16.30 h. a 19.30 h. (invierno); de 10 h. a 14 h. y de 17 h. a 20 h. (verano); cerrado do, lu y sa tarde.

En este museo se puede disfrutar contemplando las obras realizadas por la Asociación de Belenistas de Alicante y las de belenistas de distintas partes del mundo. Su colección es un reflejo de la profunda tradición de la ciudad en relación a este tema.

5

Convento de las Hermanas de la Sangre

C. Monjas de la Sangre. No se permiten visitas.

Antigua residencia y colegio de jesuítas, ocupado en la actualidad por las monjas agustinas. Es el único edificio urbano que queda de lo que fue la ciudad barroca conventual. La estrechez de las calles refuerza el aspecto plano de las fachadas y el carácter compacto del conjunto. La ornamentación exterior se concentra en las ventanas y en la portada. En la capilla del convento se venera una imagen de la Virgen de la Soledad, del siglo XVI, que sale en las procesiones de Semana Santa.

6

Museo Municipal de la Asegurada

Plaza de Santa María, 3. ☎ 96 514 07 68/514 09 59. De oct. a mayo: de ma a sa, de 10 h. a 14 h. y de 16 h. a 20 h.; do, de 10.30 h. a 14.30 h., de jun. a sept.: de ma a sa, de 10 h. a 14 h. y de 17 h. a 21 h.; do, de 10.30 h. a 14.30 h.; cerrado: lu.

La llamada casa de la Asegurada, un caserón del siglo XVII que sirvió de granero municipal, alberga la colección de arte contemporáneo donada por el artista alicantino **Eusebi Sempere** (1923-1985). Junto a su propia obra, se exhiben otras de artistas tan reconocidos como **Picasso**, **Joan Miró**, **Eduardo Chillida**, **Juan Gris**, **Salvador Dalí**, **Vassily Kandinsky**, el **Equipo Crónica**, etc.

Interior del Museo de la Asegurada.

7

Iglesia de Santa María ☼

Plaza de Santa María, s/n. ☎ 96 521 60 26. De 10 h. a 13 h. y de 17 h. a 21 h. † De lu a sa, a las 10 h. y a las 19.30 h.; do, a las 10 h., a las 12 h. y 19.30 h.

La iglesia, construida en el siglo XV, sufrió un grave incendio en 1484, posteriormente fue rehabilitada. Su planta presenta una sola nave con capillas laterales entre los contrafuertes, y queda cerrada por una cabecera poligonal de cinco tramos. Está cubierta con bóvedas de crucería en la nave-salón y en las capillas, y con bóveda estrellada de centro desplazado en la parte del presbiterio. El conjunto se completa con la torre sur, que se levanta sobre dos capillas. A finales del siglo XVI se adosó en un lateral la capilla de la Inmaculada Concepción, primera muestra del lenguaje renacentista de la época. En el XVIII se realizaron una serie de transformaciones que dotaron de mayor amplitud y que variaron la austeridad y sencillez del espacio inicial. También en este siglo se rehízo la fachada, añadiendo la torre del norte y ejecutando las tres portadas barrocas. En la hornacina de la puerta central figura la imagen de la Virgen entre san Pedro y san Pablo.

8

Palacio Gravina

C. Gravina, 13-15. De 10 h. a 14 h. y de 17 h. a 20 h.; cerrado: sa y do.

Edificio del siglo XVIII cuya propiedad se atribuye al Conde de Lumiares. Junto con el colindante en la calle Gravina, 11, constituye el conjunto más grande de casas-palacio conservado hasta hoy en Alicante. Entre 1984-1987 fue rehabilitado como Archivo Provincial y en un futuro albergará el Museo de Bellas Artes.

9

Castillo de Santa Bárbara ☼

Frente Playa del Postiguet. ☎ 96 526 31 31. De lu a do, de 9 h. a 19 h. (nov-marzo); de 10 h. a 20 h. (abr-oct).; cerrado: 25 dic. 1 ene. 24 jun. $ Ascensor: 400 ptas. (desde playa del Postiguet). Acceso libre por carretera. Museo

Desde el castillo de Santa Bárbara las vistas son espectaculares.

Colección Capa. De nov. a mar.: de 10 h. a 14 h. y de 16 h. a 19 h; de abr. a oct.: de 10 h. a 14 h. y de 17 h. a 20 h.; do, de 10 h. a 15 h.; cerrado: do tarde y lu.

Impresionante **recinto fortificado** cuyos orígenes se remontan al siglo IX. Se encuentra situado sobre la popular Cara del Moro (un perfil de rostro humano natural) en la cima del monte Benacantil. Entre los siglos XIII y XIV fue fortaleza cristiana y, entre 1562-1580, importante baluarte fortificado, época de la que se conservan las dependencias más importantes. A pesar de las reparaciones y mejoras que ha sufrido en su estructura defensiva, conserva cuatro recintos escalonados que se corresponden con diferentes épocas. En 1852 perdió su valor estratégico y en 1929 la fortaleza pasó a pertenecer a la ciudad. Se plantaron árboles, se acondicionaron los accesos al castillo y se incorporó el ascensor que sube desde el Postiguet por el interior del monte. Su visita permite obtener unas magníficas vistas sobre Alicante y la comarca de l'Alacantí. En su interior se pueden visitar los restos de la ermita de Santa Bárbara, exposiciones temporales y la **colección CAPA**, importante muestra escultórica contemporánea española (siglos XIX y XX), cedida por el fundidor y coleccionista Eduardo Capa en 1998. Incluye la producción de escultores como **Mariano Benlliure**, **Capuz**, **Jorge Oteiza**, **Manolo Hugué**, **Pérez Comendador**, entre otros. La obra maestra de la colección es el *Newton* de **Salvador Dalí**.

El "Newton" de Dalí en el castillo de Santa Bárbara.

El barrio de Santa Cruz

Es el barrio **más típico** de Alicante, con fachadas polícromas y calles empinadas y estrechas, además de animada zona nocturna donde tomar copas y escuchar música en vivo. Desde el Ayuntamiento, se puede llegar hasta el barrio a través de la plaza de la Santísima Faz, ascendiendo por la calle de San Agustín hasta la plaza de Quijano. Desde ahí, se coge la calle de **Pedro Sebastià** hasta la de San Roque, copatrón de la ciudad.

10

Pozos de Garrigós

Plaza del Puente. ☎ 96 520 21 23. De nov. a marzo: de 10 h. a 14 h. y de 16.30 h. a 19.30 h.; De abr. a oct.: de 10 h. a 14 h. y de 17 h. a 20 h.; cerrado: sa tarde, do y lu.

Obra hidráulica excavada en la superficie del monte Benacantil durante el siglo XVI, para almacenar el

Vista del barrio de Santa Cruz.

agua de lluvia y abastecer a la población. Es un ejemplo de ingeniería popular del siglo XIX atribuido a Antonio Garrigós. Alberga el **Museo del Agua**, con una interesante colección de recipientes de **cerámica** y **alfarería** autóctona.

11

Ermita de San Roque

C. San Roque.

Las fachadas pintadas de colores definen el pintoresco barrio de Santa Cruz.

El perfil de su torre caracteriza la imagen del barrio de San Roque próximo, como el de Santa Cruz, al castillo de Santa Bárbara. Es uno de los pocos ejemplos que quedan de las muchas ermitas que hubo en la ciudad. La construcción original, de 1559, fue demolida entre 1867-1869 y se reconstruyó en su totalidad por el arquitecto J. Guardiola Picó en un estilo ecléctico. Fue la sede del gremio de albañiles y canteros.

12

Ermita de Santa Cruz

Bº Santa Cruz.

Construcción de una sola nave cubierta con bóveda de generatriz de arco carpanel, con la puerta de acceso en un lateral. La balaustrada, la espadaña, los arquillos que forman una minúscula galería y el enjalbegado de los edificios refuerzan el carácter popular del lugar. La ermita acoge la imagen de un Cristo cuyo desfile en procesión durante la Semana Santa resulta espectacular.

Otros lugares

13

Ruinas de *Lucentum* ☼

La Albufereta. ☎ 96 512 13 00. ⌚ Jul., ago. y sept., de 9 h. a 12 h. y de 18 h. a 21 h.; de oct. a jun., de 9 h. a 13 h. y de 16 h. a 18 h.; cerrado: do tarde y lu. Autopista (salida Vistahermosa, dirección playa de la Albufereta). Por carretera (Desde Alicante: dirección Albufereta-playa de San Juan).

El origen de la antigua Alicante se encuentra en los restos arqueológicos de la **ciudad romana** de *Lucentum*, levantada sobre otra anterior íbera. Están situados en el **Tossal de Manises**, una colina de 38 m de altura junto al mar; actualmente el barrio de la Albufereta, que debe su nombre a un pequeño lago hoy desecado. Los orígenes del establecimiento humano se sitúan a finales del s. V o principios del siglo IV a.C., pero de la época ibérica se conoce poco.

La ciudad fue cambiando de configuración y evolucionando hasta que a finales del siglo I d.C. inicia un período de decadencia que dará lugar, a finales del siglo III d.C. a su práctica despoblación. Conserva íntegra toda la superficie urbana (30.000 m²) del interior de la muralla de finales del siglo III a.C., que es la que fija definitivamente el perímetro de la ciudad. Posteriormente, una nueva muralla reforzada se adosaría a la preexistente. En el propio monumento se entrega un itinerario señalizado que facilita el recorrido a través de las calles, construcciones destacadas, puertas y torres, termas, domus, etc., de esta ciudad íbero-romana, que ha sido objeto de una intervención modélica gracias a la colaboración entre arquitectos y arqueólogos.

14

Castillo de San Fernando

Monte Tossal.

Estructura defensiva inacabada construida entre 1808-1810 para un ataque desde el interior, como consecuencia de la invasión napoleónica. La pieza clave fue el castillo, del que perduran murallas y puertas de acceso. Al carecer de interés defensivo, se abandonó. En su ladera se encuentra el **parque temático Monte Tossal**, que dibuja en el terreno, mediante terrazas, el mapa comarcal del País Valenciano. En esta zona se encuentran, además, las principales **instalaciones deportivas** y de **ocio** de la ciudad, con sala de exposiciones, restaurante y bar.

15

Palacio Maisonnave

C. Labradores, 4. Verano: de 9 h. a 14 h.; invierno: de 10 h. a 13 h. y de 16 h. a 19 h.; cerrado: sa y do.

El auge económico de Alicante en el siglo XVIII se plasmó en una abundante muestra de casas-palacios como éste, que perteneció a la familia Maisonnave, uno de cuyos miembros fue ministro de la Gobernación durante la I República. En la actualidad contiene el Archivo Municipal y en su planta baja se exhiben los restos de una **necrópolis** tardo-romana (s. VIII). La calle Labradores es la que conserva más ejemplos de esta arquitectura.

16

Casa de las Brujas

Avda. Dr Gadea. De 9 h. a 14 h.; cerrado: sa y do.

Residencia particular, del siglo XIX, construida con algunos elementos propios del modernismo. Es la sede de la Presidencia de la Generalitat Valenciana en la ciudad.

17

Museo Arqueológico Provincial

Plaza Dr Gómez Ulla; c. Dr Sapena; c. Hermanos López de Osaba (cerrado provisionalmente).

El museo contiene un inmenso fondo procedente de los múltiples **yacimientos arqueológicos** de la provin-

Vistas de la Isla de Tabarca.

cia de Alicante. El antiguo Hospital Provincial, emplazado en la periferia de la ciudad, según los planteamientos higienistas (aire y luz) de principios del siglo XIX, es de grandes dimensiones y será la nueva sede del museo.

18

Monasterio de la Santa Faz

Ctra. Alicante-San Juan. Verano de 9 h. a 13 h. y de 16.30 h. a 19.30 h.; invierno: de 9 h. a 13 h. y de 17 h. a 20 h.; cerrado: do tarde.

El monasterio de la Santa Faz se levantó con limosnas del pueblo a finales del siglo XV para conmemorar los prodigios acaecidos en 1489. La actual edificación es del siglo XVIII, destaca su bóveda apiramidada y cuenta en su interior con un retablo renacentista. Guarda una **reliquia** traída del Vaticano en el siglo XV que, según la tradición, corresponde a un lienzo con el que se secó Cristo el rostro ensangrentado camino del Calvario. En los motivos ornamentales y arquitectónicos se concentra todo el repertorio barroco característico de las obras del setecientos alicantino.

Playas

19

Playa del Postiguet

02, 05, 21, 22 y Trenet de la Marina.

Es la playa de la ciudad, situada junto a los paseos de la Explanada y Gómiz. Se ha ampliado hasta la pequeña playa rocosa del Cocó, donde está la **estación de ferrocarril** de la Marina (FGV). Tiene restaurantes y diversos servicios.

20

Playa de la Albufereta

09, 21, 22.

Situada entre la Serra Grossa y el Tossal de Manises, en una zona de importantes hallazgos arqueológicos. Dispone de restaurantes y **zona náutica**.

21

Playa de San Juan

09, 21, 22.

Playa de 7 km de longitud que se extiende desde el cabo de Huerta hasta la playa de Mutxavista. Dispone de gran oferta hotelera, restaurantes, zonas náuticas y deportivas, lúdicas y *Tourist-info*.

22

Playa del Saladar

C7 (c. Duque Zaragoza).

Playa de arena fina situada a 5 km del centro urbano, en el **complejo residencial de Urbanova**, en dirección a Elche. Posee paseo marítimo, zona de ocio, restaurantes, heladerías... y un mercadillo popular de frutas y verduras en los meses de verano.

23

Playa de la Almadraba

22.

Se extiende desde La Albufereta hasta el cabo de la Huerta, cerca de las calas Palmera, Cantarales y de los Judíos. Se alquilan patines y piraguas. La playa de la Almadraba, al igual que la de San Juan y la del Saladar, cuenta con la bandera azul que otorga la Unión Europea.

Playa del Postiguet.

GUÍA PRÁCTICA

DATOS DE INTERÉS

Tourist info: Rambla de Méndez Núñez, 23. ☎ 96 520 00 00. Oficinas municipales de turismo: c. Portugal, 17 (Estación de Autobuses). ☎ 96 592 98 02. Plaza Ayuntamiento, 1. ☎ 96 514 92 80. Plaza Portal de Elche, s/n. ☎ 96 514 50 03. Playa del Postiguet. ☎ 96 520 03 77. Avenida Niza (playa de San Juan). ☎ 96 514 92 41. "Porrate de San Antón" (17 enero). Moros y Cristianos y fiestas patronales, en el barrio de Villafranqueza (del 18 al 21 de marzo). Romería a Santa Faz (segundo jueves siguiente a Jueves Santo). Cruces de Mayo, en el barrio de Santa Cruz (del 1 al 3 de mayo). Moros y Cristianos, en el barrio de San Blas (primera quincena de junio). Hogueras de Sant Joan (del 20 al 29 de junio). Mercado medieval (última semana de junio). Virgen del Remedio (del 3 al 5 agosto). Moros y Cristianos, en el barrio de Altozano (del 12 al 16 de agosto). Moros y Crisitanos, en el barrio de José Antonio (del 20 al 23 de agosto). Virgen del Socorro, en el barrio Raval Roig (del 5 al 9 de septiembre).

RESTAURANTES

DÁRSENA: Muelle de Levante, 6. ☎ 96 520 75 89. *Excelente carta con más de 90 arroces diferentes. Cierra los domingos noche y los lunes noche.*

PIRIPI: c. Oscar Esplá, 30. ☎ 96 522 79 40. *Excelentes arroces y surtido de tapas. Cocina mediterránea.*

LA ARROCERÍA EL DELFÍN: Explanada de España, 12. ☎ 96 521 49 11. *No cierra.*

EL MAESTRAL: c. Andalucía, 18. ☎ 96 515 03 76. *Cierra los domingos por la noche. Excelente carta de arroces, con doce variedades distintas. Cocina de autor en la que se combina el arte del chef con la gastronomía tradicional valenciana.*

EL BOCAÍTO: c. Isabel la Católica, 22. ☎ 96 592 26 30. *Cierra domingos. Cocina mediterránea y barra de tapas. Interesante carta de vinos.*

EL LUGAR: c. García Morato, 4. ☎ 96 514 11 31. *Cierra los domingos.*

"COTA 26": Rambla Méndez Núñez, 3. ☎ 96 520 30 00. *No cierra. Restaurante con excelentes vistas de la bahía, especializado en arroz a banda.*

CASA MIGUEL: avda. Condomina, 58. Playa de San Juan. ☎ 96 516 26 63. *No cierra. Especializado en cocina internacional y carnes a la brasa.*

VALENCIA ONCE: c. Valencia, 11. ☎ 96 521 13 09. *Cierra los domingos noche, los lunes y del 15 de agosto al 15 de septiembre. Cocina de gran calidad y sensibilidad.*

JUMILLANO: c. Cesar Elguezabal, 62-64. ☎ 96 521 29 64. *Cierra en invierno los domingos tarde. Excelentes el arroz caldoso con rape y gambas, los pescados y mariscos.*

NOU MANOLIN: c. Villegas, 3. ☎ 96 520 03 68. *Cocina de mercado, levantina y nacional, barra de tapas.*

YALE: c. Teniente Álvarez Soto, 6. ☎ 96 520 43 44. *Cierra los domingos y festivos. Para degustar tapas y cocina casera.*

CHINA: avda. Dr. Gadea, 11. ☎ 96 592 75 74. *Cierra los martes noche. Cocina china. Buena relación calidad-precio.*

LA GOLETA: Explanada de España, 8. ☎ 96 521 43 92. *Cocina tradicional valenciana, bien elaborada.*

ALOJAMIENTO

Hoteles

ALBAHÍA***: c. Sol Naciente, 6. Playa de Albufereta. ☎ 96 515 59 79.

SIDI SAN JUAN*****: c. La Doblada, s/n. Cabo de la Huerta, en la Playa de San Juan. ☎ 96 516 13 00.

MELIÀ ALICANTE****: Playa del Postiguet, s/n. ☎ 96 520 50 00. *Junto centro urbano y el puerto.*

HOTEL TRYP GRAN SOL****: Rambla de Méndez Núñez, 3. ☎ 96 520 30 00. *En pleno centro comercial, frente al puerto deportivo.*

HOTEL NH CRISTAL***: c. Tomás López Torregrosa, 11. ☎ 96 514 36 59. *Próximo a la Rambla y a la Explanada de España en pleno centro comercial.*

HOTEL SOL INN ALICANTE***: c. Gravina, 9. ☎ 96 521 07 00. *Centro de la ciudad, a 100 m del Postiguet.*

HOTEL COVANDONGA**: Plaza de los Luceros, 17. ☎ 96 520 28 44.

LA REFORMA**: c. Reyes Católicos, 7. ☎ 96 592 81 47.

PENSIÓN LES MONGES: c. Las Monjas, 2. ☎ 96 521 50 46.

Campings

EL MOLINO (2ª): avda. Elda, s/n. playa de San Juan. ☎ 96 565 24 80.

BON SOL (2ª) : Camino Real de Vila-joiosa, 35. El Campello. ☎ 96 594 13 83.

El valle de Foia de Castalla y el valle de Biar

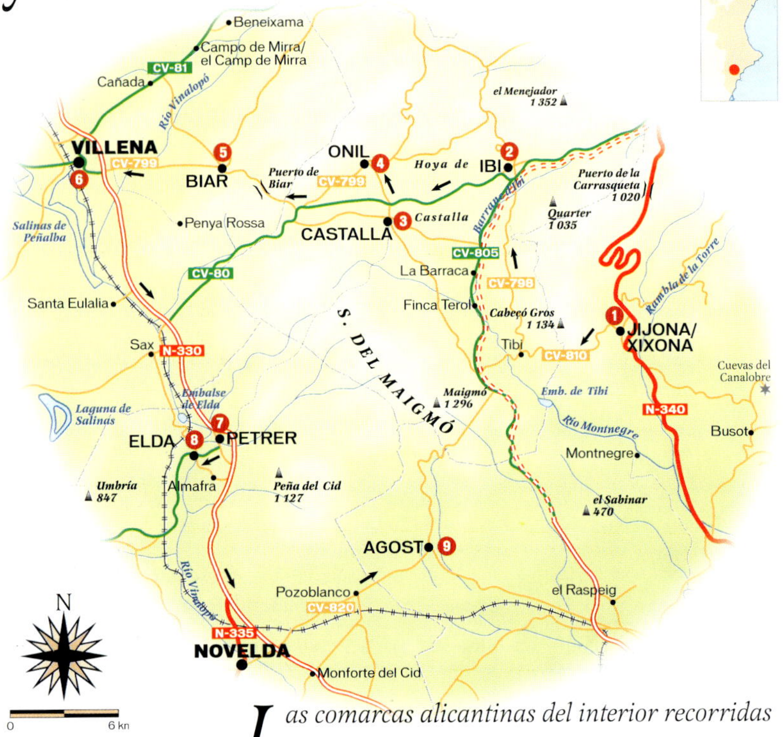

Las comarcas alicantinas del interior recorridas en esta ruta concentran algunas de las industrias más populares: turrón y helado (Jijona), juguete (Ibi) y calzado (Elda). Los espléndidos castillos de los siglos XII y XIII que se conservan (Biar, Castalla, Villena o Petrer,...) y que se visitan en este itinerario, ponen de manifiesto que estas tierras fueron frontera entre el imperio almohade y los reinos cristianos y entre las Coronas de Castilla y Aragón. Las zonas más occidentales pertenecieron a Castilla hasta que en 1836 pasaron a formar parte de Valencia.

ITINERARIO
2 DÍAS / 101 KM

JIJONA → Ibi	**23 km**
Ibi → Castalla	**11 km**
Castalla → Onil	**4 km**
Onil → Biar	**11 km**
Biar → Villena	**8 km**
Villena → Petrer	**19 km**
Petrer → Elda	**2 km**
Elda → Agost	**23 km**

1

Jijona/Xixona

avda. Constitución, 6. ☎ 96 561 03 00 San Bartolomé y San Sebastián (a finales de agosto). Museo del Turrón: c. Alcoy, 62. ☎ 96 561 21 03. De lu a sa, de 10 h. a 13.30 h. y de 16 h. a 19.30 h.; do y festivos de 10 h. a 13.30 h. y de 17 h. a 19.30 h. Visitas guiadas en grupo previa concertación.

Campos de almendros en Jijona.

Jijona es un pueblo agrícola e industrial conocido por dos productos muy apreciados en distintas épocas del año: el **turrón** y los **helados**. Desde septiembre a diciembre se elabora el típico turrón, cuyas marcas Jijona o Xixona (blando) y Alicante (duro) tienen aquí su denominación de origen. Los árabes la llamaron *Saxona* y entre los años 1245 y 1304, tras la conquista por Jaime I, fue el límite meridional del Reino de Valencia.

Los vestigios de culturas más antiguas encontrados en la zona datan de la Edad de Bronce (2000-1300 a.C.). Asimismo se han hallado restos de poblamientos de la época ibérica en puntos como Santa Bárbara y la Solaneta de Nutxes, de entre los siglos IV y I a.C., y también algunas inscripciones pertenecientes al período romano.

El actual emplazamiento de la villa, se remonta, sin embargo, a la época almohade (finales s. XII y principios s. XIII), pues antes no existía un núcleo, la población estaba dispersa por todo el término. La construcción de un grandioso castillo en lo alto de la colina (750 m de altura) fomentó que la población se estableciera a su vera, en la ladera de la montaña. Del castillo, restaurado en numerosas ocasiones los siglos siguientes, se encuentra actualmente en estado de semirruina. Se conserva el doble recinto amurallado, realizado en mampostería y la maciza torre del Homenaje o torre Grossa, con planta cuadrada y unos 16 metros de alto.

El **casco antiguo**, con su trazado medieval con calles estrechas y retorcidas, sitúa al visitante en el ambiente del siglo XIV. En él, un punto de referencia permanente es la **iglesia Vieja de Santa María**, levantada en el siglo XIII, en un estilo de transición al gótico valenciano, el llamado estilo de reconquista. Ya entrada la Edad Moderna, se edificará siguiendo las líneas renacentistas en boga la **iglesia parroquial de Nuestra Señora de la Asunción** y San Bartolomé (siglos XVI y XVII). En el interior se admira un interesante grupo escultórico realizado por el artista Octavio Vicent, representando a 24 figuras.

En la capilla del convento de Nuestra Señora de Loreto (de la orden de los padres franciscanos) se puede conocer más a fondo la obra de Vicent,

CUEVAS DEL CANELOBRE DE BUSOT

En la falda septentrional de la montaña del Cabeçó d'Or, a 700 m de altitud se hallan estas cuevas que evocaban al viajero José Soler Carnicer la imagen de una catedral modernista, por sus extraordinarias formaciones de estalactitas y estalagmitas. Lo cierto es que el rico conjunto de estas formaciones naturales en el interior de la cueva —considerado el más interesante de la costa mediterránea— sugiere a quienes la visitan los más insólitos objetos y formas. De hecho, su propio nombre se explica por el gran parecido que tienen algunas estalagmitas con un enorme candelabro. Cientos de espeleólogos de toda Europa se acercan anualmente a Busot con el ansia de explorar las cuevas del Canelobre (Candelabro). En la visita, tras cruzar la entrada, un gran balcón natural muestra al viajero el magnífico espectáculo creado por la naturaleza —y soberbiamente iluminado por el hombre. En la actualidad se está trabajando en el acondicionamiento de algunos espacios, como un lago subterráneo, para que pronto puedan ser visitados. Ocasionalmente, la buena acústica del lugar convierte las cuevas del Canelobre en escenario de conciertos y recitales de especial singularidad.

Museo del Turrón, en Jijona.

pues en ella se ha instalado un museo monográfico con 40 esculturas del artista que en 1971 realizó el altar mayor de la iglesia parroquial.

En los momentos constructivos de las dos iglesias, Jijona era una villa amurallada con numerosos portales de entrada. Algunos de estos portales eran el de la Vila, el de Valencia, el del Raval, el de Tibi, el del Castillo...

La tradicional actividad agrícola de la población, centrada fundamentalmente en el cultivo de cereales, fue reemplazada a partir del siglo XVIII por la fabricación del turrón y por el cultivo de almendros, fundamental para obtener la materia primera de este dulce. El verdadero auge de la industria turronera empezó en la década de los 40 (del siglo XX), y poco después se complementaría con la heladera.

En el **Museo del Turrón** el visitante podrá conocer el proceso de elaboración de tan popular producto, así como ver la interesante colección de utensilios, etiquetas, envases y otros objetos relacionados con el mundo del turrón desde sus inicios.

La elaboración del turrón consta básicamente de dos fases: primero se realiza la cocción de la miel, los azúcares y la clara de huevo, a lo que se le añade un poco más tarde la almendra pelada y tostada; la segunda etapa consiste en amasar lo obtenido de la cocción y darle la típica forma rectangular o redonda (tortas) y dejarlo enfriar.

Edificio en el centro de Jijona.

➔ A IBI, 23 KM POR CV-798.

2 Ibi

c. Les Eres, 48. ☎ 96 555 24 50. Virgen de los Desamparados (del 10 al 14 de septiembre). **Museo Valenciano del Juguete**: c. Aurora Pérez Caballero, s/n. ☎ 96 655 02 26. De ma a sa, de 10 h. a 13 h. y de 16 h. a 19 h.; do y festivos, de 11 h. a 14 h. Visitas guiadas en grupo previa concertación. $ 200 ptas. (do y festivos, entrada gratuita). **Iglesia de la Transformación del Señor**: plaza de la Iglesia, s/n. ☎ 96 555 27 37 Se debe concertar. † De lu a sa, a las 9 h. y a las 19.30 h.; do y festivos, a las 9 h., 12 h. y 19.30 h.

Ibi se encuentra entre dos cerros, coronados por las ermitas de Santa Lucía y de San Miguel. Su ubicación se remonta al primitivo núcleo íbero al que debe, al menos, el nombre. En el lenguaje de estos antepasados significaba zona o lugar entre ríos (se refería a los ríos de Les Caixes y la Rambla Cavarnera, hoy secos). Este municipio es el principal núcleo juguetero peninsular y uno de los pueblos valencianos que ha experi-

Iglesia de la Transformación del Señor,en Ibi.

Museo del Juguete, en Ibi.

mentado un mayor crecimiento demográfico debido precisamente al auge de esta industria. La primera fábrica de juguetes se creó en 1902; en 1906 empezó la **fabricación de juguetes** de hojalata y en 1914 se instaló el primer motor de gas. Hoy, Ibi es el centro de aprovisionamiento de los Reyes Magos por antonomasia. Desde 1975 cuentan con un monumento.

Pero no es éste el único monumento homenajeador curioso de la villa, pues en distintas plazas y rincones el visitante podrá contemplar **esculturas** sobre aspectos relacionados con las tradiciones de Ibi y con sus habitantes. Es el caso del monumento al Helado Artesano (1991) del escultor gallego Magín Picallo, en la plaza Geladors; el monumento a la Tartana, simbolizando el primer juguete fabricado en la villa; el monumento a la Autonomía Municipal, realizado para la conmemoración del IV centenario de su independencia; el monumento a los Donantes de Sangre, o el monumento a los Trabajadores.

El núcleo inicial de la ciudad surgió en forma de callejuelas en pendiente bajando la ladera, en torno a la ermita de Santa Lucía, que a su vez, se había levantado sobre las ruinas de un castillo árabe anterior.

Otra ermita que merece la pena visitar es la de San Vicente. Alberga en su interior unos frescos del siglo XVI que representan la coronación de la Virgen, y un retablo de madera tallada y policromada.

El templo más importante de Ibi es la **iglesia parroquial de la Transfiguración del Señor**, terminada a principios del siglo XVII. Su aspecto exterior se define por dos torres iguales flanqueando su fachada principal, y la bonita cúpula cubierta con cerámica vidriada azul sobre el crucero. En el interior, además de unas tallas de los patrones de la villa (el Salvador y la Virgen de los Desamparados) es posible contemplar magníficos frescos realizados por Joaquín Oliet (1828).

Delante de la iglesia y presidiendo la plaza de la Iglesia, se alza el monumento en honor a la patrona de la ciudad, obra del maestro Ferrero. Compartiendo vecindario con la iglesia, está el Casal Fester, situado en la casa de la familia Pérez (s. XIX), donde se exhiben platos decorativos, muebles y tapices de principios del siglo XX. No muy lejos, en lo que en el siglo XVII era la Lonja de la villa, se encuentra el Archivo Municipal. Y en la antigua sede de Correos y Telégrafos está el **Museo Fester**, que exhibe indumentaria y complementos de las fiestas del municipio.

Muñeco del Museo del Juguete.

EL EMBALSE DE TIBI

Camino de Ibi se encuentra el embalse de Tibi, una joya de la arquitectura hidráulica de 41 metros de altura y 30 de anchura. Es el más antiguo de Europa: se inició en 1580 por orden de Felipe II y terminó en 1594. Para acercarse el visitante debe cruzar Tibi y continuar hacia Alicante hasta llegar al desvío a la población de Agost. En esa misma rotonda, se debe tomar el camino que lleva a la urbanización Maigmó y cruzarla para llegar al embalse.

Emplazado en la antigua fábrica Hermanos Payá, donde se conserva maquinaria y herramientas de la cadena de fabricación juguetera desde 1902, está el **Museo Valenciano del Juguete**. Se inauguraba en 1990 y hoy cuenta con una colección de más de 600 juguetes antiguos valencianos y de muchos lugares del mundo. Se trata de uno de los museos más visitados de la Comunidad Valenciana.

➔ A CASTALLA, 11 KM POR CTRA. COMARCAL.

3

Castalla

Plaza Mayor, 1. ☎ 96 656 08 01 San Roque (del 15 al 17 de agosto) y Virgen de la Soledad (del 1 al 4 de septiembre). Castillo. ☎ 96 556 00 28 A concertar. Visitas guiadas en grupo concertadas. Iglesia de Nª Sª de la Asunción: plaza de la Iglesia, s/n. ☎ 96 556 05 19 A concertar. † Invierno: de lu a vi, a las 20 h. y do, a las 8 h., 10.30 h., 12 h. y 18 h.; verano: de lu a vi, a las 19.30 h. y do, a las 8 h., 10.30 h., 12 h. y 20 h.

Los primeros antecedentes de población localizados en las tierras de Castalla se remontan al Neolítico. También se ha podido comprobar, por vestigios diversos, poblamientos de la Edad de Bronce y de la época de los íberos. Igualmente se sabe que pasaba por lo que hoy es Castalla la calzada romana entre Cartagena, Xàtiva y Sagunto.

Es en el período de ocupación árabe, cuando se forja el verdadero núcleo originario del actual pueblo. Éste se organizó en torno al **castillo** que los musulmanes construyeron sobre el cerro que domina la población. Pese a su ruinoso estado, se pueden contemplar todavía restos de sus torres circulares, el gran portalón de entrada, sus baluartes y el trazado irregular de su planta, e imaginar aproximadamente su singular aspecto.

Con la Reconquista y tras la expulsión de los moriscos, Castalla fue rápidamente repoblada por el interés estratégico que suponía su ubicación en la frontera con el Reino de Castilla. Así se convirtió a lo largo de la Edad Media y sobre todo en la Edad Moderna, en el centro político y económico de la comarca.

A lo largo de la práctica totalidad de su historia, el **castillo**, convertido en fortaleza, fue ocupado sucesivamente por las dominaciones que se han sucedido en esta población eminentemente agrícola. La fortaleza fue escenario de numerosas batallas, de entre las que destaca la del 13 de abril de 1813 en el marco de la guerra del Francés, que supuso la retirada de las tropas francesas de tierras valencianas al ser derrotadas por las tropas españolas y aliadas. En 1890, recibía, previa demanda del Ayuntamiento, el título de Ciudad de manos de la reina María Cristina.

Los monumentos arquitectónicos más destacados de la población son la **iglesia parroquial de la Asunción**, que se levantaba grandiosa en 1572 con trazos de estilo gótico; el **Ayuntamiento** (s. XVII), con sus grandes salones de estilo renacentista; el **convento de los Padres Franciscanos** (de mediados del s. XVIII al s. XIX), del que hoy sólo se conserva el templo de un austero estilo barroco; la ermita de la Preciosísima Sangre, arriba de las empinadas calles del casco antiguo, primera construcción religiosa después de la Reconquista (s. XIII), y el ya mencionado castillo de Castalla.

Iglesia de Nuestra Señora de la Asunción, en Castalla.

➔ A ONIL, 4 KM POR CTRA. COMARCAL.

4

Onil

Virgen de la Salud (del 22 de abril al 1 de mayo). Moros y Cristianos (del 28 de abril al 1

Castillo de Castalla.

de mayo). Nostre Senyor Robat (del 28 al 30 de noviembre).

Onil, dentro del partido judicial de Ibi, centra su actividad principal, como su localidad vecina, en la tradicional industria juguetera. Esta villa surgió como tal en el período musulmán. Tras la reconquista, durante largo tiempo fue propiedad de los marqueses de Dos Aguas. De esta etapa se conserva el edificio más importante de la villa, el **castillo palacio de los marqueses de Dos Aguas**. Desde principios del siglo XX esta construcción aloja las dependencias del Ayuntamiento. Este emblemático y sólido edificio del último gótico se construía en el siglo XVII, a instancias de Ramón de Vilanova, un antecesor de los marqueses, más tarde señores de la villa. El proceso de edificación fue largo, 75 años tardaron en acabarlo. Este hecho explica la presencia de elementos constructivos enmarcados en el gótico tardío y otros dentro de las líneas renacentistas. Con una planta cuadrangular, consta de distintas estancias, entre las que destaca el patio central y el claustro en el que se cuentan 16 bonitos arcos de medio punto. En el exterior del palacio, cuatro torres le añadían prestancia y solemnidad. Hoy en día, una de ellas ha sido convertida en campanario de la iglesia parroquial.

La llamada capilla del Senyor Robat, formaba parte del conjunto. En el interior de este pequeño templo de trazos churriguerescos, se guarda la imagen de Nostre Senyor Robat, cuyo nombre parece aludir al hurto de una imagen de Dios Padre.

También ocupando parte del castillo-palacio está la **iglesia parroquial** de Onil (s. XVIII). En su nave única, como toda decoración arquitectónica se observan las pilastras de piedra rematadas con capiteles y arcos de medio punto muy sobrios y las bóvedas cañón del techo. En cuanto a la decoración pictórica, destacan unas pinturas al fresco en las que se muestran las virtudes teologales y cardinales (víctimas de una desacertada restauración). Otros aspectos en los que merece la pena fijarse son la capilla del Baptisterio y el retablo del siglo XV, realizado por el maestro de Onil.

➜ **A BIAR, 11 KM POR CTRAS. COMARCALES.**

Castillo de Onil.

5 Biar

Plaza Constitución, 1. ☎ 96 581 11 77. Virgen de Gracia (del 10 al 13 de mayo) y San Cristóbal (10 de julio).

Castillo. ☎ 96 581 08 33

Iglesia de la Asunción: Plaza Constitución, s/n. ☎ 96 581 00 28 † Invierno: de lu a vi, a las 19 h.; sa y vísperas de festivos, a las 19.30 h., y do a las 9 h., 11 h. y 12 h.; verano: de lu a sa, a las 20 h., y do, a las 8 h., 10 h. y 12 h.

Biar, un tranquilo **pueblo de montaña**, conserva la estructura urbana de la **época musulmana** prácticamente íntegra: el barrio de San Roque. Se trata de un entramado de calles en pendiente alrededor del castillo árabe, declarado monumento nacional en 1931. Jaime I la conquistó en 1245 después de un largo asedio y situó aquí la frontera entre Castilla y la Corona de Aragón. La iglesia de la Asunción es monumento nacional desde 1982 y tiene una interesante fachada renacentista.

El castillo de Biar está considerado como una de las fortalezas más impresionantes y bien conservadas de toda la Comunidad Valenciana. Se alza majestuoso sobre un cerro a 750 m de altura. Se construía en época almohade sobre un antiguo asentamiento romano, deviniendo un centro de gran importancia y poder durante el período musulmán. Dos murallas, la exterior con cuatro torres en las esquinas, y la interior con dos, garantizaban la protección del castillo y del núcleo urbano que había ido creciendo a su vera. Con una planta irregular, su elemento más importante es la torre del Homenaje. Ésta, coronada por almenas, tiene 19 metros de altura distribuidos en tres cuerpos, cubiertos por interesantes bóvedas.

De las murallas quedan en la actualidad unos pocos lienzos y el llamado Portalet de Xàtiva (s. XIII), una de las puertas de acceso al recinto.

Es recomendable igualmente la visita a la **iglesia parroquial de la Asunción** (s. XV), un edificio de estilo gótico,

Biar se estructura a los pies del castillo árabe.

con una portada plateresca, dentro de las corrientes arquitectónicas del renacimiento. En la capilla de la Comunión se pueden observar trazos propios del estilo barroco. La torre del campanario se levantó en el siglo XVII, y su principal singularidad son las ocho campanas que tiene.

En un bello paraje en medio de un bosque de pinos se encuentra, no muy lejos del pueblo, el **santuario de la Virgen de Gracia**, construido en el siglo XVI.

➡ **A VILLENA, 8 KM POR CV-790.**

6

Villena ☼☼

Plaza de Santiago, 5. ☎ 96 580 38 04. Virgen de las Virtudes y Moros y Cristianos (del 4 al 9 de septiembre). **Castillo de la Atalaya**. ☎ 96 534 35 66. Invierno y verano. Visitas guiadas en grupo concertadas. **Museo Arqueológico José María Soler**: Plaza Santiago, 2. ☎ 96 580 11 50. De ma a vi, de 10 h. a 14 h. y de 17 h. a 20 h.; sa y do de 11 h. a 13.30 h.; lu, cerrado. Visitas guiadas en grupo previa concertación. ☎ 96 534 35 66. **Iglesia de Santiago**: Marqués de Villores, s/n. ☎ 96 581 39 19. Visitas guiadas en grupo concertadas. ☎ 96 534 35 66. † De lu a sa, a las 8.30 h. y a las 20 h.; do a las 8.30 h., 11 h., 12 h., y 20 h. **Iglesia de Santa María**: Plaza Santa María, s/n. ☎ 96 580 06 72. Visitas guiadas en grupo previa concertación. ☎ 96 534 35 66. † Invierno: de lu a sa, a las 19.30 h., do a las 10 h., 13 h. y 19.30 h.; verano: de lu a sa, a las 19.30 h., do, a las 9 h., 10.30 h. y 19.30 h.

Las coronas de Castilla y Aragón firmaron cerca de Villena el tratado de Almizra mediante el cual estas tierras, conquistadas por Jaime I en 1248, pasaban a pertenecer a Castilla. Y ésa fue su adscripción hasta la reforma administrativa de 1836 por la que pasaron a formar parte de la futura Comunidad Valenciana. Villena es conocida por la fabricación de muebles, pero también por albergar el denominado **Tesoro de Villena**, uno de los más importantes de la arqueología mundial. Su castillo fue declarado monumento histórico artístico en 1931 y la iglesia arcipestral de Santiago es una de las obras más importantes del gótico valenciano. Éstos y otros muchos monumentos arquitectónicos y museos pueblan las calles de esta interesante villa.

Coronando Villena, se encuentra el **castillo** árabe. La ciudad, con sus calles empinadas y trazado irregular, crecía en el período musulmán en la ladera de la sierra de la Villa, a los pies de la fortaleza.

Los orígenes del castillo de la Atalaya se remontan al siglo XII, en la época de dominio almohade. El conjunto, declarado monumento histórico-artístico el año 1931, consta de un doble cercado sin foso, en cuyos extremos se levantaban dos cubos redondos. El elemento más significativo del recinto militar era la maciza torre del Homenaje, con muros

Castillo de Villena.

Iglesia de Santa María, en Villena.

de más de 3 metros de grosor. Cuatro cuerpos (dos de la época almohade y dos añadidos por Juan Pacheco, segundo marqués de Villena, en el siglo XV) dan la tercera dimensión a su planta cuadrada. En las plantas originales se admiran las interesantes bóvedas árabes, con arcos entrecruzados, consideradas las más antiguas de España, junto con las del castillo de Biar. En una segunda fase constructiva, la torre del Homenaje adquirió un coronamiento a base de pequeñas torres voladas dentro de los cánones propios del estilo castellano-portugués.

Con la ocupación cristiana en el siglo XIII, se establecía como núcleo principal el creado en la zona llana, alrededor de la iglesia de Santiago y de la calle Mayor. Las murallas de la ciudad se levantaron en el siglo XV, y junto con el castillo, fueron reconstruidas el siglo siguiente. El antiguo núcleo árabe, se convertía así en un arrabal del cristiano recién creado y, en el siglo XVI, su mezquita era "purificada" por los nuevos pobladores y convertida en la actual **iglesia de Santa María**. El templo consta de una nave dividida en tres tramos y cubierta por bóvedas de crucería sostenidas por semicolumnas adosadas. El pórtico que se puede admirar en la fachada se enmarca en los criterios decorativos del barroco.

En la parte del casco antiguo cristiano, presidiendo la plaza del mismo nombre, la **iglesia arciprestal de Santiago**, construida con los mejores afanes y con todo el detenimiento, entre los siglos XIV y XVI, se distinguía por su belleza y calidad como el conjunto gótico-renacentista más importante de toda la Comunidad Valenciana. En 1931, era declarada monumento histórico-artístico. Del interior del templo destacan unas monumentales columnas torsas de estilo gótico catalán y elementos renacentistas como la pila bautismal bellamente decorada, o el aula capitular. En algunos de estos ejemplos se ha atribuido la intervención de los maestros Jacobo Florentino y Quijano. El visitante observará, además, valiosos trabajos escultóricos y arquitectónicos como la puerta de acceso a la sacristía o las ventanas del primer piso de la torre.

Además de los campanarios de las iglesias de Santa María y de Santiago, otra torre despuntaba por encima de los tejados de viviendas en la Villena medieval: la llamada torre del Orejón, donde se reunía el Cabildo Municipal.

En la plaza de Santiago, se encuentran también algunas de las otras construcciones relevantes de Villena como el Ayuntamiento, la Casa del Festero en las estancias de la antigua casa de la familia Selva, o el modernísimo edificio que alberga la Casa de Cultura.

El **Ayuntamiento**, llamado Palacio Municipal desde que en 1576 fuera adquirido por el consejo de la ciudad para el uso de la Casa Consistorial, fue construido originariamente a instancias de Pedro de Medina para albergar las dependencias de los religiosos de cierto nivel. Jacobo Florentino, escultor que había trabajado con Miguel

Fachada del Teatro Chapí, en Villena.

Iglesia de Santiago, en Villena.

Ángel en Florencia, fue el realizador de gran parte de este edificio de estilo renacentista, muriéndose en la villa mientras desarrollaba esta tarea. Seguramente participó en este trabajo su colaborador Quijano. Destacan de esta fase constructiva la fachada, con un escudo de la ciudad y el patio conformado por doble galería de arcos sostenidos por columnas toscanas y con una escalera de comunicación. El año 1707 se contrató al arquitecto Cosme Carreras como encargado de las reformas en la fachada lateral, con lo que se introdujeron en ella los elementos barrocos que el visitante podrá observar. Como reconocimiento al conjunto, este palacio fue declarado monumento histórico-artístico nacional en 1968.

En la planta baja del mismo edificio se guarda, en el **Museo Arqueológico José María Soler**, el extraordinario Tesoro de Villena, también galardonado en 1968, con el lauro de bien de interés cultural. En el museo se pueden admirar muchos otros hallazgos valiosos desde el Paleolítico hasta la época romana.

Otro palacio de valor artístico es la vecina **casa de la familia Selva**. Consta de tres plantas iguales, y otra superior añadida. Situado en el exterior el visitante podrá apreciar la cuidada simetría compositiva de la fachada, así como los bonitos balcones de la primera planta, y la logia italiana que se utilizó para rematar el último cuerpo. Los especialistas han situado la construcción dentro del estilo burgués decimonónico. En sus estancias se encuentran las dependencias del **Museo Festero**, donde se recogen los elementos característicos de las fiestas de la villa, con una sección dedicada especialmente a la música.

La **plaza de las Malvas** acoge en su seno varios edificios barrocos de finales del siglo XVII y del XVIII, como el antiguo palacio de la familia Margelia, hoy asilo de ancianos. La **plaza Mayor**, por su lado, fue declarada conjunto histórico-artístico en 1977, como paradigma de las plazas mayores españolas del siglo XIV. En ella se reunió el consejo municipal hasta que se establecieron como nuevo centro las casas del Tesoro.

Uno de los personajes célebres nacidos en la villa fue **Ruperto Chapí** (1851-1909), gran maestro y compositor de zarzuelas. El municipio le ha dedicado un teatro con su nombre y, en 1847, el escultor villenense Antonio Navarro Santafé (autor de El Oso y el Madroño de Madrid, y del monumento al caballo de Jerez de la Frontera), realizó su personal homenaje con una escultura.

Por su parte Antonio Navarro Santafé (1906-1983), cuenta en la villa con su propio museo en los bajos de lo que fuera su casa-estudio. En él se pueden ver numerosas piezas que él mismo quiso legar a la ciudad.

No terminan aquí los puntos de visita del municipio de Villena. El **santuario de Nuestra Señora de las Virtudes** fue declarado monumento histórico-artístico en 1976. Levantado en distintas fases, la primera tomó como punto de partida una antigua ermita del siglo XV, de la que se conservan restos en la cripta. La iglesia, del último gótico, consta de tres naves divididas por pilares. Destaca el acabado del techo con bóvedas de crucería, el camarín ornamentado con estucos y pinturas dieciochescas, y el claustro. A través de éste se accede al templo, donde la belleza radica en la sencillez de las líneas empleadas para trazar las galerías cubiertas sostenidas por arcos de medio punto rebajados. La fachada del santuario es de estilo renacentista.

Para completar la visita a la ciudad, vale la pena acercarse al **Museo Etnográfico Jerónimo Ferriz**, donde un importante fondo documental y de objetos recorre la historia

EL TESORO DE VILLENA

El Museo Arqueológico de Villena alberga el Tesoro del mismo nombre: sesenta piezas de oro (28 brazaletes, 11 vasos, 5 vasitos y diversas piezas menores) de la Edad de Bronce (hacia el año 1000 a.C.). Diez kilos de oro de 23,5 quilates que constituyen un ejemplo único en la arqueología y la orfebrería mundiales. Fue descubierto el día 1 de diciembre de 1963 a 20 metros de profundidad, al fondo de la rambla, por José María Soler García, cronista de la ciudad.

de Villena, y al peculiar Museo del Botijo, que cuenta con una colección de más de 1.000 ejemplares de todo el mundo, de materiales, tamaños y formas diversos.

➔ A PETRER, 19 KM POR N-330.

7

Petrer

pza de la Constitución, 1. ☎ 96 538 04 02. Mare de Déu del Remei (del 5 al 7 de octubre). Moros y Cristianos (San Bonifacio, fin de semana siguiente al 14 de mayo). Fogueras de Sant Antoni (12 de junio). Nit del Rotllo (sábado anterior o posterior al 24 de junio). Les Carasses (domingos de octubre posteriores al 7).

Son muchas las huellas dejadas por los antepasados más remotos de los habitantes de Petrer. En el término se han hallado restos de la Edad de Bronce, como los de Catí Foradà; de los íberos (s. V-II a.C.), en la sierra Caballo, en Castellerets, en Caprala (donde se encontró una mina de hierro) y restos de unos mosaicos romanos con dibujos geográficos, en el suelo del casco urbano. De hecho el nombre de la ciudad, Petrer, viene del latín *Villa Petrarium*. Algunos objetos y yeserías decorativas realizadas por los árabes, y un castillo de la época almohade completan el legado arqueológico con que cuenta la población. En el **Museo Arqueológico y Etnográfico**, además de un recorrido por las costumbres y tradiciones de los petrerenses, se pueden contemplar muchos de los hallazgos pertenecientes a las civilizaciones que pasaron por la villa.

Después de la Reconquista, con el tratado de Almizra del año 1244, se incorporaba al Reino de Castilla, al que pertenecería durante 61 años. En 1305 con el Pacto de Elche, Petrer era cedido al Reino de Valencia.

Torre almenada en Petrer.

Un singular evento tuvo lugar durante la guerra civil española. Antes de marchar al exilio, el presidente Negrín y su gabinete de ministros establecían en esta villa, en concreto en la finca rústica de Poblet, el centro de operaciones del gobierno de la Segunda República española.

El **castillo** de Petrer, en el presente, totalmente restaurado, fue declarado en 1983 monumento histórico-artístico de interés nacional. Se trata de una construcción almenada, de planta poligonal, realizada con mampostería, utilizando piedra sillar en las aristas. En la robusta torre del Homenaje se pueden visitar dos exposiciones permanentes con los restos encontrados en el recinto.

Recordando su brillante pasado medieval se mantiene en pie, en la rambla de la Puça, un **acueducto** datado del siglo XVI. Esta construcción fue declarada monumento histórico-artístico de interés local en 1981.

Otro edificio interesante en Petrer es la iglesia de San Bartolomé, de estilo neoclásico, alzada en el siglo XVIII en el solar donde había existido una mezquita.

No muy lejos del núcleo urbano se encuentran, en un bello paraje, con **magníficas vistas** de la comarca, las ermitas de San Bonifacio y del Santísimo Cristo. En una visita a la ciudad, el político y orador, Emilio Castelar (1832-1899), presidente del gobierno de la Primera República española, bautizó este lugar como el Balcón de España.

En la zona del Estret de Catí se construyó en el siglo XVIII un pantano.

➔ A ELDA, 2 KM POR CTRA. LOCAL.

8

Elda

Plaza de la Constitución, 1. ☎ 96 538 04 03. Moros y Cristianos (1ª semana de junio) y la Virgen de la Salud y el Cristo del Buen Suceso (8 y 9 de agosto). Museo del Calzado: avda. de Chapí, 32. ☎ 96 538 30 21. De ma a sa, de 10 h. a 13 h. y de 16 h. a 20 h.; do, de 10 h. a 13 h.; lu, cerrado. Visitas guiadas en grupo previa concertación. $ 400 ptas.

Elda, con 54.000 habitantes, es una de las principales ciudades industriales especializadas en la **fabricación de calzado**, principalmente femenino. El auge económico ha ido acompañado por el progresivo y espectacular crecimiento demográfico de esta

EL MUSEO DEL CALZADO DE ELDA

El Museo del Calzado de Elda ofrece un recorrido por la evolución técnica del proceso de fabricación del calzado, y un curioso paseo monográfico por su historia a través de la geografía mundial. Entre sus curiosidades se encuentra una reproducción de la sandalia de San Pedro (reliquia custodiada en la Cámara Santa de la Catedral de Oviedo) elaborada con cuero del siglo I o principios del II.

población de origen romano que quedó casi despoblada tras la expulsión de los moriscos en 1609. A pesar de ser conquistada por Jaime I en el siglo XIII no se incorporó al Reino de Valencia hasta 1314.

En el **Museo del Calzado**, inaugurado en 1993, se pueden ver sorprendentes diseños de zapatos, desde antiguas piezas pertenecientes a personajes históricos, hasta divertidos ejemplos de lo que la imaginación y la creatividad pueden aportar a este accesorio tan funcional e imprescindible como artístico.

En el paseo por esta ciudad con grandes jardines, además, el visitante encontrará numerosos talleres y fábricas especializados en la confección de zapatos. En algunos de ellos se puede realizar una visita a las instalaciones donde se desarrolla el proceso de fabricación.

Otro **museo** interesante es el **arqueológico**, en él, se exhiben muchos de los restos de civilizaciones antiguas hallados en el término municipal. Destacan los elementos pertenecientes a la época romana, cuya ubicación se localizaba en el suelo que hoy sostiene los edificios y calles de la ciudad. Lo fundaron los miembros del Centro Excursionista de Elda.

Al oeste de la ciudad se encuentra el **castillo** de Elda, dominando el valle de Vinalopó desde su privilegiado emplazamiento en lo alto de una meseta. Este recinto militar fue construido entre los siglos XII y XIII, en un contexto histórico de luchas y guerras. Más tarde, una vez consolidada la Reconquista, fue habilitado como residencia señorial y lo habitaron, a lo largo de las centurias, varias familias importantes de la zona, como los condes de Cocentaina o los condes de Elda.

También dentro del término, en la zona de Bateig, se encuentran las canteras de mármol, de las que se extrae desde hace tiempo, este material tan preciado para la construcción y la escultura.

➔ A AGOST, 23 KM POR N-330 Y CV-820.

9

Agost

Danzas del Rey Moro (del 26 de diciembre al 26 de enero). Día de la Vella (9 de marzo). Museo de la Alfarería: Teuleria, 11. ☎ 965 69 11 99.

El pintoresco **casco antiguo** de Agost, alrededor de la iglesia de San Pedro (s. XVIII), acoge en muchos de sus rincones y calles muestras de la tradicional actividad alfarera de la villa. Talleres y tiendas ofrecen al visitante la posibilidad de adquirir objetos y piezas de cerámica para todos los usos y gustos. En el **Museo de Alfarería**, fundado por la alemana Ilse Schütz, se encuentra ubicado en lo que antaño fue un horno árabe. En sus dependencias se pueden ver herramientas y utensilios propios de esta disciplina artesa-

Museo del Calzado, en Elda.

nal, así como piezas y explicaciones de materiales y técnicas que hablan del desarrollo que ha experimentado a lo largo de la historia. El centro lleva a cabo también, cursos de cerámica para personas interesadas en adentrarse en esta antigua actividad en la que intervienen todos los primeros elementos (el agua, la tierra, el aire y el fuego). La extracción de arcilla se hacía en el cercano paraje denominado el Terrer dels Pobres.

Arqueólogos y historiadores han datado los primeros establecimientos humanos de la zona en la época de los íberos. Después de la Reconquista, desde 1252 hasta finales del siglo XVIII la villa de Agost perteneció al municipio de Alicante, del que se encuentra a 18 kilómetros de distancia.

Iglesia parroquial de Agost.

Para no ser menos que la mayoría de pueblos de esta comarca, también Agost tuvo en el pasado un castillo árabe. Se encontraba en lo alto de una loma. Prácticamente nada queda en la actualidad de él, excepto un trozo de muralla.

GUÍA PRÁCTICA

RESTAURANTES

Jijona

VENTA DE TERESA: Puerto de la Carrasqueta, km 774,5. ☎ 96 561 26 63. *Cocina tradicional valenciana.* ◈

Ibi

EL PICADOR: avda. Valencia, 21. ☎ 96 555 35 43. *Cierra domingos.* ◈

Castalla

CASA PAQUI: c. Eres, 35. ☎ 96 556 05 28. *Cierra los lunes y del 15 al 31 de julio. Cocina tradicional.* ◈◈

EL VISCAYO: Camino La Bola, s/n. ☎ 96 556 01 96. *Cierra noches excepto sábados. Cocina bien elaborada.* ◈◈

Biar

FUENTE-EL-PÁJARO: Camino de la Virgen, s/n. ☎ 96 581 09 02. *Cierra los lunes excepto en verano.* ◈◈

Villena

WARYNESSY: c. Isabel la Católica, 13-A. ☎ 96 580 10 47/581 34 83. *Cierra lunes.* ◈◈

DOÑANA: c. Marqués de Villores, 11. ☎ 96 580 82 52. *Cierra domingos y lunes tarde.* ◈◈

Elda

FAYAGO: c. Colón, 19. ☎ 96 538 10 13. *Cierra domingos noche y lunes (excepto festivos) y la segunda y tercera semanas de agosto.* ◈◈

CUBA: Cuba, 13. ☎ 96 539 19 90. *Cierra domingos.* ◈

Petrer

LA SIRENA: avda. Madrid, 14. ☎ 965 37 17 18. *Cierra los domingos noche, los lunes y en Semana Santa y en agosto. Especialidad en arroces, marisco y ensaladas.* ◈◈◈

Pinoso

EL TIMÓN: ctra. de Jumilla, 28. ☎ 96 697 61 33. *Cierra los martes. Buena relación calidad-precio. Platos típicos de la zona.* ◈

ALOJAMIENTO

Hoteles

Onil

ONIX**: avda. de la Constitución. ☎ 965 56 42 00.

Jijona

HOTEL PICHOC*: c. Las Vilá, 74. ☎ 96 561 05 75.

Ibi

PLATA**: c. San Roque, 1. ☎ 96 555 06 00.

Castalla

XORRET DEL CATÍ***: Partida del Catí, s/n. ☎ 96 556 04 00.

Biar

VILLA DE BIAR***: c. San José, 2. ☎ 96 581 13 04.

Villena

SALVADORA*: avda. Constitución, 102. ☎ 96 580 09 50/580 88 91.

Elda

ELDA**: avda. de Chapí, 4. ☎ 96 538 05 56.

SANTA ANA*: c. Iglesia, 4. ☎ 96 538 60 24.

El Baix Vinalopó y el Baix Segura

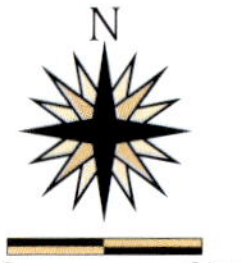

En este itinerario, al sur de la Comunidad Valenciana, se encuentran algunas de sus constantes: playas, salinas, iglesias y palmeras. Cuenta también con importantes yacimientos ibéricos. Santa Pola, Guardamar y Torrevieja comparten turismo y salinas, estas últimas en su doble vertiente: un humedal escogido por importantes colonias de aves migratorias y una de las extracciones de sal más importantes del mundo. Elche ofrece un espectáculo único en Europa: el Palmeral, con más de medio millón de palmeras, declarado patrimonio de la humanidad por la Unesco.

ITINERARIO
1 O 2 DÍAS / 75 KM

ELCHE → Santa Pola y Tabarca	**15 km**
Santa Pola → Guardamar del Segura	**18 km**
Guardamar del Segura → Torrevieja	**12 km**
Torrevieja → Orihuela	**30 km**

Palomar en el Jardín Municipal de Elche.

Calendura y Calendureta dando las horas y los cuartos en el reloj.

1

Elche/Elx ☼☼☼

Parque Municipal, s/n. ☎ 96 545 27 47/545 38 31. Virgen de la Asunción (del 10 al 15 de agosto) y el Domingo de Ramos. **Basílica de Santa María**: Plaza del Congreso Eucarístico, s/n. ☎ 96 545 15 40. De lu a do, de 10.30 h. a 13.30 h. y de 17.30 h. a 21 h. ✝ Sa y vísperas de festivos, a las 18 h. y a las 20 h.; do y festivos, a las 8 h., 9 h., 10 h., 11 h. (excepto de junio a septiembre), 12 h., 13 h. (excepto de junio a septiembre) y 20 h. **Museo de la Fiesta**: c. Mayor de la Villa, 25. ☎ 96 545 34 64/545 61 12. Invierno: de ma a sa, de 10 h. a 13 h. y de 16.30 h. a 20.30 h.; do, de 10 h. a 13 h.; verano: de 10 h. a 13 h. y de 17 h. a 21 h.; do, de 10 h. a 13 h.; lu, cerrado. $ 500 ptas. (do y festivos entrada gratuita). **Museo Arqueológico Municipal**: Palacio de Altamira. ☎ 96 545 36 03. De ma a sa, de 10 h. a 13 h. y de 16 h. a 19 h. y do, de 10 h. a 13 h.; lu, cerrado. $ 100 ptas. **Torre de la Calahorra**: c. de Uberna, 14. ☎ 96 545 28 19/545 78 42. Visitas concertadas. $ 200 ptas. **Parque Municipal**: Paseo de la Estación, s/n. ☎ 96 545 27 47/545 38 31. Invierno: de lu a do, de 8 h. a 18 h.; verano: de lu a do, de 8 h. a 20 h. **Huerto del Cura**: c. Puerta de la Morera, 47. ☎ 96 545 19 36/545 31 53. De lu a do, de 9 h. a 18 h. (verano: de 9 h. a 20.30 h.) $ 300 ptas. **Baños Árabes**: Plaza de Santa Lucía, s/n. ☎ 96 545 28 87. De ma a sa, de 9.30 h. a 13.30 h. y de 16.15 a 19.30 h. y do, de 10 h. a 13.30 h.; lu, cerrado. **Museo Monográfico de l'Alcúdia**: ctra. de Dolores, km 2. ☎ 96 661 15 06. De octubre a marzo: de ma a sa, de 10 h. a 17 h.; de abril a septiembre, de ma a sa, de 10 h. a 14 h. y de 16 h. a 20 h.; do y festivos:, de 10 h. a 14 h.; lu cerrado. $ 400 ptas.

Elche es, con 200.000 habitantes, la tercera ciudad valenciana. Su patrimonio cultural y natural y su fuerte desarrollo económico la colocan al nivel de Alicante, su capital natural. Posee uno de los enclaves arqueológicos más importantes del período ibérico, **la Alcudia**, que vivió su máximo esplendor en el siglo IV a.C. A esa época pertenece la mejor escultura del arte ibérico encontrada hasta hoy: la **Dama de Elche**, descubierta en 1897. El original se encuentra en el Museo Arqueológico de Madrid. Las épocas romana y musulmana dieron origen a la actual ubicación de Elche. Numerosos vestigios arquitectónicos de ambos períodos pueden contemplarse por toda la ciudad. Otro de sus principales atractivos es **el Palmeral**, un bosque de más de **500.000 palmeras**, protegido, único en Europa, declarado patrimonio de la humanidad por la Unesco en noviembre

EL MISTERIO DE ELCHE

Los días 14 y 15 de agosto tiene lugar en la basílica de Santa María, el *Misteri*, drama sacro-lírico escrito en valenciano que se remonta al año 1265. Según la tradición, la imagen de la Virgen apareció en un arca en la playa del Tamarit junto al *Consueta*, el libreto de texto de la representación, que es interpretada por 150 actores, todos hombres, de los cuales tres han de ser curas. La representación se divide en dos actos: el de la *Vespra*, el día 14, que escenifica la muerte y subida al cielo de la Virgen, y la *Festa*, la asunción y coronación el día de Santa María. Estas fiestas han sido declaradas de interés turístico.

Torre de Ressemblanc, en Elche.

del año 2000 y del que destacan dos zonas: el Parque Municipal y el Huerto del Cura. En este último se encuentra el ejemplar de palmera más espectacular de Elche, la denominada palmera imperial, con ocho brazos simétricos y más de 150 años de vida. El aeropuerto internacional de El Altet, utilizado por miles de turistas al año, y la relevante industria del calzado convierten a Elche en uno de los polos económicamente más prósperos de la Comunidad Valenciana. Desde 1998 cuenta con universidad propia, la Universidad Miguel Hernández.

El interés de Elche radica en múltiples aspectos. Espacios naturales como el Palmeral o las lagunas, los edificios de interés histórico y artístico, y sus fiestas de renombre internacional conforman una completa oferta que no dejará indiferente a quienes visiten la ciudad.

A finales del siglo XII y principios del siguiente los árabes levantaban la fortaleza llamada torre de Calahorra, la única restante de la primitiva muralla que rodeaba la Vila Murada. En el siglo XIV, ya en manos de los poderes cristianos, era reconstruida y unos seiscientos años después, en 1961, obtenía el reconocimiento de monumento nacional.

El **palacio de Altamira**, también conocido como el Alcázar de la Señoría, era galardonado con igual lauro ese mismo año. Se trata de una construcción fortificada que desde su origen en el siglo XV, fue residencia de reyes y personajes relevantes de la historia. Se estructura a partir de una planta poligonal. En el exterior, en algunos de los ángulos de los lados, se pueden observar cubos circulares; en otro, el del frente sur, este lugar lo ocupa una gran torre de planta cuadrada con tres alturas, se trata de la torre del Homenaje. Entre las paredes del ala este del palacio se encuentra el **Museo Arqueológico Municipal Alejandro Ramón Folqués**, en el que se exponen los interesantes hallazgos obtenidos en la zona, como algunos materiales procedentes de la Alcudia y la escultura romana, *Venus de Illici*. Tiene una significación especial la sección dedicada al legado ibérico, al que pertenecen piezas como la *Esfigie*, los vasos de Tanit, o las representaciones de toros.

El Ayuntamiento de Elche se ubica en las dependencias del conjunto de edificaciones llamadas Casas Consistoriales o **Palacio Municipal**. Los elementos a destacar del conjunto son la lonja gótica, la bella fachada renacentista y la curiosa torre Vela, donde dos autómatas del siglo XVII, *Calendura* y *Calendureta* golpean con mazos las campanas que marcan las horas en la ciudad.

Otra construcción con una fachada inscrita dentro del renacentismo es el **convento**

Reproducción de la Dama de Elche en una plaza de la ciudad.

Portada barroca de la basílica de Santa María, en Elche.

de la Merced. En su interior, una interesante variedad de espacios: unos antiguos baños árabes, una iglesia de estilo gótico y un elegante claustro del siglo XVIII.

En las cercanías de la ciudad merece la pena visitar el otro **museo arqueológico**, el de la Alcudia. Emplazado en el palacio Villa Illici, en el **yacimiento de la Alcudia**. Cuenta con seis salas donde se explica la vida en el lugar desde hace más de 6.000 años. Éste es el lugar donde encontraron la popular escultura ibérica, la Dama de Elche, actualmente expuesta en el Museo Arqueológico de Madrid.

En cuanto a edificios religiosos Elche cuenta con uno de los templos barrocos más bellos de la Comunidad Valenciana para unos, o de España, según consideran otros. Sobre los restos de una mezquita, la **basílica de Santa María**, de grandes dimensiones, se construía entre 1672 y 1784. La popularidad de la iglesia proviene además de su belleza, de la representación que tiene lugar en ella en agosto: el **Misterio de Elche**. Merece la pena detenerse a observar con atención algunos aspectos de la basílica. La puerta del Sol y la puerta de San Agatángelo son la mejor bienvenida que pudo realizar el escultor de Estrasburgo, Nicolás de Bussi entre 1680-1682. Destaca también la capilla de la Comunión, de finales del siglo XVIII, obra de Nicolás de Chápuli.

En la plaza Mayor del Raval, el **Museo de Arte Contemporáneo** muestra al visitante que la creatividad de la ciudad no se busca sólo en su pasado. El 1980 el grupo de pintores y escultores conocido como el Grup d'Elx, con la colaboración del Ayuntamiento, inauguraban este espacio expositivo para recoger los principales exponentes del arte contemporáneo vinculados con la ciudad, así como grandes obras de artistas consagrados. El visitante distinguirá en el fondo del museo firmas como **Eusebi Sempere**, **Arcadi Blasco**, **Andreu Alfaro**, **Yturralde**, **Joan Miró** o **Bayarri**.

Fuera del núcleo urbano, a 8 km, ofrece un paseo sin igual el paraje natural de **El Hondo**. Las 2.387 hectáreas de extensión se transforman de vegetación de carrizales y juncos en las zonas húmedas y encharcadas, en sorprendentes espacios con palmeras y eucaliptos. Alrededor de 180 especies encuentran en este variado hábitat un medio adecuado para su desarrollo.

Meses antes de la agitación y bullicio que preside las calles de Elche durante las fiestas de el Misterio en agosto, otra celebración destaca del calendario festivo de la ciudad: la **Semana Santa**. En especial, la procesión de las Palmas del Domingo de Ramos, catalogada como fiesta de interés turístico nacional.

➔ A SANTA POLA, 15 KM POR CV-865.

2 Santa Pola y Tabarca

Plaza Diputación, 6. ☎ 96 669 22 76. La Virgen de Loreto (del 1 al 8 de septiembre) y la Virgen del Carmen (16 de julio). **Museo del Mar**: Plaza del Castillo, s/n. ☎ 96 669 15 32. Verano: de ma a sa, de 11 h. a 13 h. y de 18.30 h. a 21.30 h.; do y festivos, de 11 h. a 13.30 h.; invierno: de ma a sa, de 11 h. a 13 h. y de 16 h. a 19 h.; do y festivos, de 11 h. a 13.30 h.; lu, cerrado. $ 250 ptas. Visitas guiadas en grupo previa concertación. **Acuario Municipal**: Plaza Francisco Fernández Ordóñez, s/n. ☎ 96 541 69 16. Verano: de lu a do, de 11 h. a 13 h. y de 18 h. a 22 h.; invierno: de lu a do, de 10 h. a 13 h. y de 17 h. a 19 h. $ 400 ptas. Visitas guiadas en grupo previa concertación.

Antes de independizarse, en 1877, Santa Pola ejerció durante siglos como puerto de Elche. Era llamado por los romanos *Portus Illicitanus*. Núcleo fortificado debido a las

Puerta posterior del castillo de Santa Pola.

Torre Escaletes o torre Pep, en Santa Pola.

incursiones de los piratas berberiscos, no ha perdido, a pesar del fuerte auge del turismo, su originaria **vinculación con el mar**. Tiene uno de los puertos más dinámicos de la Comunidad Valenciana y en sus salinas, todavía activas, recalan los flamencos, entre otras aves migratorias.

Los restos arqueológicos encontrados remiten a un poblado ibérico amurallado, establecido en el término, en esta bahía protegida de los vientos de levante por la sierra de Santa Pola. Ya estos primeros pobladores dejaron constancia de su vinculación con el mar y de sus relaciones con otras culturas mediterráneas. La llegada de los romanos supuso un importante desarrollo en este sentido, centrando sus principales actividades en la pesca y en el comercio marítimo.

La Edad Media fue menos gloriosa y más beligerante. Los constantes ataques de piratas berberiscos establecidos en la isla de Santa Pola (hoy Nova Tabarca) llevaron a las autoridades de la zona a construir numerosas torres de vigilancia y el castillo fortificado en torno al cual y bajo su protección crecería la ciudad moderna.

Este **castillo**, pues, fue levantado a instancias del virrey de Valencia D. Bernardino de Cárdenas en 1558. Tiene una planta cuadrada, dos baluartes y dos torreones en las esquinas. Sigue los trazos del estilo militar renacentista. En su interior, se puede contemplar hoy la capilla de la Virgen de Loreto, así como el **Museo del Mar y Pesquero**, donde se recoge la tradición y afinidad de Santa Pola con su costa, además de unos mosaicos romanos de temas marinos. También se encuentra aquí el Museo Arqueológico, que guarda los hallazgos ibéricos y romanos encontrados en la zona.

Pinos y palmeras en las dunas de Guardamar, con Nova Tabarca al fondo.

Frente al castillo-fortaleza está la plaza de la Glorieta, uno de los centros neurálgicos de la villa, donde las animadas terrazas le confieren mucho ambiente.

El **Acuario municipal**, ubicado en unas instalaciones nuevas, también ocupó durante un tiempo las dependencias del castillo. En su interior una sala de audiovisuales y nueve acuarios acercan al visitante al mundo marino mediterráneo, con hasta 100 especies diferentes como las musolas (tiburones mediterráneos), meros, morenas, congrios, doradas, o tortugas bobas.

No muy lejos del castillo se encuentran las ruinas de lo que fue en su día el importante ***Portus Illicitanus***, el puerto de Elche. Entre las ruinas se pueden ver restos de lo que era una factoría romana de salazón de pescado (s. IV d.C.), con sus almacenes, salas de despiece, etc., y una fiel reconstrucción de una villa romana del siglo IV d.C., la casa romana del Palmeral, del período bajoimperial. En su interior merecen atención los mosaicos romanos del patio central y las pinturas murales que decoraban las dependencias situadas a su alrededor. Debajo de las ruinas romanas se han encontrado vestigios de los íberos, principalmente objetos que éstos obtuvieron de sus relaciones con los griegos.

A la misma orilla del mar se encuentran los otros nada despreciables atractivos de Santa Pola. Entre las calas de Santa Pola del Este y la sierra creció una bonita urbanización, catalogada, por el buen gusto constructivo, como conjunto de interés turístico nacional.

Atardecer en las salinas de Santa Pola.

Un total de casi **15 kilómetros de playas y calas** garantizan a los miles de veraneantes anuales la posibilidad de disfrutar de las aguas cristalinas y del sol.

La torre de Atalayola, hoy bajo los cimientos del faro, fue junto a las torres de Tamarit, y la torre Escaletes o torre del Pep uno de los puntos de vigilancia de la costa. Durante el día, se comunicaban entre ellas por medio de humaredas, por la noche, utilizaban el fuego para hacer señales luminosas. Desde este faro levantado en 1858, se divisan estupendas vistas de la bahía y de la isla de Nova Tabarca.

Si el visitante desea obtener una panorámica de la población y su costa, merece la pena que ascienda por las pintorescas calles que conducen hasta la **plaza del Calvario**, el mejor **mirador** de la villa, donde se encuentra además una curiosa ermita de inspiración árabe (principios siglo XX).

Al suroeste de la población están las **salinas de Santa Pola**, una extensión de 2.470 ha, con la laguna alimentada por los sedimentos de los ríos Segura y Vinalopó. Aquí, con charcas de agua dulce y una zona de playas, se puede gozar del paisaje de dunas combinado con las tierras de cultivo, o visitar las explotaciones de sal establecidas aquí desde largo tiempo atrás.

Entre la sierra y el cabo de Santa Pola, la curiosa formación acantilada con terrazas constituye un paisaje espectacular.

Otro aliciente de la visita a Santa Pola es hacer una excursión hasta la **Illa Plana** o de **Nova Tabarca**. La isla, pese a pertenecer al término municipal de Alicante, se encuentra más próxima a la costa de Santa Pola. En el puerto es posible tomar un barco turístico para llegar hasta allí.

Tabarca es un afloramiento de 1.800 metros de longitud y 400 de ancho máximo, que suman 43 hectáreas con una cota máxima de 15 metros sobre el nivel del mar. Situada a cuatro kilómetros a levante del cabo de Santa Pola y a diciocho kilómetros de Alicante, la Illa Plana es una roca carbonatada con poco más de doscientos años de historia habitada. Dos siglos repletos de una lucha humana llevada a cabo contra todo pronóstico de supervivencia y que hoy se reduce a sus 60 habitantes. Hasta el año 1770 la isla había sido un islote desforestado que los piratas berberiscos utilizaban como base de sus incursiones en la costa alicantina. Los actuales *tabarquins* son los supervivientes de una migración de genoveses inciciada en la isla de San Pietro de Carloforte a mediados del siglo XVI, que terninó en la isla Plana durante la segunda mitad del siglo XVIII. Carlos II dispuso que los 311 genoveses provinentes de la *ka Thabarka* tunecina ocuparan la fortaleza militar construida en la isla Plana con el doble objetivo ideado por el conde de Aranda, primer ministro del rey: acabar con las incursiones piratas y dotar de un lugar propio a

Illa Plana o Nova Tabarca.

los genoveses rescatados de manos tunecinas.

Hasta cinco pequeños santuarios se pueden encontrar en Tabarca: la Inmaculada Concepción, en el puerto; la Virgen de Lourdes, en el extremo oriental de la playa; la Virgen del Carmen y el Santísimo Cristo de Santa Faç, a ambos lados de la puerta de entrada en la villa, y San Pedro, en la puerta de San Miguel. En el cementerio el contraste de su color blanco sobre el azul del mar y del cielo proporciona al visitante la imagen más impactante de la isla. La cueva del Llop Marí, también llamada la cueva del Francés, se encuentra situada justo detrás de la casa del Gobernador. Actualmente esta construcción ha sido reconstruida y alberga el único hotel de la isla, con catorce habitaciones. Las calles de la isla, declarada conjunto histórico-artístico en 1964, nunca han estado empedradas y nunca ha corrido por ellas un vehículo de cuatro ruedas.

➜ A GUARDAMAR DEL SEGURA, 18 KM POR N-332.

3

Guardamar del Segura

c. Ingeniero Mira, 2. ☎ 96 572 72 92. La Virgen del Rosario (7 de octubre) y San Jaime (del 17 al 27 de julio). Museo Arqueológico y Etnográfico Municipal: c. Colón, 60. ☎ 96 572 86 10. De lu a vi, de 9 h. a 14 h., sa, de 10.30 h. a 14 h.; cierra lo do, y del 12 al 24 de julio. Visitas guiadas en grupo previa concertación. Rábida Califal: Parque de Alfonso XIII, s/n. ☎ 96 572 86 10. Sólo visitas concertadas.

Guardamar, en la desembocadura del río Segura, ha sido asentamiento de diversas culturas, entre las que destacan la ibérica y la islámica, de las que quedan importantes yacimientos. En 1829, un fuerte **terremoto** destruyó el pueblo, segundo en el ránking sísmico de la península. Como consecuencia se construyó un nuevo núcleo urbano en un espacio más cercano al litoral. A principios de siglo se plantaron 800 hectáreas de pinos, palmeras y eucaliptos para frenar el avance de las dunas móviles del mar de dunas de Guardamar, declarado espacio de interés natural.

Excavaciones en la muralla fenicia del siglo VII a.C. en la Pineda de Guardamar.

En el **Museo Arqueológico y Etnográfico Municipal** se echa la vista atrás para conocer el pasado de la villa, tratando de hacer la mejor reconstrucción de cada época, a partir de los restos encontrados en la zona.

Una de las construcciones más singulares de Guardamar es la **Rábida Califal**. Son los restos de un conjunto de mezquitas de los siglos IX y X, considerados únicos en occidente y declaradas bien de interés cultural.

Reproducción de la Dama de Guardamar.

En el castillo, utilizado desde el siglo XIV hasta el siglo XIX, se encontraron muchos de los restos arqueológicos que hoy se pueden visitar en el Museo de la Casa de Cultura.

El tesoro arqueológico más preciado de la villa es la escultura ibérica llamada la **Dama de Guardamar**, que siendo como es del siglo IV a.C. es más antigua aun que la Dama de Elche. Fue hallada en el yacimiento íbero de Cabezo Lucero.

Los mejores espacios naturales de Guardamar, aparte de los cerca de **12 kilómetros de playas**, son el parque Reina Sofía, con un curioso paisaje de dunas, pinares y lagos; y la desembocadura del río Segura, donde se encuentra el puerto deportivo de Las Dunas.

➜ A TORREVIEJA, 12 KM POR N-332.

4

Torrevieja

Plaza Ruiz Capdepont, s/n. ☎ 96 670 34 33. La Purísima Concepción (del 1 al 8 de diciembre). Museo del Mar y de la Sal: c. Patricio Pérez, 10. ☎ 96 670

Pequeña cala en Torrevieja.

68 38. De ma a vi, de de 9 h. a 14.30 h. y de 17 h. a 21 h., sa y do, de 9 h. a 13.30 h.; cierra los sa y do por la tarde y los lu.

Torrevieja, de marcado **carácter turístico**, es conocida internacionalmente por el millón de **toneladas de sal** que producen anualmente sus salinas. La obtención de sal se remonta a la era cristiana, pero su auge se produjo en el siglo XIX. Es un paraje natural protegido formado por dos lagunas: la de la Mata (cerca de la cual se encontraron los restos de un embarcadero romano y donde hoy hay un espléndido mirador) y la de Torrevieja, esta última de 1.400 hectáreas y un perímetro de 25 kilómetros a 3 metros por debajo del nivel del mar.

En esta población, que consiguió su independencia de Orihuela en 1820, son varios los puntos que tienen interés para el visitante: desde las torres vigía que recuerdan los ataques piratas que padeció la costa valenciana en los siglos XV y XVI; la iglesia arciprestal de la Inmaculada Concepción (principios siglo XX); el puente llamado Acequión, realizado en sillería; el casino modernista con un salón neomudéjar, centro de los principales actos culturales de la villa; el Museo de la Semana Santa Tomás Valcárcel, donde se encuentran los pasos procesionales de Torrevieja; el **Museo de la Sal**, donde se muestran objetos de artesanía realizados con sal, hasta las Lagunas, declaradas paraje natural, en las que es posible darse un baño terapéutico en sus aguas con propiedades curativas.

Torrevieja es conocida por su Certamen Internacional de Habaneras y Polifonía, evento que ha sido declarado de interés turístico internacional.

La **torre del Moro**, construcción emblemática de Torrevieja (aparece en su escudo), ha sido restaurada respetando su forma y estructura original.

Salinas de Torrevieja.

➔ A ORIHUELA, 30 KM POR CV-95.

5

Orihuela ☼☼☼

c. Francisco Díez, 25. ☎ 96 530 27 47. Semana Santa (del Domingo de Ramos al Sábado Santo). **Catedral del Salvador**: c. Ramón y Cajal, s/n. ☎ 96 530 62 27. Invierno: de lu a vi, de 10.30 h. a 13.30 h. y de 16 h. a 18.30 h.; sa, de 17 h. a 19.30 h. ; verano: de lu a vi, de 10.30 h. a 13.30 h. y de 17 h. a 19.30 h.; sa, de 10.30 h. a 13.30 h. Visitas fuera de horario previa concertación. † De lu a vi, a las 9 h., 10 h. y 20 h. Sa y vísperas de festivos, a las 20 h.; do y festivos, a las 9.30 h., 11 h., 13 h. 18 h. y 20 h. **Iglesia de las Santas Justa y Rufina**: c. Marqués Arneva, s/n. ☎ 96 530 06 22. De lu a vi, de 10.30 h. a 13.30 h. y de 16 h. a 18 h., sa, de 10.30 h. a 13.30 h.; sa tarde, do y festivos cerrado. † De lu a vi, a las 12 h. y a las 19.30 h.; sa y vísperas de festivos, a las 19.30 h.; do y festivos, a las 10 h., 12 h. y 19.30 h. **$** Individual: 100 ptas. Grupos: 1.000 ptas. Iglesia de

HABANERAS

Cuba ha sido uno de los principales mercados de la sal de Torrevieja, de cuya vinculación surgió en 1955 el Certamen Internacional de Habaneras y Polifonías, que tiene lugar en agosto. Una popularísima habanera dice así: "Es Torrevieja un espejo, donde Cuba se mira, y al verse suspira y se siente feliz; es donde se habla de amores, entre viejas canciones que traen de la Habana su alma y sentir...".

Portada barroca de la capilla de la Comunión en Orihuela.

Santiago: Plaza de Santiago, s/n. ☎ 96 530 13 60. De lu a vi, de 10 h. a 13 h. y de 16 h. a 18 h.; sa tarde, do y festivos, a concertar. $ 100 ptas. † De lu a sa, a las 19 h., do y festivos, a las 11 h. y a las 19 h. **Museo de la Semana Santa**: Plaza de la Merced, 1. ☎ 96 530 27 47. De lu a vi, de 10 h. a 13.30 h. y de 16 h. a 18 h.; sa, de 10.30 h. a 13.30 h.; cierra el do. **Casa Museo de Miguel Hernández**: c. Miguel Hernández, 53. ☎ 96 530 27 47. De lu a vi, de 10 h. a 13.30 h. y de 16 h. a 18 h.; sa, de 10 h. a 13.30 h.; cierra el do.

Orihuela, con más de 50.000 habitantes y con los 443 kilómetros que ocupa su término municipal, es una de las ciudades más relevantes de la Comunidad Valenciana. Una importancia cultural, económica y religiosa que se remonta hasta la época visigótica (s. VIII) y que se plasma hoy en los veinticuatro templos activos de la ciudad, cuatro de los cuales son monumento histórico nacional, y en un trazado urbano en sintonía con su antiguo rango de **centro universitario** y de **sede episcopal** desde que el Papa Pío IV creara el obispado de Orihuela en 1564. Después de algunos siglos bajo dominio árabe, *Aurariola* u *Oriola* (denominaciones romana y valenciana, respectivamente) fue reconquistada por Jaime I en el año 1266 y entregada a Alfonso X el Sabio, rey de Aragón. En 1304 es incorporada al Reino de Valencia. La importancia que fue adquiriendo como cabeza de Gobernación general hizo que en 1488 los Reyes Católicos celebrasen Cortes en la iglesia de Santiago (monumento nacional desde 1933) con el fin de recaudar fondos para la conquista de Granada, que tendría lugar cuatro años más tarde. La catedral del Salvador (donde puede verse el cuadro *La tentación de Santo Tomás*, obra de Velázquez), que comparte rango de catedral con la de Alicante desde 1959; la iglesia de las Santas Justa y Rufina (monumento nacional desde 1971); el colegio-convento de Santo Domingo (monumento nacional desde 1931), considerado por los expertos el edificio renacentista más importante de la Comunidad Valenciana y que fuera sede de la Universidad Literaria de Orihuela desde 1610 hasta 1824, y los diversos palacios de la ciudad, entre los que se encuentran el palacio Episcopal (monumento histórico artístico), el Ayuntamiento o la Biblioteca Pública Fernando Loaces, con más de 20.000 volúmenes de gran valor y numerosos incunables (la mayor parte de ellos redactados en valenciano, lengua que ya no se habla en Orihuela), dan a la capital del Bajo Segura la relevancia histórica y cultural antes citada. Orihuela también se vio afectada por la guerra de Sucesión, en la que tomó partido por el archiduque Carlos lo que le supuso el castigo de Felipe V tras su victoria en el año 1707. Durante la época de la ocupación francesa un rayo provocó la explosión del polvorín que supuso la voladura de gran parte del castillo y la muerte de un centenar de soldados. Pero la ciudad está relacionada también con otras catástrofes naturales importantes: desde el famoso terremoto registrado en estas comarcas el 21 de marzo de 1829 hasta las numerosas inundaciones del río Segura,

LA DIABLESA

Es el paso de Semana Santa más singular de Orihuela. *La Cruz de Labradores* o *Triunfo de la Cruz sobre Mundo, Muerte, Demonio y Carne*, obra escultórica conocida como *La Diablesa*, data del siglo XVII y es obra de fray Nicolás de Bussi. Desfila el Sábado Santo en la procesión del Santo Entierro de Cristo y no puede entrar en la catedral. Está expuesta todo el año en el Museo de la Semana Santa.

que cruza encauzado la ciudad, y entre las que cabe destacar las de 1946, 1947, 1965, 1966, 1972 y 1973. Finalmente, no debe olvidarse que Orihuela es la ciudad donde nació en 1910 el poeta **Miguel Hernández** (1910-1942) y que en ella se encuentra la casa-museo donde se conservan sus recuerdos. La Universidad de Elche, inaugurada en 1998, lleva el nombre del poeta de Orihuela.

El templo, que se convertiría en **catedral** el año 1510, se construyó sobre las ruinas de una antigua mezquita como iglesia parroquial, después devino iglesia arciprestal y más tarde colegiata (1413). Tiene planta de cruz latina con tres naves y con capillas entre los contrafuertes. En los laterales de la planta central, un poco más alta, se abren unas pequeñas ventanas al exterior. En las capillas merece la pena prestar atención a la decoración pictórica como el retablo de Santa Catalina (s. XV) y en la capilla de Santa Bárbara, el cuadro de la Virgen del Pópulo, de influencia italiana del (s. XVI). Son interesantes también el claustro, que se añadió al templo el 1942, perteneciendo antes al convento de la Merced; la obra de sillería del coro hecha por Juan Bautista Borja entre 1716-1719 y el órgano barroco. De la fachada destacan la puerta de las Cadenas (s. XIV), abocinada y con un arco polilobulado de influencia mudéjar y unos capiteles con figuras labradas; la puerta de Loreto (mediados del siglo XV), de estilo gótico con un arco carpanel añadido en el siglo XVI; y la puerta de la Anunciación (1588) con forma de arco del triunfo y de estilo renacentista, obra de Juan Inglés.

Dentro de la catedral se emplazan las dependencias del **Museo Diocesano de Arte Sacro**, donde se pueden contemplar colecciones de pintura, escultura, orfebrería, indumentaria religiosa y objetos de culto de toda la diócesis de Orihuela y en especial de la ciudad. Algunas de las obras más representativas son *La Tentación de Santo Tomás* de **Velázquez**, ya citada, los lienzos de Orrente y la tabla de San Miguel Arcángel de Paolo de San Leocadio. Se guarda también una rica colección de orfebrería de la escuela barroca valenciana.

El otro museo en importancia de la ciudad es el **Museo Arqueológico Comarcal**, que recoge los restos más significativos encontrados por la comarca de la Vega Baja desde el Paleolítico hasta el siglo XVIII. Los elementos más destacados son las cerámicas islámicas y bajomedievales, y el *Triunfo de la Cruz*, conocido como *La Diablesa*, un paso procesional obra realizada por **Nicolás de Bussi** en 1694-1695.

La **iglesia de las Santas Justa y Rufina** (s. XV), de estilo gótico catalán, incorpora en el siglo XVI elementos renacentistas como la cabecera, y otros barrocos del siglo XVIII, como la capilla de la Comunión. El templo consta de una sola nave, con las capillas ubicadas entre los contrafuer-

La Diablesa en el Museo de la Semana Santa de Orihuela.

Imagen de San Luís Beltrán y la Sagrada Familia al fondo, en la iglesia de Santiago de Orihuela.

Maseros ante la portada gótica de la iglesia de Santiago de Orihuela.

tes. Hay que destacar su cúpula, y la torre del campanario, de planta cuadrada.

Del mismo estilo constructivo que la anterior es la bella **iglesia de Santiago** (s. XIV). Coincide con la otra, además, por su cabecera renacentista y la añadida capilla lateral barroca. Fue levantada sobre una antigua mezquita. En la fachada principal es posible reconocer los elementos propios del gótico isabelino, con un arco apuntado y abocinado, decorado con motivos vegetales, así como un tímpano en el que se reproducen las figuras de los Reyes Católicos. La otra fachada presenta los trazos del estilo barroco. La capilla Mayor (1549-1609), es obra de Jerónimo Quijano, separada del resto del templo por una estructura en forma de arco de triunfo. Esta capilla, unida a su vez con la sacristía está cubierta por una bonita cúpula. En el siglo XVIII se añade al conjunto la capilla de la Comunión, con una portada de dos cuerpos, en un esquema típico de los retablos barrocos.

En el siglo XVIII, rompiendo con el esquema dieciochesco utilizado en la arquitectura de Orihuela, se construye en estilo barroco el **palacio Episcopal**. Cuenta con una planta rectangular, una austera portada, y un claustro de dos cuerpos. En el sobreclaustro se conservan los retratos de los que fueron obispos de Orihuela. La escalera interior es de mármol rojo. Los salones más emblemáticos son el salón del Trono y el salón Amarillo, con un interesante artesonado.

El **palacio Rubalcaba**, de los años 30 del siglo XX, imita el esquema barroco. En los distintos salones de su interior se exponen un conjunto de muebles de estilo castellano, renacentista, rococó, estilo imperio, provenzal... y también una colección de cerámica y lienzos de temas religiosos de los siglos XVII y XVIII.

El antiguo **convento de Santo Domingo** es una magnífica obra renacentista. Sus obras de construcción comenzaron en 1553 y no terminaron hasta mediados del siglo XVIII. Destacan de su aspecto exterior las tres puertas de acceso de la fachada principal: la portada de la iglesia (1561), de Juan Inglés; la portada del convento con tres cuerpos donde se observan los tres órdenes clásicos, y la portada de la Universidad, realizada en estilo barroco y grandes dimensiones por Pedro Juan Codoñer a principios del siglo XVIII, en la que se observa la figura alegórica de la Sabiduría. En el interior del edificio se encuentran dos claustros de gran belleza: el claustro del convento de Santo Domingo (s. XVII) de estilo renacentista con dos cuerpos; y el claustro de la Universidad (1727-1737) diseñado por Francisco Raymundo en estilo barroco. Entre las juntas de los arcos se labraron motivos heráldicos como el escudo de España, el de los Calatrava y el de los Papas.

FRONTERA LINGÜÍSTICA

Guardamar es el último pueblo por el sur de la Comunidad Valenciana en que se habla el valenciano. El hecho de representar la frontera lingüística ha convertido a esta pequeña población en un símbolo cultural. Por ello, el Ayuntamiento erigió en octubre de 1993, un momumento al respeto entre los pueblos.

La iglesia, de nave única, con las capillas entre los contrafuertes, y cubierta con una bóveda de medio cañón y una cúpula en la unión de la nave con el crucero, fue proyectada por Pedro Quintana. La fachada es una incorporación posterior del siglo XVII. De este mismo siglo y principios del XVIII es la exuberante decoración del interior.

El **palacio del Conde de la Granja**, antigua casa de la familia Rocamora, fue construido en el siglo XVII. Su fachada es un interesante ejemplar de arquitectura civil barroca dentro de la ciudad. En su interior destaca el zócalo de azulejos valencianos y las colecciones que alberga, de cerámica, relojes, pintura y mobiliario antiguo.

Otro elemento interesante a admirar en Orihuela, si se tiene la oportunidad, son los actos que se celebran durante la **Semana Santa**, declarada de interés turístico. Desde el Domingo de Ramos las procesiones se suceden, y el visitante que se acerca a Orihuela en estas fechas tiene la oportunidad de contemplar imágenes esculpidas por **Salzillo**, ricos tronos de plata, estandartes, grandes pomos de flores, al son de la música solemne. La procesión más singular es la del Santo Entierro, se celebra el Sábado Santo y en ella desfila uno de los pasos más originales de la imaginería de la Semana Santa: la *Diablesa*.

GUÍA PRÁCTICA

RESTAURANTES

Elche

Parque Municipal: Paseo de la Estación, s/n. ☎ 96 545 34 15. *Grandiosa terraza en el corazón del palmeral.*

Casa Enrique: c. Empedrat, 10. ☎ 96 545 15 77.

Santa Pola

Miramar: avda. de Pérez Ojeda, 8. ☎ 96 541 10 00. *Terraza en el puerto. Cierra domingos noche en invierno.*

Nueva Casa del Mar: avda. de Pérez Ojeda, 27. ☎ 96 541 67 03.

Guardamar

Chez Víctor 2: avda. del Perú, 2. ☎ 96 572 82 18. *Cierra los martes y el mes de enero.*

Rincón de Pedro: c. Nicaragua, 2. ☎ 96 572 80 95. *Cierra los miércoles.*

Torrevieja

Miramar: Paseo de Vista Alegre, s/n. ☎ 96 571 34 15. *Cierra los martes en invierno y el mes de noviembre.*

Bahía: avda. Libertad, 3. ☎ 96 571 39 94. *Cierra el 24 de diciembre.*

Orihuela

Los Barriles: c. La Sal, 1. ☎ 96 674 23 65. *Cierra domingos tarde, lunes y en agosto.*

Casa Corro: avda. de García Rogel, s/n. ☎ 96 530 29 63. *Cierra los lunes por la tarde y del 16 de agosto al 1 de septiembre.*

ALOJAMIENTO

Hoteles

Elche

Huerto del Cura****: c. Puerta de la Morera, 14.

Meliá Confort Elx***: avda. Juan Carlos I, 5. ☎ 96 661 00 33.

Candilejas: c. Dr. Ferran, 19. ☎ 96 546 65 12. *Cerrado en agosto.*

Santa Pola

Polamar***: Playa de Levante, s/n. ☎ 96 541 32 00.

Picola**: c. Alicante, 66. ☎ 96 541 18 68. *Ambiente acogedor.*

Isla de Nova Tabarca

Casa del Gobernador**: c. Arzola, s/n. ☎ 96 511 42 60. *Cierra del 15 de enero al 15 de febrero. Pequeño hotel con gran encanto y vistas al mar. Antiguamente fue propiedad del gobernador de la isla de Tabarca.*

Guardamar

Meridional***: avda. de la Libertad, 64. ☎ 96 572 83 40.

Mediterráneo**: c. Cartagena, 26. ☎ 96 572 94 07.

Torrevieja

Lloyds Beach Club***: avda. de los Holandeses, s/n. ☎ 96 692 00 00.

Hotel Torrejoven**: ctra. de Torrevieja-Cartagena, km 4,7. ☎ 96 570 71 45.

Orihuela

Casa Corro**: avda. Dr. García Rogel, s/n. ☎ 96 530 29 63. *Cierra del 15 de agosto al 1 de septiembre.*

Rey Teodomiro**: avda. de Teodomiro, 10. ☎ 96 674 33 48.

Campings

Santa Pola

Bahía de Santa Pola (2ª): ctra. Santa Pola - Elche, km 1. ☎ 96 541 10 12.

Guardamar

Mar-Jal (1ª): ctra. Alicante-Cartagena, km 73,4. ☎ 96 672 70 70.

Pal-Mar (2ª): ctra. Guardamar-Torrevieja, km 36,5. ☎ 96 572 88 56. *Abierto desde Semana Santa hasta octubre.*

Índice de lugares

El índice de lugares sirve para localizar alfabéticamente cualquier sitio que aparece en la guía. Después del topónimo tal como aparece en la obra, figura el número de página. Las entradas en negrita remiten directamente a un artículo con el mismo título.

Leyenda

Simbología e información práctica

Dirección de la oficina de turismo y punto de información más cercano.

Número de teléfono.

Llega autobús de línea.

Llega el tren.

Líneas de autobús urbano.

Estación de RENFE.

Estación de metro.

Fiestas.

Museo, monumento o lugar visitable.

Horario de visita.

$ Precio de entrada (adulto).

Visitas guiadas.

† Horario de misas.

Servicio de cafetería.

Servicio de restaurante.

Precios del restaurante (hasta 2.500 ptas., entre 2.500 y 5.000 ptas., y más de 5.000 ptas.).

Simbología mapas de ruta

- punto de ruta
- dirección de la ruta
- picos
- collados
- interés turístico
- autopista
- autovía
- carretera nacional
- carretera comarcal
- carretera local
- pistas
- carretera en construcción

Simbología planos urbanos

- información turística
- parada de taxis
- autobús
- cuerpos de seguridad
- RENFE
- metro
- puerto
- estación de FGV

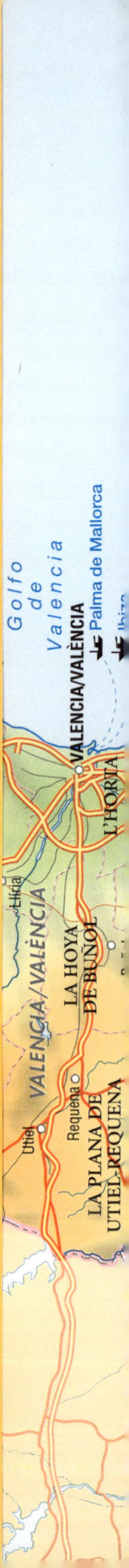